KB059820

전쟁과 자본주의

KRIEG UND KAPITALISMUS

Werner Sombart

전쟁과 자본주의

Krieg und Kapitalismus

베르너 좀바르트 지음

이상률 옮김

문예출판사

일러두기

1 이 책은 베르너 좀바르트의 《근대 자본주의의 발전사에 대한 연구Studien zur Entwicklungsgeschichte des modernen Kapitalismus》 제2권 《전쟁과 자본주의Krieg und Kapitalismus》(München und Leipzig, Duncker & Humblot, 1913)를 번역한 것이다(제1권은 《사치와 자본주의Luxus und Kapitalismus》이다).

2 원주는 미주로, 옮긴이가 추가한 주는 *로 구별했다.

3 원주 번호는 독일어판 원서를 그대로 따랐다. 간혹 같은 원주 번호가 연속으로 나오거나 앞 번호가 다시 나오는 경우가 있는데, 독일어판 원서에도 그대로 편집되어 있다.

머리말

이 책은 우연하게도 전쟁에 대한 관심이 다시 다른 때보다 사람들의 마음을 사로잡고 있는 시기에 출간됐다. 남자들이 국민의 운명을 결정하는 한, 전쟁은 우리의 문화생활에 대해 전적으로 큰 의의를 지녀왔고, 또 지니고 있으며, 앞으로도 지닐 것이다. 이 책은 사람들이 이 의의를 인정하는 데에 좋은 준비를 시켜줄 것이다. 특히 전쟁과 경제 생활 간의 연관을 엿보는 데 좋은 준비가 될 것이다. 그런데 기이하게도 지금까지는 누구도 이 연관을 체계적으로 밝히는 일을 가치 있다고 보지 않았다. 나의 연구가 도달한 아주 특수한 성과는 연구 시도가 옳다는 것을 증명할 뿐만 아니라, 경제사 문제의 좁은 한계를 넘어선 약간의 가치를 부여한다고도 나는 생각한다. 왜냐하면, 특히 다른 사람들이 전문가로서—이 경우에는 무엇보다도 교양 있는—연구 성과에 공감하는 것이 나에게는 언제나 중요하기 때문이다.

리젠게비르게의 미텔-슈라이버하우에서
1912년 11월 12일

차 례

서문: 전쟁의 두 얼굴

근대 자본주의의 시작을 탐색하면, 그리고 근대 자본주의가 탄생한 외적인 사정을 생각하면, 우리는 십자군 전쟁 이후 나폴레옹 전쟁*에 이르기까지의 시기를 가득 채운 영원한 불화와 전쟁에 거의 끊임없이 주의를 기울이지 않을 수 없다. 이탈리아는 스페인과 마찬가지로 중세 후기에 유일하게 군 야영지를 갖고 있었다. 영국과 프랑스는 14세기와 15세기에 100년 동안 싸웠다. 유럽에서 전쟁이 없었던 해가 16세기에는 25년, 17세기에는 21년에 불과했다. 따라서 200년 동안 전쟁이 있었던 해는 154년이나 된다. 네덜란드의 경우 1568년에서 1648년까지 80년과 1652년에서 1713년까지 36년이 전쟁이 있었던 해이다. 145년 중 116년이 전쟁이 있었던 해이다. 마침

* 1797~1815년 프랑스 혁명 당시 프랑스가 나폴레옹 1세(재위: 1804~1814/15)의 지휘하에 유럽의 여러 나라와 싸운 전쟁의 총칭(역자 주).

내는 혁명 전쟁*에서까지 유럽인들은 최종적이고 거대한 자극을 체험한다. 이때 전쟁과 자본주의 사이에 어떤 연관이 틀림없이 있을 것이라는 사실은 조금만 숙고해도 확실하다는 생각이 든다.

그리고 사실 이러한 연관은 자주 충분히 확인되었다. 그러나 내가 아는 한은 이렇다. 즉 자본주의와 군국주의 간의 관계에 대해 말할 때, 사람들은 자본주의가 국제정치에 미친 영향을 결코 생각하지 않았다. 사람들은 항상 전쟁을 자본주의 발전의 결과로만 보았다.

그렇지만 전쟁은 의심할 바 없이 폭넓게 영향을 미쳤다. 이탈리아 공화국들이 서로 간에 벌인 전쟁, 이 공화국들이 보스포루스Bosporus 해협**의 국가들과 벌인 전쟁, 그리고 나중에는 16, 17, 18세기의 전쟁 대부분에서 "자본주의적" 이해 관계가 동기임을 밝히는 일은 간단하다. 그 전쟁들은 먹이터를 둘러싼 싸움이었다. 이는 아주 확실하다.

"프랑스인들이 1556~1559년 사이에 실패한 것을 네덜란드인들은 그들의 '해방 전쟁'(1568~1648) 때 성공하였다. 그것은 스페인의 식민지 보유력과 세계 무역에서 스페인의 패권을 깨는 것이며, 스페인의 국민 경제 생활의 발전을 정지시키는 것이다. 자본주의는 자신의 본부를 네덜란드로 옮겼다. 이렇게 하는 데 성공하자마자, 자본주의는 곧 자본주의 발전을 시기하는 눈으로 바라본 질투심 많은 이

---

* 1792년 프랑스 입법 의회가 오스트리아와 프로이센에 대해서 벌인 전쟁. 프랑스 혁명이 일어나자 오스트리아와 프로이센은 혁명을 부인하고 자국에 혁명 운동이 파급될까 두려워 프랑스 국민에 대해 외부로부터 압력을 가하였다. 이에 반발해 1792년 4월 20일 프랑스 입법 의회는 선전포고를 하였다(역자 주).

** 지중해와 흑해를 잇는 해협으로 이스탄불 시내를 가로지른다. 유럽 지역과 아시아 지역을 나누는 지리적 경계선이기도 하다(역자 주).

웃들과 다시 만났다. 크롬웰*은 네덜란드와 전투를 시작했다. 1651년에는 항해 조례가 발효되었으며, 1652년에서 1654년까지는 무역 전쟁이 행해졌다. 프랑스와 스웨덴은 영국과 동맹해서 1672년부터 1678년까지 번영하는 네덜란드와 싸웠다. 그 후 잠시 프랑스는 지도적인 자본주의 국가가 되었다. 한때는 마치 프랑스의 상업이 스페인의 식민지 소유와 합쳐지는 것처럼 보였다. 그러나 이것을 시기하는 나라들이 이미 나타났다. 독일, 네덜란드, 영국은 강력하게 발전하는 프랑스에 공동으로 대항해서 1688년부터 1697년까지 동맹 전쟁을 수행하였다. 그리고 네덜란드와 영국은 스페인 계승 전쟁(1701~1714)** 때 스페인 식민지의 획득을 둘러싸고 프랑스와 싸워서 성과를 거두었다. 마침내 프랑스와 영국은 최후의 가장 강력한 한 쌍으로서 서로 다투었다(1756~1763). 영국은 이 싸움에서 승리자가 되어 세계 시장에서 패권을 확립하였다."

그렇다. 그리고 어떤 큰 전쟁을 세계사의 다른 큰 사건과 마찬가지로 다시 한 번 그 경제적인 전제 속에서 인식한 것을 자랑스러워하는 시대도 있었다.

그러나 이 "유물사관"을 우리의 유일한 길 안내자로 사용하는 것은 이제 그만두어야 한다. 유물사관은 그 의무를 다하였다. 그렇지만 우리는 다시 전진해야 한다. 역사에 대한 "경제적 고찰"은 우리에게 한 세대 내내 봉사했지만, 우리는 오늘 그것에게 작별 인사를 해야

---

* 올리버 크롬웰Oliver Cromwell(1599~1658): 영국의 정치가이자 군인으로, 1642~1651년의 청교도 혁명에서 왕당파를 물리치고 공화국을 세우는 데 큰 공을 세웠다(역자 주).

** 스페인의 왕위 계승을 둘러싸고 프랑스-스페인과 영국-오스트리아-네덜란드 사이에 벌어진 국제 전쟁(역자 주).

한다. 나이든 충실한 하인을 은퇴시킬 때 드는 감정으로 우리는 그것을 떠나보낸다. 그 하인이 쓸모없기 때문이 아니라, 단지 그가 늙어서 더 이상 일을 정확하게 하지 못하기 때문이다. 그래도 사람들은 여전히 그를 존중한다. 우리가 유물사관을 버리는 이유는 "유물사관"이 "틀렸다"고 간주했기 때문만은 아니다: 유물사관은 통일성을 갖춘 그 어떤 역사 관찰 방법보다 더 틀린 것도 아니고 더 옳은 것도 아니다. 우리가 버리는 이유는 그것이 더 이상 어떤 성과도 가져다주지 못하기 때문이다. 그것은 비생산적인 것이 되어 버렸다. 그것이 우리를 데리고 간 금광맥은 고갈되었다. 왜냐하면, 실제로, 최근 역사를 서술할 때 유물사관의 도움을 받아 채굴한 것은 폐석이기 때문이다. 특히 정당 강령의 구성 요소가 된 이후 지금은 유물사관이 진짜 괴물이 되어버렸다.

따라서 우리는 "전쟁과 자본주의"라는 문제를 사적 유물론에 사로잡혀 있는 견해에서 반드시 해방시켜야 한다. 그리고 우리는 다음과 같이 해야 이 작업을 가장 잘 실행하게 된다. 즉 문제를 한 번 뒤집는 것이다. 말하자면 전쟁이 얼마나 자본주의의 결과인지를 조사하지 않고, 자본주의가 어느 정도로 또 왜 전쟁의 영향으로 생겨난 것인지를 조사하는 것이다.

내가 보는 한, 대체로 문제가 아직도 이 엄격한 형식으로 제기되지 않았다. 물론 "경제 생활"에서의 전쟁의 의의를 밝히려는 시도는 많이 있었다. 그러나 이러한 파악은 너무 안이하다. 우리가 만일 아주 특정한 경제 체제를 매우 정확하게 관찰하지 않는다면, 우리는 안개 속에서 막대기를 들고 치고 받고 싸울 것이다. "역사가는 반성하라!"

전쟁은 도대체 어떤 방식으로 영향을 미치는가? 첫째, "경제 생활"에 어떤 영향을 미치는가라고 우리가 느슨한 표현으로 묻는다면, 가장 중요한 첫 번째 영향으로, 즉 외관상 단 하나의 영향으로 우리 앞에 나타나는 것은 파괴이다. 파괴는 분명히 모든 전쟁과 아주 밀접하게 관련되어 있다.

파괴자로서의 전쟁, 이것은 전쟁이 물질 문화에 미치는 영향을 똑똑히 보고 싶을 때 우리 모두의 머리에 떠오르는 모습이다. "전쟁의 공포가 전국을 휩쓴다." 도시는 약탈당한다. 시골 마을과 밭은 황폐해진다. 모든 집이 불탄다. 가축들은 들판에서 이리저리 돌아다닌다. 못자리는 마구 짓밟혀 망가진다. 살아남은 주민들은 굶어 죽는다.

특히 30년 전쟁* 당시의 독일에 대한 묘사를 모르는 자가 있는가? 로베르트 회니거는 최근 그것을 다시 한 번 우리 기억 속에 되살렸다.[1] 그런데 그것은 16세기와 17세기에 많은 나라에서 반복되었다. 특히 프랑스는 전쟁의 공포에 몹시 시달렸다.

"모든 곳이 폐허가 되었다. 가축은 대부분 죽었다. 더 이상 경작할 수 없게 되어, 종종 국토의 넓은 지역이 경작되지 않았다"라고 베네치아의 외교 사절 카발리 Cavalli는 1574년에 생각하였다. "거의 모든 마을이 사람이 살지 않거나 텅 비었다"라고 1595년 한 관청의 발표문은 말하고 있다. 그 결과 "노동이 전체적으로 거의 중단되었다."

1597년 명사들은 그들의 모임에서 솔직하게 털어놓았다: "잘 알다시피 전쟁 전에는 모직물을 지금보다 네 배나 많이 만들었다. 브

---

* 1618~1648년 독일을 무대로 신교와 구교 간에 벌어진 종교 전쟁(역자 주).

리 지방의 프로뱅 도시가 그것을 증명한다. 그곳에서는 800시트의 고급 직물을 생산했었는데, 요즈음은 400시트도 생산하지 못한다."

아무리 냉정한 사람들이라 하더라도 마음의 평정을 유지하지 못하였다.

"평소의 평온한 때에는 보통 흔히 있는 사고에 대비한다. 그러나 30년 전부터 직면한 이 혼란으로 인해 모든 프랑스인은 개별적으로든 전체적으로든 매시간 그의 운명이 완전히 뒤바뀌는 처지에 있다."(몽테뉴)

그런데 영원한 전쟁의 가장 나쁜 결과는 무엇인가? 그것은 제대한 포악한 군인들이나 가난한 귀족들이 강도질을 하는 것이다. 도적떼들이 나라를 휘젓고 다닌다. 이것은 도시민과 시골 사람에게는 재앙이다. 마침내는 주민 자신이 거칠어진다. 그들은 예전처럼 냉정하지도 성실하지도 않게 된다. 고통, 유혈이 낭자한 광경, 전쟁은 그들을 교활하고 거칠게 만들었다고 카발리의 보고서는 다시 적고 있다.

우리는 오늘날 이러한 묘사를 과장으로 간주하라고 배웠다. 동시대 저술가들이 전쟁의 고통에 대해 말하기 시작하면 약간 과장해서 떠벌린다는 것을 우리는 잘 알고 있다. 사람들은 결국 어느 정도의 엄살과 탄식 속에서 서로 하소연하였다. 어쨌든 시민과 농민은 난폭한 병사들 때문에 많은 피해를 입었다.

우리는 한 지방에 대해서 마침 국민 경제가 오랜 전쟁 동안 입은 피해를 숫자로 기록한 자료를 갖고 있다. 이것은 아주 오래 전의 기록으로서 유일한 것이다. 그리고 그 지방은 스페인 계승 전쟁 중의 피에몬테 Piemont[이탈리아 북부의 주]이다. 그 피해 계산은 다음과 같다[2]:

적에 의해 일어난 화재	4,184,608리브르
동맹군에 의해 일어난 화재	691,826리브르
적에 의한 가축 약탈	1,492,032리브르
동맹군에 의한 가축 약탈	325,412리브르
적에 의한 가재도구, 식량, 사료의 약탈	16,322,235리브르
동맹군에 의한 가재도구, 식량, 사료의 약탈	4,985,637리브르
적에 의한 과일 나무 파괴	3,810,882리브르
동맹군에 의한 과일 나무 파괴	2,335,690리브르
적에게 지불한 군세軍稅	3,177,093리브르
합계	37,325,415리브르

당시 피에몬테 지방의 인구는 120만 명이었다!

그렇지만 그러한 파괴에서 생겨난 경제 생활에 안 좋은 결과는 그렇게 오래가지 않았다. 30년 전쟁이 독일의 경제적인 낙후와 오랫동안 지속된 후진성에 일차적으로 책임이 있다는 견해는 사실을 잘 알지 못한 데서 나온 것이다. 프랑스는 16세기와 17세기에 30년 전쟁보다 더 오랫동안 전쟁을 겪었는데도, 17세기 말에는 유럽에서 제일가는 무역국이자 공업국이었다.

그러나 전쟁은 마을과 종자보다 더 많은 것을 파괴하였다. 그리고 경제 생활의 진행을 지체시키는 전쟁의 영향은 아무리 비참한 전쟁 피해의 묘사라 하더라도 그것이 보여주는 것보다는 훨씬 더 컸다. 그런데 이것을 제대로 파악하려면, 우리는 앞에서 이미 권한 대로 문제의 방향을 설정해야 한다. 말하자면, 자본주의 경제 체제의 발전에서 전쟁이 어떤 의의가 있는가를 매우 정확하게 물을 때에만,

우리는 그것을 제대로 파악할 수 있다. 그럴 경우, 특히 전쟁이 의심할 나위 없이 자본주의 경제 체제의 발전을 저지했다는 것, 다시 말하면, 전쟁이 자본주의에 대해서 한 가지 점 이상에서 억제를 의미한다는 것을 우리는 알게 된다.

나는 이미 존재한 자본주의 구조의 파괴를 생각하는 것이 결코 아니다. 물론 무역 관계 단절의 결과로도, 과도한 세금 압박의 결과 내지는 전쟁으로 인한 그 밖의 부담의 결과로도, 불안정한 수송 관계의 결과로도, 국가 파산의 결과로도 충분히 자본주의 구조가 빈번하게 파괴되었지만 말이다. 나는 이 모든 방해 방식에 대해서 아주 특징적인 하나의 예만을 들겠다:

프랑스가 네덜란드로 수출한 액수는 1686년에는 7,200만 리브르인데, 그중에서 5,200만 리브르가 공업 제품이었다. 그런데 1716년에는 3,070만 리브르이며, 그중에서 2,338,000리브르는 공업 제품이었다.[3] 1594년 스페인 의회는 1,000두카텐의 자금에서 300두카텐을 지불해야 한다면 무역을 어떻게 하겠는가라고 탄식하였다. 3년 후 자본이 고갈되었다.[4]

네덜란드 동인도 회사는 1697~1779년에 인도의 경량 화폐로 41,275,419플로링의 손실을 입었다(이것은 네덜란드의 중량 화폐로 환산하면 33,020,335플로링에 해당된다). 그럼에도 불구하고 이 회사는 무역 활동으로 매우 많은 이익을 보았다(1776/77년 50%, 1778/79년 55%). 손실은 그 회사가 적국에 자신의 회사를 유지하는 데 써야 했던 많은 비용에서 기인하였다. "만일 그 회사가 단지 상인으로만 이루어졌다면, 그 당시에도 영업의 후퇴는 결코 화제가 되지 않았을 것이다. 그러나 그 회사는 동시에 독립적인 존재였으며, 무역 이익은 관리 비용으로 다 썼다. 그렇지만 무역 이익으로도 충분하지 않았다. 왜냐하면, '상인은 영주가 써버린 것을 지불해야 했기 때문이다.'"[5]

비링구치오*는 16세기 초 이탈리아 북부 피아와 계곡의 아우론초 근처에서 구리와 은의 광산을 개발하기 시작하였다. 그리고 이 광산은 빠르게 번영하였다. 그 후의 운명에 대해 그는 다음과 같이 보고하였다[6]: "만일 그 당시 막시밀리안 황제와 베네치아 시장 간에 전쟁이 일어나지 않았다면, 우리는 확실히 그 광산에서 많은 이익을 거두었을 것이다. 그런데 이 전쟁으로 프리아울과 카르미아 지방이 사람이 살 수 없는 곳이 되어 우리는 어쩔 수 없이 사업을 포기하였다. 그리고 우리가 그곳에 설치한 모든 시설도 파괴할 수밖에 없었다. 또한 전쟁이 오래 지속되었기 때문에, 우리 회사는 해체되었다…."

프랑스 동인도 회사(1664~1719)는 불안과 불확실함으로 인해 몰락하였다. 이 불안과 불확실함은 루이 14세의 전쟁으로 모든 해양과 해안에 해군을 배치한 데서 나타났다. 이 회사가 존속한 것은 55년인데, 그중 27년 동안 해전이 있었다.[7]

1575년 스페인 펠리페 2세의 국가 파산**은 세비야, 로마, 베네치아, 밀란, 리옹, 루앙, 안트베르펜, 아우구스부르크 등의 수많은 상가

---

* 비링구치오 Vannuccio Biringuccio(1480~1539): 이탈리아의 광물학자(역자 주).

** 펠리페 2세(1527~1598. 재위 기간: 1556~1598)는 산업의 육성은 게을리한 채 남미에서 들어오는 귀금속과 네덜란드에서의 조세 수입에만 의존해 국가 재정이 매우 불안정하였다. 잇따른 전쟁과 방만한 재정 운영으로 그는 재위 기간에 모두 네 차례나 파산 선언을 하였다(역자 주).

에 엄청난 타격을 주었다. 특히 제노바인들이 고통을 겪었다. "신용 판매는 일반적으로 이 개혁에 의해 완전히 위축되었다"라고 안트베르펜에서 푸거 가家에게 보고되었다. 토마스 뮐러는 세비야에서 이렇게 썼다: "이 두 파산은 마치 어중간한 지시처럼 매우 많은 피해를 주었다. 왜냐하면 이로 인해, 그 전까지는 모두를 먹여 살려온 (서)인도 무역이 완전히 파괴되었기 때문이다." 스페인 국민 경제는 이 파국 후에는 황량한 폐허에 불과하게 되었다.[8]

내가 생각하는 것은 전쟁이 오히려 자본주의 발전에 대해 행해지는 아주 중요한 억제라는 점이다. 전쟁은 자본주의가 생겨날 수 있는 싹을 파괴했기 때문이다. 이 맹아는 자본이 될 수 있는 재산 속에 숨겨져 있었는데, 이러한 재산은 중세 초부터 도처에 있는 수많은 원천에서 계속 흘러나왔다. 전쟁은 이러한 재산이 자본으로 바뀌는 것을 수백 년에 걸쳐서 무수히 방해하였다. 왜냐하면, 전쟁은 그 재산을 자신의 목적에 이용했기 때문이다. 열린 마음으로 세상을 돌아다닌 사람은, 다음과 같은 사실을 오래 전부터 받아들이지 않을 수 없었다. 즉 개인의 재산이 공업이나 상업을 번영시키기보다는 국고로 흘러들어가 대부분 전쟁 목적으로 쓰였다는 사실을 받아들이지 않을 수 없었다. 공채는 돈 있는 사람에게 힘들이지 않고 막대한 이득을 얻을 수 있다고 약속하였다. 이 공채는 처음에는 큰 재산을, 그 다음에는 크든 작든 모든 재산을 흡수하였다. 따라서 그것은 자본 축적을 방해하였다.

이로 인해 특히 18세기에는 상업에 관심이 있는 사람들은 모두 끊임없이 탄식하였다.

영국에서는 :

"물론 현명한 사람은 모두 돈을 상업에서 꺼내 그것을 더 좋은 시장인 국고로 옮겼다. 그 당시에는—즉 윌리엄 3세 시대에는—정부에 주면 적어도 20% 내지 30%의 수익을 확실하게 얻었다. 정부에 준 돈은 몇 년 후에 틀림없이 다시 돌려받았기 때문에, 이것을 담보로 해서 다시 돈을 빌렸다. 매우 이익이 되는 한 교역은 자본이 얼마 되지 않았는데도 60년 동안 8,000만 파운드의 이익을 올렸는데, 이는 놀라운 일이 아니다."

"원래는 그 소유자에 의해서나 다른 사람들에 의해 상업에 사용될 현금을 … 공채가 차지한다…."[9]

프랑스에서는 :

"상업을 먹여 살리고 공업을 키운 이 돈은 국왕의 금고에서 영원히 사라진다. 국왕의 금고는 빨아들일 수 있는 것은 모두 빨아들인다…."

"자본가의 주머니는… 재물을 부르고, 법을 만들어 경쟁자를 짓밟아서 파산시킨다. 자본가의 주머니는 농업, 공업, 상업에는 관심이 없다… 그것은 투기에 골몰하기 때문에 불길하다…."

"나는 농장의 대저택 앞을 지날 때마다 깊은 한숨을 내쉬지 않을 수 없었다. 왕국의 모든 곳에서 강제로 빼앗은 돈이 저기로 흘러들어갈 것이라고 나는 생각했다. 그 돈은 길고 고통스러운 수고를 거친 다음 변형되어 왕의 금고 속으로 들어갈 것이다."[10]

네덜란드에서는 :

"누구도 자신의 돈을 상업, 공업, 농업에 투자하지 않는다. 여유 있는 사람은 모두 부자가 되고 싶어서 자신들의 돈을 외국에 투자한다고 사람들은 끝없이 불만을 터뜨리고 있다."[11]

그리고 역사는 그 사람들이 올바르게 관찰했다고 우리에게 가르쳐 준다. 중세 이후부터, 즉 도시들과 제후들이 돈을 빌려주기 시작한 이후부터, 저축한 돈이 있는 모든 사람에게는 그들의 돈을 우선 제후나 도시에 대부 형태로 투자하는 것이 당연하다고 여겨졌다. 빚이 왕 자신의 개인적인 것인 한에서만, 부자들은 왕에게 돈을 주었다(물론 그들의 돈은 또한 부분적으로는 이미 기탁금에서 유입되었다. 바르디 가家와 페루치 가家가 영국 왕에게 빌려준 돈에 대해서는 빌라니가 알려준 바가 있다). 그 다음에는 지분을 담보로 빚을 지는 것, 특히 비개인적인 부채가 나타나면서, 소시민들이 저축한 푼돈도 국고로 흘러들어갔다.

1353년과 1398년 베네치아에서는 사람들이 집을 처분해서 수익금으로 국채의 지분을 사들였다.[12]

1555년 앙리 2세의 큰 당파에 사람들이 많이 몰려들었는데, 이에 대해 한 동시대인은 다음과 같이 썼다: "이 과도한 수익에 대한 욕망이…사람들을 얼마나 자극시켰는지는 아무도 모른다. 모든 사람이 자신의 돈을 큰 당파에 투자하기 위해 몰려들었다. 그중에는 절약해서 모은 돈을 가지고 온 하인들도 있었다. 큰 당파에 참여하기 위해 부인들은 장신구를 처분했으며, 미망인들은 집세를 넘겨주었다. 간단히 말하면, 불이 났을 때처럼 사람들이 그곳으로 달려갔다."[13]

이런 방식으로 자본 형성에서 (맨 먼저! 즉 직접적으로!) 벗어난 막대한 금액을 분명하게 인식시켜 주기 위해, 나는 여기에서 중요한 도시 국가들과 큰 국가들이 중세부터 19세기 초까지 진 채무의 총액을 전하고 싶다.

이 관계에서도 모범을 보여준 것은 이탈리아 도시들이었다.

1. 이탈리아

제노바의 통상적인 부채는 1257년부터 시작되었다. 1322년에는 제노바의 총 국가 부채가 831,496리브르에 달하였으며, 8~12%의 이자가 붙어 있었다. 1354년에는 누적 부채가 2,962,149리브르 9솔리두스 6데나리우스에 달하였다. 1378~1381년 베네치아와의 전쟁 때에는 평균적으로 10만 플로린에 달하는 10개의 강제 공채가 8% 증가하였다. 따라서 14세기 말에는 앞에서 말한 약 290만 리브르의 부채에 250만 리브르의 부채가 추가되었다. 1470년에는 제네바 국가 채무가 1,200만 리브르, 1597년에는 4,377만 리브르가 되었다.[14]

피렌체의 국가 부채는 1380년에는 금화 100만 플로린, 1427년에는 금화 300만 플로린에 달했다. 1430년에서 1433년까지 70가구는 세금 계좌에 금화 487,5000플로린을 지불하였다.[15]

베네치아 공화국의 총독 모체니고는 살았을 때 400만 두카텐을 소비한 다음에도 (1423년에는) 600만 두카텐의 빚더미를 남겼다. 1520년에는 몬테 베키오 은행의 재산이 8,675,613두카텐 14그로셴에 달하였다.[16]

2. 프랑스

1595년[17]	296,620,252리브르

1698년[18]	2,352,755,000리브르
1715년[19]	3,460,000,000리브르
1721년[20]	1,700,733,294리브르
1764년[20]	2,157,116,651리브르
1789년[20]	4,467,478,000리브르
1800년[21]	40,216,000리브르(이자)
1814년[21]	63,307,637리브르(이자)

3. 네덜란드

1660년[22]	1억 4,000만 휠던
1698년[18]	2,500만 파운드

4. 영국[23]

1603년	40만 파운드	
1658년	2,474,290파운드	
1701년	16,394,702파운드	스페인 계승 전쟁
1714년	54,145,393파운드	
1727년	52,092,235파운드	
1739년	46,954,623파운드	
1755년	74,571,840파운드	영국과 프랑스 간의 7년 전쟁
1762년	146,682,844파운드	
1775년	135,943,051파운드	미국 독립 전쟁
1784년	257,213,043파운드	
1748년	8,293,313파운드	

1793년	261,735,059파운드	} 나폴레옹 전쟁
1816년	885,186,323파운드	

5. 유럽

1714년[24]	3억 파운드

이 숫자들에서는 자본주의가 당한 막대한 손실이 아주 확실하게 나타나고 있다.

그렇지만 전쟁이 없었다면 자본주의는 결코 없었을 것이다. 전쟁은 자본주의의 본질을 파괴했을 뿐만 아니라, 즉 전쟁은 자본주의의 발전을 억제했을 뿐만 아니라, 또한 전쟁은 자본주의의 발전을 촉진시키기도 했다. 사실 전쟁은 자본주의의 발전을 처음으로 가능하게 하였다. 왜냐하면, 모든 자본주의와 관련되어 있는 중요한 조건들이 처음으로 전쟁에서 충족되었기 때문이다. 나는 무엇보다도 16세기와 18세기 사이에 유럽에서 일어난 국가 형성을 생각한다. 이 국가 형성은 자본주의 경제 체제의 독특한 발전을 위한 전제였기 때문이다. 그런데 근대 국가는—특별히 증명할 필요는 없지만—전적으로 무기의 산물이다. 근대 국가의 겉모습, 즉 국경선도 그 내부 구성 못지않게 무기의 산물이다. 행정과 재정은 근대적인 의미에서 전쟁이라는 과제를 수행하면서 곧바로 발전하였다. 국가주의, 국고 우선주의, 군국주의는 이 수백 년 동안 동일한 것이었다. 특히 누구나 아는 바와 같이, 식민지도 많은 사람들의 피를 흘린 전투로 정복하고 방어했다. 레반테Levante*에 있는 이탈리아 식민지에서 시작해 영국의 거대한 식민지 제국에 이르기까지 식민지는 다른 국민들을 무력으로 아주 천천히 획득하였다.

식민지는 원주민들과 싸워서 얻었으며, 또한 샘 많고 지지 않으려고 애쓰는 유럽 국가들과도 싸워서 얻었다. 물론 다른 민족과의 무역에서는 어느 한 나라에 이익을 마련해 주기 위해 때때로 외교 수완도 가세했을지 모른다. 우리는 원주민의 군주와 맺어진 수많은 조약들을 잘 알고 있다. 그리고 이 조약들에서 유럽 국가는 갖가지 종류의 특권을 얻었다. 특히 반쯤 내지 완전히 문명화된 국민들을 상대한 레반테 식민지에서는 조약 체결이 빈번했다. 그리고 아시아와 아메리카 지역에서도 조약 체결이 일어났다. 프랑스어로는 그러한 조약을 "피르망Firman"이라고 불렀다. 그중에서는 (예를 들면, 1692년 데스란데가 프랑스 동인도 회사를 위해 찬데르나고르에서 무굴 제국의 황제와 맺은 조약) 다음과 같은 사항을 협정하였다: 프랑스 회사는 무굴 제국의 황제에게 4만 코프를 지불하였다. 1만 코프는 즉시 지불했으며, 나머지는 매년 5,000코프씩 지불하였다. 대신에 프랑스인들은 벵갈, 오리싸, 베하르에서 자유롭게 무역할 수 있는 권리를 얻었다. 이것은 네덜란드인과 똑같은 특권, 똑같은 관습이었다. 프랑스인들은 네덜란드인과 똑같이 3.5%의 관세를 지불하였다.

그러나 이런 종류의 협정이 매우 훌륭했다 하더라도, 그것만으로는 결코 충분하지 않았다. 협정이 원주민들에 의해 잘 지켜지는지는 협정 체결국의 세력 과시를 전제로 하였다. 힘이 있다는 것을 보여

---

* 지중해 동부 해안 지방 일대로, 중세에는 동방 무역의 중계 지역이었다(역자 주).

주어야 원주민의 군주에게서 상당한 존중심을 불러일으키기 때문이다. 그 다음에는 여전히 경쟁하는 유럽 국가들이 남아 있었다. 이들은 언제라도 무력으로 자신들의 자리를 차지할 용의가 있었다.

이처럼 이미 제네바인들과 베네치아인들의 역사는 영원한 전쟁의 역사였다.[25] 이때에도 이미 가장 방어적으로 행동한 나라들이 좋은 조건으로 조약을 맺었다: "이 전쟁 중에 공화국(베네치아)은 본질적으로 네그레폰트 시의 숙영지를 잘 방어하는 데 만족하였다. 아마도 이로 인해서 그들은 1277년에 미하일 팔레올로고스*와 2년간의 조약을 다시 맺었을 때 유리한 조건을 얻었을 것이다"(하이드Heyd). 또한 16세기 이후 서양 국가들의 식민지 역사도 이에 못지않았다. 전쟁을 감행할 모습을 통해 힘을 과시하는 것은 여기에서도 여전히 해결책이었다: "해안에서 보이게끔 프랑스 국왕의 군함들을 파견해야 할 것이다. 특히 총알과 포탄을 아껴서는 안 될 것이다. 이것은 네덜란드인의 콧대를 꺾고, 영국과 네덜란드 간의 전쟁을 조장하고, 언제나 약자를 돕는 데 중대한 의미를 갖고 있다…동인도 회사가 일단 설립되었기 때문에, 인도의 주인이 되는 것은 프랑스 국왕 폐하에게 달려 있다." 이것은 프랑스 동인도 회사의 임원들이 1668년에 쓴 진정서에 나와 있다.[26]

잘 알려져 있는 바와 같이 17세기 이후에는 특권을 가진 무역 회사들에 국가 주권, 특히 전쟁 수단도 위임하는 것이 통상적인 일이

---

* 미하일 8세 팔레올로고스Michael Paläologus: 비잔티움 제국의 마지막 왕조인 팔레올로고스 왕조의 황제(1223~1282년, 재위 기간: 1261~1282년). 1261년 라틴 제국에게 빼앗겼던 콘스탄티노폴리스(이스탄불의 옛 이름)를 탈환해 비잔티움 제국을 부흥시켰다(역자 주).

되었다. 이로 인해서 그 회사들은 본격적으로 식민지 정복을 임무로 삼았으며, 이 회사들 사이에서 먹이터를 둘러싼 싸움(그 싸움이 유럽 이외의 곳에서 결정되는 한)이 행해졌다. 이 싸움에서는 결국 국가 군사력의 크기가 결정적인 작용을 하였다는 것, 그리고 승리는 평화적인 상인들에 의해서가 아니라 노련한 장사꾼들과 난폭한 해군들에 의해 쟁취되었다는 것이 분명하다.

"동인도 회사의 최고 자리에 오른 사람들은 단순히 뛰어난 상인으로서의 역할을 수행하는 자와는 다른 자질을 지닐 필요가 있음을 그렇게 해서 알게 될 것이다. 그들의 업무는 잡다한 일이다. 전체에 대해 조금씩 알 필요가 있기 때문이다"라고 언제나 사물을 분명하게 보는 마르틴F. Martin은 본국에 보고하였다.[27] 그리고 이것은 모든 나라의 국민에게 해당되었다. 따라서 가장 난폭한 자들, 가장 무자비한 자들, 용병술에 가장 능한 자들이 전쟁에서 마침내 승리를 거두었다.

식민지를 획득할 때 진행 과정이 어떠했는가에 대해서는 아프리카 무역 회사들의 역사가 특히 좋은 예를 제공한다. 아주 확실히 알게 해주기 때문이다.

처음에는 아프리카가 포르투갈인들에 의해 점령되었다. 이와 나란히 영국인들도 자리를 잡았다. 엘리자베스 여왕이 한 회사에 특권을 주었기 때문이다. 영국인들은 황금 해안Gold Cost*에 최초의 요새

---

* 서아프리카 가나의 기니 만 연안의 해변. 1482년 포르투갈이 처음 상륙한 뒤부터 브란덴부르크-프로이센 공국, 스웨덴, 덴마크, 네덜란드의 무역업자들이 교역의 거점으로 삼았다(역자 주).

를 지었다. 그 후 스튜어트 왕조*시대에는 감비아Gambia 강**에 요새를 지었다. 1621년에는 아프리카 서해안과 아메리카 동해안의 모든 땅을 소유할 권리를 가진 네덜란드 서인도 회사가 설립되었다. 이 회사는 또한 그곳에서 무역을 독점할 권리도 가졌다. 그렇지만 포르투갈인들이 이 회사에 중요한 장소를 이미 차지하고 있었기 때문에, 충돌이 불가피하였다. 충돌이 곧 시작되었다. 1637년에 네덜란드인들은 아프리카에서 최초의 포르투갈인 요새를 정복하였으며, 곧이어 다른 모든 요새도 정복하였다. 이 요새들은 1641년의 조약으로 정식으로 그들의 것이 되었다. 그런데 영국인들이 방해하였다. 네덜란드인들은 그때 그들에 대해서도 무역 독점의 권리를 주장하였다. 그들은 언제나 두 척의 전함을 해안 근처에서 순항시켰다. 도착하는 영국의 상선들을 추격하기 위해서였다.[28] 이제 다음과 같은 사정이 분명해졌다:

1. 영국의 개인 상인들은 네덜란드 서인도 회사의 단결된 힘에는 당할 수가 없었다.
2. 관계 국가들 간의 조약에는 큰 가치를 부여할 수 없었다(동인도의 경험!).
3. 네덜란드 서인도 회사와 같은 적에게 대항하는 방법은 한 가지밖에 없다. 그것은 영국 상인들도 마찬가지로 하나의 회사로 통합해서, 그들이 필요로 하는 모든 권한과 특권을 이 회사에 주는 것이다.

---

* 1371~1603년까지 스코틀랜드를 통치한 영국의 첫 통합 왕가(역자 주).

** 서아프리카 중부를 흐르는 강(역자 주).

이러한 숙고의 결과로서 1662년에 "아프리카에서 무역업을 하는 왕립 영국 모험자 회사"가 세워졌다.

두 회사 간에 질서정연한 싸움이 시작되었다. 영국인들도 요새를 만들었으며, 군함 등을 준비하였다. 이때 경비가 어느 정도 들었는지는 다음과 같은 숫자들이 보여준다. 아프리카 해안에 요새를 건설하고 유지하는 데 회사는 1672~1678년에는 39만 파운드, 1678년에서 1712년까지는 20만 6천 파운드, 1712~1729년에는 25만 5천 파운드를 지출하였다. 합계하면 이 57년 동안 85만 1천 파운드가 된다! 그러나 영국인들은 이제 그들의 소유지에서도 더 이상 방해받지 않게 되었다. 확실한 동시대 자료에 따라서 이런 보고를 한 포스틀스웨이트는 다음과 같이 덧붙였다[29]: "지난 250년 동안 외국에서 땅을 발견한 모든 유럽 국가의 변함없는 정책은…요새와 성을 세우고 유지하는 것이었다. 그리고 요새와 성을 그렇게 소유해서 왕국 전체와 광대한 땅에 대한 권리를 요구하고, 이 나라와 무역하는 데 다른 모든 나라를 배제하는 것이었다."

식민지가 근대 자본주의의 발전에 대해서 지닌 탁월한 의의, 즉 모범으로서, 성향 형성자로서, 재산 형성자로서, 시장 형성자로서 지닌 의의를 머릿속에 떠올려 보라. 그러면 거대한 식민지 정복이라는 이 하나의 전쟁 성과로도 전쟁을 자본주의 본질의 창조자로 보기에 충분하다. 전쟁에는 두 개의 얼굴이 있다. 전쟁은 여기에서는 파괴하고, 저기에서는 건설한다.

그러나 이것만을 말하고자 했다면, 나는 또 다시 한 권의 책을 쓸 필요까지는 없었을 것이다. 왜냐하면, 모든 "역사가"는 그러한 사실을 잘 알고 있기 때문이다. 나에게 중요한 것은 오히려, 전쟁이 자본주의 경제 체제 건설에 훨씬 더 직접적으로 관여했다는 사실을 증명하는 것이다. 관여했다고 말할 수 있는 이유는 전쟁이 근대 군대를 만들어 냈으며, 근대 군대는 자본주의 경제의 중요한 조건들을 충족시켰기 때문이다. 여기에서 고찰하는 조건들은 재산 형성, 자본주의 정신, 특히 큰 시장이다. 지금부터 행하는 연구는 군국주의 발전과 자본주의 발전 간에 존재하는 연관을 밝히는 것을 과제로 삼고 있다. 내가 언제나 무엇보다도 먼저 증명하려고 하는 것은 근대 군대가 ① 재산 형성자로서, ② 성향 형성자로서, ③ (특히!) 시장 형성자로서 자본주의 경제 체제의 발전을 얼마나 촉진시켰는가이다. 그래서 나는 근대 군대의 발생을 맨 먼저 추적할 것이다.

나의 서술이 다루는 시대는 근대 군대의 발생부터 18세기 말경까지의 시기이다. 이 시기는 근대 자본주의 발전에서 결정적인 기간으로, 이때 자본주의는 목표와 방향을 얻었다. 말하자면, 이 시기는 자본주의의 성숙기이다. 나는 이 초기 자본주의 시대에 대해서만 군국주의의 탁월한 의의를 주장하였다. 나중에는 수많은 다른 요소들이 섞인다. 다시 말하면, 나중에는 다른 수많은 추진력이 군국주의의 이해관계보다 더 강력하지는 않더라도 그것만큼은 강력하게 경제 생활의 진행을 결정한다. 군국주의의 이해관계는 고도 자본주의 시대 초까지만 지배적인 영향력을 행사했기 때문이다. 그렇지만 다른 수많은 요소들이 섞인다는 것이 바로 결정적인 것이다. 왜냐하면, 바로 이 시기에 근대 자본주의의 성격이 근본적으로 형성되는 경험을 했기 때문이다.

제1장

근대 군대의 발생

Ⅰ. 새로운 조직 형태의 형성

1. 이론적으로 있을 수 있는 군대 제도

일반적인 군대 제도는 여러 종류의 형태로 나타나는데, 다음과 같은 가능성을 보인다:

① 조직 중심부에 따라서 우리는 군대를 개인 군대와 국가 (도시 등) 군대로 구분한다. 즉 한편으로는 한 공동체 안에서 몇몇 (사적인) 사람들이 자신들과 다른 사람들을 위해서 싸우게 하려고 군대를 모으며, 또 한편으로는 공적이며 합법적인 권력, 말하자면 국가, 신분 대표 회의, 도시와 같은 "공공 단체"가 군대를 조직한다.

② 군대의 존속 기간에 따라서 군대는 상비군과 비非상비군으로 나누어진다(비상비군은 모였다가 흩어지는 군대라고 말할 수 있다). 군대는 한편으로는 전쟁이라는 특별한 기회가 없어도 언제나 모여 있으며, 다른 한편으로는 필요할 때만 기한부期限附로 모인다. 상비군은 다시

현역이냐 예비역이냐라는 두 개의 상이한 형태로 나타날 수 있다. 이것은 상비군이 "무장한 채로" 유지되느냐, 아니면 시민으로서 직업에 종사하도록 휴가를 주느냐에 따른 것이다. 상비군의 일부가 무장한 채로 있고 다른 일부는 휴가 받은 상태에 있을 경우, 우리는 이것을 간부 군대라고 말한다.

"상비군" 개념을 좁게 파악하고 싶다면, 그것은 무장하고 있는 병사들로 이해할 수 있다. 초기의 상비군에 대해 말할 때는 흔히 이렇게 생각하기 쉽다. 왜냐하면, 그때에는 휴가 받은 병사라는 범주가 아직 존재하지 않았기 때문이다.

직업 군인 군대라는 개념도 마찬가지로 모호하다(정도의 차이만 있을 뿐 본질의 차이는 없기 때문에 명확하게 규정할 수 없다). 이 개념이 분명한 경우는 단지 그것을 그 구성원들 모두가 직업 군인인 군대로 이해할 때뿐이다. 다시 말하면, 체력이 허락하는 한 (마치 오늘날 유럽의 현역 장교들처럼) 매우 오랫동안 군사 업무를 수행하는 사람들로 이루어진 군대로 이해할 때뿐이다. 그러나 다른 한편에서는 훈련을 충분히 받지 못했거나 전혀 받지 못한 "민병"과 달리, 직업 군대는 여러 해 동안 복무하는 국민 군대이기도 하다.

이 여러 유형들을 엄밀하게 구분하는 것은 우리 목적에는 별로 중요하지 않다. 유럽의 역사가 보여주는 경험적인 형태들을 상세히 올바르게 묘사할 수 있다면, 그것으로 충분하다.

③ 우리는 "군대 조달"의 종류와 방식에 따라 군대를 구분한다. 여기에서는 두 개의 큰 집단으로 분류할 수 있을 것 같다: 강제 군대와 자유 군대, 이것이 나타내는 것은 전자의 경우 병사가 입대할 때 (외적인) 강제에 따라야 하며, 원하지 않더라도 입영해야 한다는 것이다

(이때 그가 기꺼이 또는 열광하면서 대원수大元帥의 부름을 따르는지 아닌지는 중요하지 않다. 이 감정 관계는 여기에서 끄집어 내 강조한 관계, 즉 군대에 대한 개개 병사의 법적 관계와 아무 상관없다). 반면에 후자의 경우 병사는 자유로운 결정에 따라서 행동한다(따라서 그는 원하지 않았다면 입대할 필요가 없었다).

강제 군대는 의무의 기원과 형식에 따라서 여러 가지 성격을 갖고 있다. 강제 징집은 사법私法에 근거할 수도 있고 공법公法에 근거할 수도 있다. 사법에 의한 징집은 병사의 인격 전체를 장악한다. 이제 그는 "노예"로 여겨진다. 그의 군인 책무는 그가 개인적으로 자유롭지 않다는 사실에 근거하고 있다. 한편 다른 경우에 그의 군인 책무는 그가 일정한 부대에 속한 자로서의 그의 특성에서 나온다. 병사는 농민으로서, 기사로서, 신민으로서 "소집된다." 따라서 "소집된 군대"는 다음과 같은 방식으로 이루어진다. 즉, 그들은 국민 공동체의 일부분만을 포함하기 때문에 계급 군대가 되거나, 아니면 국민 공동체 전체에서 생겨났기 때문에 국민 군대가 된다.

이에 반해 "자유" 군대는 자유로운 결정에 따라 무기를 든 병사들로 이루어져 있다. 그들의 결정이 전쟁에서 기대되는 최종적인 성과를 고려해 이루어졌다면, 즉 그들이 "조국의 수호"를 위해 또는 어떤 다른 이익을 지키기 위해 모였다면, 우리는 본래 의미에서의 자원자 군대라고 말할 수 있다. 반면에 만일 그들이 직접적인 지불을 대가로 군복무를 한다면, 즉 그들이 "모집될" 때 보수를 대가로 하여 계약에 따라 일정한 업무를 수행할 의무를 갖는다면, 우리는 그들을 "용병"이라 부른다.

④ 군대의 내적 구성에 따라서도 개별 군대와 집단 군대로 나눌 수 있다. 이 구분에 대해서는 서술해 가면서 자세하게 말할 것이다.

내가 여기에서 실시한 군대 형태의 분류는 통상적인 것이 아니다. 그렇지만 내가 보기에 이 분류는 목적에 잘 맞는 것 같다. 특히 다음에 행하는 고찰과 관련해서는 말이다. 예를 들어, "상비군"과 "용병군"을 대조해 보면, 종종 머리가 아프다. 이것은 콘크레트Konkret[구체화]와 콘벡스Konvex[볼록 렌즈]의 대조가 보여주는 것과 같은 대비이다. 이런 어려움에 대해서는, 일정한 군대 형태들을 구분하는 관점이 실로 매우 다양하다는 것을 염두에 두면 좋다. 또한 군대들의 매우 상이한 특성들이 다양한 방식으로 혼합될 수 있다는 사실을 잊지 않는 것도 마찬가지로 좋다. 국가의 군대는 상비군일 수도 있고 비상비군일 수도 있으며, 용병 군대일 수도 있고 징집병 군대일 수도 있으며, 직업 군인 군대일 수도 있고 민병 군대일 수도 있다. 게다가 용병 군대는 상비군일 수도 있고 예비군일 수도 있으며, 개인 군대일 수도 있고 국가 군대일 수도 있다.

군대 조직의 도식

Ⅰ. 군대 조직에 따라 구분하면

1. 개인 군대

2. 국가 군대

Ⅱ. 군대의 존속 기간에 따라 구분하면

1. 상비군

a) 현역병 군대

b) 부재 군대(간부 군대)

2. 비상비군

Ⅱa. 병사 양성 기간에 따라 구분하면

1. 직업 군인 군대

2. 아마추어 군대("민병" 군대)

Ⅲ. 조달 방식에 따라 구분하면

1. 강제 군대

a) 사법에 따른 군대: 노예 군대

b) 공법에 따른 군대(징집병 군대)

α) 계급 군대

β) 국민 군대

2. 자유 군대

a) 자원병 군대

b) 용병 군대(모병 군대)

Ⅳ. 내적 구성에 따라 구분하면

1. 개별 군대

2. 집단 군대(대중 군대, 부대 군대)

2. 육군

군대의 역사를 아주 잘 아는 사람들 사이에서도, 근대 군대의 발생을 언제로 보아야 하는가에 대해서는 논쟁이 지속되고 있다. 프랑스에서는 매우 오랫동안 일반적으로 샤를 7세의 칙령에 의한 중대의 설치(1445)를 근대 프랑스군의 기원이 되는 사건으로 간주해 왔다. 그런데 최근에는 샤를 7세의 아들, 또는 프랑수아 1세, 또는 그 후의 왕들을 프랑스군의 창설자로 간주하고 싶어 하는 의견들이 공공연하게 나왔다. 영국에 대해서는 한편으로 근대 군대의 시작을 1509년이나 그 이전에 놓는 사람들이 있는 반면에, 다른 한편으로는 1643

년이나 1645년을 창설 연도로 보는 사람들이 있다. 프로이센군의 경우 대부분의 사람들은 대선제후* 시대에 시작된 것으로 보지만, 최초의 출발점을 어느 해에서 또는 어느 십 년대에서 찾아야 하는가에 대해서는 논쟁이 있다. 게다가 많은 사람들은 프리드리히 빌헬름 1세**를 프로이센군의 "실제적인" 창설자로 보려고 한다.

근대 군대의 특징을 연구자마다 제각기 다르게 인식하는 것을 보면, 견해들이 그처럼 오락가락한다고 할 수 있는데, 그럼에도 놀랄 일이 아니다. 그런데 근대 군대의 식별표로 간주될 수 있는 특징이 있는가? 이 특징을 사용해서 우리는 근대 군대를 중세 군대와 확실하게 구분할 수 있는가? 예를 들어, 용병 군대와 징집병 군대를, 계급 군대와 국민 군대를 분명하게 구분할 수 있는가?

예전에 "근대 군대"의 특징으로 간주되었거나 지금도 간주되고 있는 기준을 머릿속에 떠올리면, 그러한 구분은 거의 할 수 없을 것 같다.

전에는 용병 제도가 봉건 시대를 끝내고 근대를 불러들인 새로운 제도라고 생각하였다. 그러나 용병 제도가 중세의 아주 먼 시대에 시작되었으며, 그것은 기사 제도처럼 오래되었고 용병 군대가 언제나 기사 군대와 동시에 존재했다는 사실을 우리는 오늘날 오래 전부터 잘 알고 있다.

용병 군대는 그리스의 황제들 치하에서도 있었고,[30] 9세기 이후의

---

* 프리드리히 빌헬름. 독일의 브란덴부르크 선제후(1620~1688. 재위 기간: 1640~1688)로 별칭이 대선제후der Große Kurfürst이다(역자 주).

** 프로이센의 국왕(1688~1740. 재위 기간: 1714~1740). 부국강병책을 감행하였고, 상비군 양성에 전념하여 군인왕으로 불렸다(역자 주).

칼리프들의 치하에서도 있었다.[31] 또한 유럽 국가에도 용병 군대는 이미 10세기에 있었다. 수도사 리셰*는 991년에 앙주 백작이 브레타뉴 백작에 대항해서 가신들과 용병들로 이루어진 군대를 이끌고 출정했다고 말한다.[32]

영국에서는 용병 제도가 일찍부터 발전하였다. 1014년 에셀레드**는 군사 목적을 위해 21,000파운드를 거둬들였다.[33] 그리고 토지 대장***이 만들어진 다음에는 종군 의무를 돈으로 대체하는 것과 국왕이 기사들을 모집하는 것이 통례가 되었다.[34]

그 후 12세기와 13세기에는 용병 제도가 어디에서나 널리 퍼진 제도가 되었다. 노르만인 군대는 용병 군대였다. 그들은 어느 때는 그리스인을 위해 사라센인과 싸우려고, 또 어느 때는 랑고바르드의 군대나 이들의 국토를 지키기 위해 그리스인과 싸우려고 이탈리아로 갔다. 성왕聖王 루이 9세**** 군대의 대부분이 용병으로 이루어졌다. 기병이든 보병이든 상관없이 말이다. 보병 부대는 아마도 보병으로는 최초의 용병 부대였을 것이다. 이때 기사 한 명 밑에 100명이 있는 중대가 만들어졌다. 이에 대해서는 연대기가 아니라 경비 계산서가 보고하고 있다.[35] 이미 12세기에 용병 제도가 널리 퍼졌기 때문에, 나

---

* 리셰 Richer(출생 및 사망 년도 미상): 10세기의 생 레미의 수도사이자 역사가(역자 주).

** 에셀레드 Ethelred 2세(968?~1016. 재위 기간: 978~1013. 1014~1016): 웨식스 왕가 출신의 잉글랜드 왕(역자 주).

*** "정복왕" 윌리엄 1세(1027~1087)는 색슨 귀족을 축출하고 토지를 빼앗아 가신에게 주어 잉글랜드의 봉건 제도를 확립했으며, 1085년에는 토지 대장이라고 할 수 있는 둠즈데이 북 Domesday Book을 작성하여 세제를 확립하였다(역자 주).

**** 프랑스 카페 왕조의 왕(1214~1270. 재위 기간: 1226~1270): 십자군 원정 도중에 사망하였다(역자 주).

중의 용병 대장처럼 유명한 용병 지도자들이 있었다.[36]

이 모든 것은 봉건 세계에서의 예이다. 도시의 방어 조직에서는 어디에서나 매일 일찍부터 용병 제도가 필요 불가결한 구성 요소를 이루었다는 것은 당연하다.[37]

용병 제도를 근대 군대의 특별한 표지로 간주하는 것이 불가능함은 다음과 같은 이유에서다: 징집병 군대가 모든 시대에 근대 군대의 구성 요소를 이룬 것이 확실하기 때문이다.

그렇지만 마찬가지로 근대 군대가 상비군과 동시에 시작된 것으로도 볼 수 없다. 왜냐하면, "상비군" 역시 우리가 근대 군대의 시작을 추정할 수 있는 것보다 훨씬 이전부터 존재했기 때문이다.

원래대로라면 기사 군대 전체를 "상비군"이라고 불러야 할 것이다. 왜냐하면, 기사 군대는 단지 잠재적인 것에 지나지 않더라도 또 현장에 있지 않더라도 "상비군"이었기 때문이다. 다시 말하면, 국왕이 언제나 마음대로 다루었기 때문이다. 그렇지만 기사 군대를 "상비군"이라고 부르지 않아도, 의심의 여지가 없는 사실은 그 전부터 존재한 제후의 순찰병이 상비군에게도 일반적으로 볼 수 있는 모든 특징을 갖추었다는 것이다. 그들은 제후를 둘러싸고 있으며, 언제라도 제후가 마음대로 다룰 수 있고, 또 결코 해산하지 않는 병사 무리, 즉 상비군이었다. 이 개인적인 방위 부대, "친위대"를 우리는 또한 근대 국가의 시작 때부터 다시 보게 된다. 이탈리아 전제 군주들도 프랑스나 영국의 왕과 마찬가지로 또는 독일의 제후와 마찬가지로 친위대를 갖고 있었다. 이들은 불어로는 장 다름gens d'armes, 영어로는 멘 앳 암스men-at-arms,[38] 독일어로는 "트라반텐Trabanten"[39]이다.

예를 들면, 국왕의 지휘권이 근대 군대를 특징짓고 중세 군대와 구분시키는가? 만일 이것을 받아들인다면, 근대 군대의 출발점을 발견하기 위해 다시 중세의 아주 먼 시대로까지 거슬러 올라가야 할 것이다. 왜냐하면, 적어도 프랑스에서는 국왕의 군대가 봉건 시대 때부터 원수元帥, Connétable의 통일성을 갖춘 명령 하에 있었기 때문이다. 1349년 이후는 총사령관Capitaine général이 원수를 대신하였다. 그리고 병기 및 (대포 도입 이후) 화포의 최고 관리권은 1274년 이후는 국왕의 관료인 사수들의 대장에게 있었다.

또는 이미 많은 사람들이 옳다고 간주한 것처럼, 중세 군대에서 근대 군대로의 변화를 무기 기술 탓으로 돌릴 것인가? 이러한 견해도 마찬가지로 사실을 왜곡한다. 화기 도입으로 군대 제도의 새로운 시대가 시작된 것은 결코 아니다. 왜냐하면, 이미 화기가 사용된 크레시Crecy*에서 싸운 군대를 근대적인 군대라고 간주하는 사람은 없기 때문이다. 또 한편으로 17세기 말경에 일부는 여전히 창으로 싸운 군대가 "근대적인" 군대로서의 성격을 지녔다는 사실은 아무도 부정할 수 없을 것이다.

그렇다면 정말로 어떤 측면에서도 군대 역사에서 중세와 근대를 구분할 수 없는가? 그러나 우리가 또 다시 분명하게 느끼는 것은 18세기 초에 나타난 군대는 15세기의 군대와 근본적으로 다르다는 사실이다. 그러므로 우리가 또한 받아들여야 하는 것은 1500년부터 1700년까지의 시기(시대를 아주 넓게 구분하면)에 군대 조직에서 본질적인 변화가 일어났다는 사실이다. 종종 그랬던 것처럼 여기에서도 다

---

* 프랑스 북부 지방의 옛 전쟁터 마을. 1346년 영국군이 프랑스 군대를 크게 무찌른 백년 전쟁 최초의 결전장(역자 주).

음과 같이 해서 모순을 해결할 것이다. 즉, 특정한 사건을 결정적인 것으로 파악해 이 사건의 출현으로 근본적인 변화가 생겨났다고 생각하는 것을 포기하면, 모순이 해결될 것이다. 근대 군대는 근대 국가나 근대 자본주의와 마찬가지로 명확한 탄생 연도를 갖고 있지 않다. 뿐만 아니라, 근대 군대의 발생은 결코 아주 새로운 발전 계열의 시작을 전제로 하지 않는다. 오래된 제도는 천천히 변한다. 오래된 풍속과 관습은 눈에 띄지 않게 새로운 것으로 바뀐다. 나란히 흘러가는 하천들도 합쳐진다. 마침내 단계적이고 부분적인 개조를 거쳐 새로운 형식이 생겨난다. 우리는 지금 그 전체에서는 이전과는 근본적으로 다르다고 분명하게 느낀다. 그리고 우리가 지금의 것과 이전의 것의 순수한 모습을 분명하게 파악하고 싶다면, 당연히 아주 섬세하게 그 둘을 서로 분리해야 한다. 그러므로 경험적인 형성에서 변화 과정의 단 하나의 장소에 대해 "여기가 새로운 것이 나타난 지점이다"라고 말할 수 없다는 것을 우리는 매우 잘 의식하고 있다. 다시 말하면, 새로운 작용의 원인으로 간주될 수 있는 단 하나의 발전 요인을 지적할 수 없다는 것이다.

근대 군대는 상비군이며 국가 군대이다. 이미 언제나 존재한 두 가지 경향, 즉 (국가의 대표자로서) 제후를 유일한 지휘관으로 여기는 것과 그에게 지속적으로 군대를 마음대로 사용할 수 있게 해주는 것은 계속해서 효과를 거둬 마침내는 보편타당한 원칙이 되었다. 이 두 원칙의 승리는 외견상으로는—말하자면, 상징적으로는—국가 상비군의 식량 조달과 장비를 위한 자금을 지속적으로 준비하거나 제공하는 것에서 표현된다. 이러한 표현이 동시에 근대 군대의 근본 이념에서 매우 실제적인 의의를 갖지는 못하지만 말이다. 자금은 제후가 자유롭게 쓰는데, 이렇게 해서 그는 군대 행정을 장악할 뿐만 아니라 군대의 존속 기간도 자기 마음대로 결정할 수 있다. 이렇게 해서 만들어진 제후의 물질적인 능력 속에서 근대 군대의 두 가지 본질적인 특징이 합쳐진다. 즉 상비군인 것과 국가 군대라는 것이 저절로 유기적으로 통일되었다. 제후는 이제 "자금과 국민"을 자기 마음대로 사용한다. 이렇게 해서 군대의 새로운 형식이 보장된다. 이렇게 해서 군대는 정해진 대로의 모습을 갖춘다. 즉 군주의 수중에 있는 검이 되었다. 이때 비로소 군대는 군주가 자신의 독자성을 발휘하는 것을 도와준다. 대선제후가 1667년의 정치 유언에서 표현한 것처럼, "자금과 국민이 없다면 군주는 고려할 가치가 전혀 없는 존재이기" 때문이다.

세 가지 계기, 즉 자금 조달, 지속성 및 국가에 의한 관리는 서로 밀접하게 연관되어 있으며, 또 이것들이 근대 군대의 형성에 근본적으로 의의가 있다는 것을 인정했다면, 틀림없이 프랑스의 샤를 7세* 의 개혁에 획기적인 성격이 있다고 생각할 것이다.

과정은 잘 알려진 것처럼 다음과 같았다:[40] 샤를은 1439년 이전에는 자신에게 여전히 충성한 특정 계급의 불충분하며 불확실한 동의에 의지하고 있었다. 이 재정적인 무질서와 자금 부족 때문에, 당시 제국에 가득 차 있었던 병사 무리들은 제멋대로 행동하였다. "왕을 위해 싸운 대장들은 종종 원수의 명령을 거부하였다. 그들은 종

* 샤를 6세의 아들(1403~1461. 재위 기간: 1422~1461). 백년 전쟁 말기에 즉위했으며, 잔 다르크의 협력을 얻어 칼레Calais를 제외한 전국토를 영국군으로부터 회복하였다(역자 주).

종 요새 성벽 뒤에서 아주 비열한 범법 행위를 저질렀다." 샤를은 우선 그들에게 담당 지역에서의 일정한 수입을 주는 것으로 그들을 지배하려고 시도했다. 1439년에 그는 이 조치를 전국에 통일적으로 또 지속적으로 실시하려고 나섰다. 11월 2일 칙령이 선포되었다.[41] 이 칙령의 밑바탕에 있는 것은 다음과 같은 생각이었다: 지속적인 전쟁에 필요한 군대를 통제하려면, 이들에게 정기적으로 급료를 지불해야 하며, 또 단 하나의 명령권에 복종시켜야 한다. 제국의 거물들은 국왕의 허락 없이 부대를 유지하는 것을 포기하였다. 이들은 국왕에게 부대장을 임명하는 독점적인 권리를 약속하였다. 부대장은 이때 부대원이 나쁜 짓을 저지를 경우 함께 책임을 져야 했다. 그렇지만 거물들은 또한 자신의 신민들에게 독단적으로 세금을 부과하거나 전쟁에 필요한 세금을 올리는 것을 금지 당하였다. 국왕에게는 군대에 지불할 목적으로 국왕 직할 영지의 주민들뿐만 아니라 거물들의 신민들에게도 일반적으로 과세할 수 있는 권한이 주어졌다. 국왕은 이 권리를 지속적인 것으로 보았다. 상비 자금에서 상비군이 자연스럽게 생겨났다. 오를레앙 회의*의 결의에 근거해서 국왕은 견고하면서도 획기적인 행정 제도를 만들었다. 랑케Leopold von Ranke**는 이 개혁을 당연히 "가장 위대한 변화 중의 하나"라고 올바르게 불렀다. 이 개혁 덕분에 당시에는 전대미문의 거대하고 훌륭한 군대가 생겨났다. 이 군대를 이끌고 샤를 8세***는 이탈리아로 쳐들어갔다. 프랑수아

---

* 1439년 오를레앙Orlean에서 열린 삼부회의(역자 주).

** 19세기 독일 역사학의 대표자로 근대적인 의미의 역사학의 기초를 다진 인물(1795~1886)이다(역자 주).

*** 루이 11세의 아들(1470~1498. 재위 기간: 1483~1498)로 나폴리 왕국의 왕위를 주장하며

1세*가 전투할 때 이끌고 다닌 뛰어난 부대가 생겨난 것도 결국은 그 개혁 덕분이다.

프랑스에서는 이미 15세기 중엽에 행해진 것이 다른 유럽 국가들에서는 200년 후에야 비로소 다시 행해졌다. 영국에서는 군대의 통합이 잉글랜드 공화국 시대**에 처음 행해졌다. 이때의 결정적인 규정은 아마도 의회(1643)의 결의일 것이다:[42] 에섹스의 군대는 앞으로도 계속해서 만 명의 보병과 4,000마리의 말로 구성된다. 또한 1645년 2월 15일의 칙령에 따라 양兩왕국 위원회는 (1644년 에섹스의 군대가 항복한 다음) "새로운 군대의 창설" 즉 새로운 모델의 군대 창설을 위임받았다.

주지하다시피 나중에 국가 상비군의 존속은 국민의 기본 인권에 관한 선언이 국가의 기본법으로까지 높여졌을 때 다시 문제가 되었다. 즉 평화 시기에 상비군 유지는 "위헌"이라는 것이다. 그렇지만 육군은 없어서는 안 되었기 때문에, 의회는 1689년 이후 매년 "반란과 탈영 등을 처벌하는 법안"이라는 이름의 특별 법안을 통해 모집된 군대의 형성을 허가하였다. 영국의 군대 조직은 그 이후 이 반란법에 근거하였다.[43]

1494년 이탈리아 원정을 감행하였다(역자 주).

* 프랑스의 국왕(1494~1547. 재위 기간: 1515~1547). 즉위하자마자 이탈리아 원정에 나서 밀라노를 손에 넣었다(역자 주).

** 잉글랜드 내전 이후 올리버 크롬웰이 이끄는 의회파가 찰스 1세를 처형한 후 수립한 공화제 국가(1649~1660)(역자 주).

독일에서는, 즉 지방 제후들에게는 1654년 5월 17일자 제국 의회의 결의 제180조가 결정적으로 중요한 것 같다. 이 조항에는 다음과 같은 기본 원칙이 제시되어 있었다: "모든 선제후와 소작농, 신민 및 시민 등의 모든 신분은 필요한 요새, 광장 및 수비대를 세우거나 유지하기 위해…각각의 지방 제후, 지배자 및 상관에게 원조 자금을 제공할 의무가 있다." 이 규정은 국회에 의해 승인된 금액의 배분을 주로 제후 권력의 재량에 맡긴다고 정하였다. "이것은 독일 영토에서 상비군이 발전하는 데 매우 중요하였다."[44]

군대의 국유화 과정은 군대를 상비군으로 만드는 것과 병행해서 서서히 진행되었는데, 여기는 이 군대의 국유화 과정을 자세히 추적할 자리가 아니다. 18세기 초에 근대 군대가 국법에 따라 행정 기술상 완성된 형태를 취했다고 말하는 것으로 충분하다. 그 당시 지도적인 국가인 프로이센에서 1713년 5월 15일자의 내각 명령은 군대의 새로운 형태가 완료되었음을 나타낸다. 이 새로운 형태는 "기한부 용병제"에 마지막 충격을 주었다. 일단 입대한 모든 병사는 국왕 폐하가 제대를 명할 때까지 복무해야 한다고 규정되었기 때문이다.[45] 모든 장교 지위의 임명도 이제부터는 국왕에게 맡겨졌다. 마침내 프리드리히 빌헬름 1세 치하에서는 국왕의 자유롭고 무제한적이며 군주제에 입각한 임명권이 행정의 다른 모든 영역과 마찬가지로 여기에서도 무조건 인정받고 행사되었다.[46]

그러나 우리가 "근대 군대"의 특성 전체에 주목하면, 군대의 헌법상 및 행정상의 성격과는 다른 특징들이 분명하게 모습을 나타낸다: 연병장이 우리 눈앞에 나타난다. "부대"가 편성되어 제각기 이동하는 모습이 보인다. 군단, 연대, 대대, 중대가 우리 옆에서 행진한다.

부대의 대원들은 계급 상 상하의 구별이 분명한 많은 지휘관들의 명령에 따른다. 다시 말하면, 근대 군대는 또한 군사 기술상 독특하게 규정되어 있다. 게다가 근대 군대는 집단 군대나 대중 군대 또는 부대 군대라고도 부를 수 있는 모습을 나타낸다. 이로 인해 근대 군대는 또한 중세의 모든 군대와도 뚜렷하게 구분된다.

이 대중 군대의 특성은 무엇보다도 그 규모가 크기 때문에, 즉 많은 병사 부대가 전술적으로 통일되어 있기 때문에 효과적이라는 사실에 있다. 수천 명의 기사들이 싸웠을 때 그들은 결코 통일된 집단을 이루지 않았다. 수천 명의 전사들이 제각기 동시에 싸우는 것이었다. 그렇지만 수천 명에 이르는 근대의 기병들은 적을 공격할 때 일제히 돌진한다. 그들 속에서 또 그들을 통해서, 공동의 정신으로 가득한 대집단의 초개인적인 통일성이 일어난다. 이 정신의 공통성은 지휘관들에게서 나오는 명령에 의해 만들어진다. 따라서 (정신) 지도의 기능과 (육체) 행위의 기능이 분리되어 상이한 사람들에 의해 수행된다. 전에는 그 기능들이 동일한 사람 안에서 이어져 있었지만 말이다. 모든 근대 문화의 발달에서 매우 대단할 정도로 특징적인 저 분화 과정이 이루어졌다.

무엇보다도 이러한 발전은 경제 생활 조직이 수공업에서 자본주의로 발전한 것과 유사하다.

이 지도 기능과 실행 기능의 분화는 근대의 군대 제도를 특징짓는 많은 현상을 불러일으킨다. 무엇보다도 훈련과 규율이 그런 현상에 속한다. 이것들에 의해서 지도 기관과 실행 기관이 기계적인 방식으로 결합될 수밖에 없었다. "발맞추어 행진하는 것"은 그리스인과 로마인이 했었는데, 스위스인과 스웨덴인이 다시 받아들여 연습하였다. 레오폴트 폰 데사우Leopold von Dessau*는 그것을 프로이센 군대의 규칙으로 삼았다. 말하자면, 근대 군대는 그것을 자신들의 상징으로 받아들였다.

내가 생각하기에는 근대의 군대 제도가 문화 전체, 특히 경제 생활에 미친 영향이 아직도 충분히 평가받지 못한 것 같다. 결정적인 17세기에는 르네상스 시대를 여전히 지배한 자연스러운 인간의 파괴 및 붕괴가 완성되었다. 그런 인간으로는 자본주의 경제 체제를 완전히 발전시킬 수 없었을 것이다. 부분인, 전문인, 의무에 충실한 인간이 만들어졌다. 이 새로운 인간의 탄생이 종교, 특히 퓨리터니즘 때문인 것으로 보는 사람들이 있다. 그러나 퓨리터니즘과 군국주의가 얼마나 밀접한 관계 속에서 함께 있었는지도 깊이 생각해 보았는가? "군인 정신"이 크롬웰Oliver Cromwell**에 의해 근대 군대에 도입되었다는 것, 밀턴John Milton***이 군인의 이념으로 충만해 있었다는 것을 기억해야 한다.

퓨리터니즘과 군인 정신, 이 둘의 이상은 똑같다. 즉 피조물 인간의 극기, 개인을 탁월한 전체 속에 적응시키는 것이다. 따라서 17세기와 18세기에 가르친 군인의 "미덕"도 대부분은 비非국교도, 칼뱅주의자, 퓨리턴이 주장한 것과 똑같다. 훈육이 주도 모티브이다.

---

* 안할트 데사우 공국을 통치한 군주이자 프로이센 군대의 장교(1676~1747)(역자 주).

** 영국의 정치가이자 군인(1599~1658). 청교도 혁명으로 영국의 군주제를 폐지한 1658년 9월 3일부터 죽을 때까지 호국경으로 잉글랜드와 스코틀랜드, 아일랜드를 다스렸다(역자 주).

*** 《실락원》의 저자로서 셰익스피어에 버금가는 대시인으로 평가받는 영국의 시인(1608~1674)(역자 주).

다비드 파스만David Faßmann*의 저작《군인 및 병사 계급의 기원, 명예, 우수, 탁월 및 그 18개의 필요한 자질》(베를린, 1717)에는 유능한 군인이 갖추어야 할 18개의 자질이 열거되어 있다:

"신을 공경하는 마음, 현명함, 대담함, 죽음을 두려워하지 않는 마음, 냉정함, 신중함, 인내심, 만족할 줄 아는 마음, 충성심, 복종심, 존경심, 집중력, 경멸할 만한 쾌락에 대한 혐오, 명예심, 불평가가 되지 않는 것, 완전무결한 직무 수행, 전문 지식, 선량한 품성."

똑같은 미덕들이 프리드리히 빌헬름 1세가 관직에 대해 공포한 칙령에 다시 나온다. 그가 파스만에게서 자극받은 것이 분명하다. 퓨리턴의 미덕, 군인의 미덕, 자본가의 미덕은 보다시피 대부분 똑같다.

군대 규율이 퓨리턴 정신에서 생겨났거나 퓨리턴 사상에 의해 촉진되었다고, 또는 군대 규율의 발생 원인이 새롭게 만들어진 상황에 있다고 가정해도 좋다. 새로운 정신으로 인생을 가득 채울 때 군대가 큰 역할을 했다는 것은 의심할 수 없다. 연병장이 그런 일을 한다. 그곳에서 하는 힘들고 엄격하며 오랜 시간에 걸친 훈련 속에서 오래된 충동적인 인간성이 사라졌다.

이것이야말로 군대가 16세기에서 18세기까지 겪은 결정적인 변화이다. 이 시대에 지원해서 입대한 병사는 그의 등 뒤에 하사관이 서 있는 환경에서 교육을 잘 받은 훈련된 모범 군인이 되었다. 의무적인 교련의 반복, 엄격한 규율, 훈련은 새로운 시대의 특징이다. 그리고 이 훈련은 완전히 똑같은 인간을 필요로 하는 자본주의에 도움이 될 수 있었다. 연병장에서 훈련된 바로 그 사람들이 이제는 공

---

* 독일의 저술가이자 역사가(1685~1744)(역자 주).

장에서 새로운 복종 기술을 사용했다고 추측할 필요는 결코 없지만, 이미 군대가 준 실례는 효과를 거두었다. 그리고 군대에서 지배한 정신은 군대에 있지 않은 다른 사람들에게도 퍼져 나가 여러 가정에서 보존되고 계승되었으며, 마침내는 경제 생활에서 다시 활성화 될 수 있었다. 유물사관을 오랫동안 믿어온 한 대표적인 인물이 보통 추론한 것처럼, 경제 생활이 군대의 규율에서 나타나지는 않았지만, 내가 여기에서 지적한 것처럼 군인 정신이 경제 생활과 병행한다면, 이 두 현상은 시간적으로 연속해서 나타날 것이다.

아무래도 내 생각에는 근대 문화 전체의 발생, 특히 경제 문화의 발생에서 매우 중요한 문제가 틀림없이 여기에 있는 것 같다. 이 문제는 철저하게 논의할 가치가 있다.

이 새로운 대중 군대의 모범이 된 것은 14세기의 스위스 국민 군대였다. 나중에는 아마도 인문주의 연구가 그리스인과 로마인의 대중 군대로 시선을 돌렸을 것이다. 나는 마키아벨리의 전쟁사 저작이나 프랑스의 프랑수아 1세의 군단이 생각난다. 그러나 틀림없이 근대의 제후들은 모범되는 것이 없었다 하더라도 이러한 형식의 군대 형성을 스스로 만들어 냈을 것이다. 근대 자본주의가 대기업 형태의 노동 조직을 자기 자신의 가장 내적인 본질에서 불가피하게 발전시키지 않을 수 없었던 것처럼 말이다. 왜냐하면, 이 외적인 현상 형태가 그 자신 속에 포함되어 있었기 때문이다.

근대의 제후들은 세분화된 대중 군대를 스스로 만들어 내지 않으면 안 되었다. 그래야만 자신들이 바라는 영토 확장, 세력 신장을 제대로 추진해 나갈 수 있었기 때문이다. 이때 무기 기술도 함께 말했을지도 모른다. 그러나 그것은 근대 군대 조직의 형성에서 일차적으로 작용하는 원인이 아니었다(본의 아니게 비교하고 싶은 생각이 다시 드는데, 그것은 자본주의 경제 체제의 틀 속에서 대기업 형태가 형성되는 데에도 일차적으로 작용하는 원인이 아니었다). 근대의 대중 군대는 처음에는 전술적으로 통일된 사각형 부대의 모습으로 나타났으며, 창을 무기 기술의 기초로 삼았었다. 그런데 화기 발사를 가능하게 하기 위해서 그들은 크게 바뀌지 않으면 안 되었다. 나중에는 당연히 단일 기계 작용을 하는 화기의 기술이 대중 군대의 조직을 더 견고하게 하였다. 대중 군대는 마치 자동 기차 같은 인상을 주었다. 대중 군대는 전에는 순전히 자유로운 결정으로 이루어진 대형을 필연적인 것으로 만들었다(증기 기술이 매뉴팩처를 공장으로 이행시킨 것처럼 말이다).

그러나 원래 대중 군대의 형식은 근대의 제후에 의해 자유롭게 만들어졌다. 그 결과 그것의 가장 내적인 본질이 표현되었다: 대중 군대에만 신속하고 부단한 세력 확장의 가능성이 들어 있었다. 지도하는 일과 수행하는 일이 분화되고 이렇게 해서 제약된 기능이 기계적으로 발달했기 때문에 훈련되지 않은 많은 사람들을 짧은 시간 안에 유능한 병사로 양성할 수 있었다. 물론 전술적인 성과가 점점 더 질량 작용에 의존함에 따라—이것은 화기 도입으로 더욱더 확실해졌다—군대 확대의 필요성이 커졌다. 이제부터는 (훈련, 무장 등 그 밖의 상태가 똑같다면) 국가 권력의 크기는 군대의 규모에 달렸다.

따라서 우리의 인식 목적에서 가장 중요한 근대 군대의 특성이 마지막 특성으로 저절로 나타난다. 그것은 근대 군대에 내재하는 확대 경향이다. 이 확대 경향은 봉건 군대와 시민 군대가 알지 못했고 또 알 수도 없는 것이었다. 정말이지, 근대 군대는 아마도 확대와 변화를 향한 활기찬 노력이 사회를 사로잡은 첫 번째 장소였을 것이다.

그러한 노력이 중세 세계의 오랜 정체적이고 평온한 태도를 변화시켜 우리의 문화 전체를 근본적으로 바꾸었기 때문이다. 이것과 연관된 것으로서 그 후 자본주의에서 가장 강력하게 발전한 양화量化 경향도 마찬가지로 이때 근대 군대에서 처음으로 나타났다. 근대의 제후는 군대를 늘리려고 무한히 노력하는데, 이는 자본주의 기업가가 자금을 늘리려고 무한히 노력하는 것과 같다. 군대 확대와 자본 축적은 완전히 비슷한 과정이다: 양의 누적, 개인의 개별적인 능력을 넘어선 세력 범위의 확대, 개인의 육체적 및 정신적 한계의 타파 등.

이때 이 두 발전 계열 사이에 반드시 인과 관계가 있다고 추측할 필요는 없다. 그 둘 모두가 독자적으로 나란히 진행되었을 수도 있고, 또는 그 둘 모두가 어쩌면 공통된 뿌리에서 생겨났을 수도 있을 것이다.

3. 함대

확실히 해군 조직은 육군 조직과 많은 공통점을 갖고 있다. 특히 해군도 아주 자주 육군과 같은 형식으로 모집한다. 해군에도 육군과 마찬가지로 징집병, 용병, 용병 부대가 있다.

중세 내내 영국의 5항Cinque Ports*은 함대 조달을 담당하였다. 도버와 샌드위치는 제각기 국왕에게 1년에 한 번 20일 동안 20척의 배를—각각의 배에 20명의 승무원을 배치해서—제공했다. 다른 도시들은 수병을 배치하고, 식량(저장품)을 제공할 의무가 있었다(《듬즈

* 군사 및 무역 목적으로 세운 5개의 항구(헤이스팅스, 뉴 롬니, 하이트, 도버, 샌드위치)로 영국 남해안에 있다. 나중에는 2개의 항구가 추가되었다(역자 주).

데이》 제1권 제3항 336쪽). 모두 합쳐서 11,500톤의 적재 능력과 8,810명의 유능한 승무원을 갖춘 44척의 함대 소집이 1635년에 있었다. 물론 다음과 같은 사항이 똑같이 추가되었다: 배를 제공하지 못하는 도시나 지역은 그들의 의무를 돈으로 상환해야 했다(토마스 라이머, 《Foedera》 제19권, 658쪽 이하와 697쪽). 그 밖에 영국에는 일찍부터 용선 제도가 있었다. 1049년 《앵글로 색슨 연대기》는 441절 42항에서 다음과 같이 전하고 있다: "에드워드 왕은 9척의 배와 용선 계약을 해지하였다. 이 배들은 떠났다. 배와 함께 모두 가버렸다. 5척의 배가 남았다. 왕은 그들에게 12개월 치 급료 지불을 약속하였다." 다음을 참조하라. 레어드 클라우스, 《영국 해군》 제1권(19쪽, 50쪽, 79쪽).

또한 용선을 순전히 사업으로 생각하는 사람들도 생겨났다: 제노바의 아이톤 도리아는 (1337년) 프랑스 왕을 위해 20척의 갈레 선[노예선]을 무장하고 병사를 태워서 영국 왕과 싸우겠다고 계약을 맺었다. 모나코에서 조달된 20척의 갈레 선과 함선에는 매달 금화 900플로링이 지불되었다. 이 계약은 잘A. Jale, 《해군 연감》 제2권(1840) 333쪽 이하에 실려 있다.

스페인의 함대는 카를 5세* 때에도 여전히 순수한 용선 함대였다. 카를은 대체로 국가 소유의 전함을 갖지 않았다. 그는 자신의 비용으로 건조한 갈레 선의 무장이나 장비 조달을 기업가들에게 맡겼다. 용선 금액은 오랜 칙령에 의해 정해졌으며, 마지막으로는 1554년 11월 5일 자의 칙령으로 규제되었다. 귀족, 기사, 지주, 심지어는 고위

---

* 스페인의 국왕이자 신성 로마 제국 황제(카를 5세로서) 카를로스 5세(1500~1558)(역자 주).

성직자도 함선의 장비 조달과 취항 때 "기업가"로서, 즉 자본가로서 활약하였다. 그러나 카를 5세는 스페인 용선만이 아니라, 도리아, 센투리오네스, 코보스가 관리하는 이탈리아 용선도 이용하였다. 이 함선들에서의 규율이나 전체적인 생활 모습은 육군의 용병 야영지에서 볼 수 있는 것과 다르지 않았다. 심지어는 여자까지 동반하였다. 튀니지로의 한 원정에서는 약 4,000명(?)의 "여자 애인들"이 같이 배를 탔다고 한다.[47]

그러나 해군을 육군과 구분하는 것은 아마도 한층 더 중요한 요소일 것이다. 무엇보다도 해상에는 한 명의 기사도 없었다. 자기 고향의 따뜻한 품속에서 자란 개인 병사가 중세 군대 제도의 특징을 만들었는데, 그는 순전히 외적인 이유에서 해전에는 등장하지 않았다. 여기에서는 근본적으로 작전이 처음부터 집단 효과를 노리지 않을 수 없었다. 적선에 기어 올라갈 때에도 일대일 대결이 장려되었지만, 싸움의 성과는 본질적으로 함선의 능숙한 조종에 달렸다. 이것은 언제나 많은 사람들의 작업이다. 한 사람이 명령을 내리면, 다른 사람들은 그의 지시를 수행한다. (바로 같은 세기에) 기사 결투와 예를 들면 베네치아 갈레 선과 제네바 갈레 선 간의 전투 사이에는 정말로 많은 차이가 있었다! 갈레 선에서는 수백 명의 노예들이 노 젓는 자리에 앉아 있었기 때문이다.

해전의 두 번째 특징은 그 작전이 언제나 엄청나게 많은 물량의 소모를 동반한다는 사실에 근거를 두고 있다. 그런데 이러한 소모가 개인의 업적보다 훨씬 더 중요한 경우가 종종 있다. 병사를 완전히 무장시키는 것에다가 함선을 만들고 움직이는 데에는 많은 자금이 필요하다. 이것은 개개의 육군 병사에게 무기를 제공하고 군마를 조달하는 것보다 비교할 수 없을 정도로 훨씬 더 많다.

또한 해전에서 특이한 것은 작전에서 아주 중요한 함선을 보통의 상인이 언제나 이미 상선 형태로 갖고 있었다는 사실이다.

이 기이한 사실에서 해전에 고유한 군대 조직 체제가 일찍부터 발전하였다. 그것은 상선대를 전쟁 목적에 이용하는 것이었다. 우리는 이 체제가 중세 전체에 걸쳐 사용되는 것을 유럽의 모든 해양 국가에서 볼 수 있다.

1274년의《연대기》1월분의 281장 45절에는 다음과 같은 기술이 있다: "1월, 확실히 무기고는 각 사람이 쓸 투구를 만들었다. 그리고 그 만큼의 제품이 완성되었다(수량은 빠져 있다). 다음을 참조하라. E. 하이크,《제노바와 그 해군》(1886) 116쪽.

영국의 함대에서는 (숫자는 나중에 말하겠다) 16세기와 17세기만 하더라도 아직 상선들이 압도적으로 많았다. 이 상선들은 당시의 무역 성격에 따라 대체로 전투 도구였지만, 나중에는 한층 더 전쟁 목적에 적합하였다. 상선에 대포를 설치하는 것은 결코 군함 못지않게 종종 있는 일이었다.

또 한편으로 해군에서는 물자 소비가 압도적으로 많기 때문에, 일찍부터 상비 함대라고 부를 수 있는 것이 도입되었다. 제후가 일단 자금을 들여서 함선을 만들면 그는 이 함선을 오랫동안 마음대로 사용한다. 그것은 병사처럼 끊임없이 새로운 비용을 요구하지 않는다. 물론 전쟁을 수행하기 위해서는 선원과 수병이 여전히 필요했다. 그러나 함선에서는 제후가 "상비한" 군사력의 중요한 부분을 소유하고 있었다. 함선이 사용될 수 있는 한은 그랬다. 왕들과 도시들은 이미 일찍부터 자신들의 함선을 지속적으로 소유한 것 같다. 앵글로색슨 왕 에드가Edgar (재위 기간: 959~975)*의 함대에 대한 기록은 완전히 상비 함대의 연간 연습에 관한 보고문 같다.[48] 그리고 제네바 공화국에 대해 우리가 정확하게 아는 바와 같이,[49] 이 나라는 어쨌든 13세기에는 군함을 보유하고 있었다. 게다가 그 군함은 산 것이 아니라 주문해서 건조하게 한 것이었다. 베네치아 역시 함선을 보유하였으며 심지어는 중세의 먼 시대부터 자체 조선소를 갖고 있었다고 전해진다.

또한 해군의 국유화는 육군의 국유화보다 훨씬 이전에 시작되었다. 여기에서는 (나는 그 연관성을 분명하게 알지는 못하지만) 국왕의 형사 재판권이 자치의 배 승무원들과 국왕의 통치권 사이에 다리를 놓은 것과 같다.

영국에서는 이미 에드워드 3세** 때 모든 함대가 국왕의 명령하에 있었다. 함선의 선장들은 (그들이 그럴 특별한 권한이 없을 경우) 수병을 처벌할 권리가 없었다. 아마도 1351년 이전에 만들어졌을 것으로 추측되는《해군 백서》는 이렇게 정하고 있다.[50] 상비 해군 함대를 유지하고 활용하기 위한 권력의 기반은 영국에서 중세 때 해군 사령 장관부에서 만들어졌다. 이 부서는 14세기에 처음 생겨났다. 1405년 이후는 해군 사령 장관의 계보가 죽 알려져 있다. 그들은 당시 해군의 행정을 위한 고위 관료였다. 많은 사람들이 영국 "상비 함대"의 탄생을 1512년으로 보고 있다.[51] 이 해에 헨리 8세는 해군부를 세웠으며, 그때부터 그는 많은 수의 강력한 함선을 지속적으로 자기 마음대로

* 웨식스 왕가 출신의 잉글랜드 왕(943?~975). 에드가 평화왕이라고 불리기도 한다(역자 주).

** 플랜태저넷 왕가의 잉글랜드 왕(1312~1377. 재위 기간: 1327~1377). 프랑스와 백년 전쟁을 일으켜 서남 프랑스와 칼레의 영유권을 인정받았다(역자 주).

이용하였다(그러나 이것은 이 왕이 처음은 아니다). 확실한 것은 그 후 국왕의 함선들의 수가 빠르게 늘어났으며(그렇다고 해서 사적인 개인이 소유한 함선을 이용하는 일이 없어진 것은 아니다), 해군 행정이 좀 더 강력하게 중앙집권화 되었다는 사실이다.

프랑스에서의 발전도 영국과 비슷하다. 징집병, 용선, 국왕의 함선이 병존하였다. 일찍부터 국가에 의한 총감독이 있었다. 1327년 함대 대제독이 임명되었다. 그는 프랑스 제독이라는 칭호를 갖고 있었으며, 해군 재판소의 소장직도 맡았다. 특히 17세기 초 이후에는 국왕의 함선이 증가하였다. 일반적으로는 식민지와 함께 프랑스 해군을 창설한 사람이 리슐리외Richelieu*라고 보지만, 해군이 처음 결정적으로 공고해진 것은 콜베르Jean Baptiste Colbert** 치하였다. 영국의 해군이 크롬웰 치하 때 공고해진 것처럼 말이다.

Ⅱ. 군대의 확대

내가 말한 것처럼, 근대 군대에 내재하는 확대 경향은 이 문맥에서 우리에게 가장 중요한 특성이다. 왜냐하면, 이 확대 경향이 가장 중요한 경제 작용을 일으키기 때문이다. 특히 상황이 똑같은 경우에는 수요를 초래하는 군대 규모의 지속적인 증대가 일찍부터 대량 수

* 추기경이자 프랑스의 공작으로 재상을 역임하였으며, 실질적으로 프랑스의 절대 왕정을 확립하였다(1585~1642)(역자 주).

** 프랑스 중상주의를 대표하는 정치가(1619~1683)로 루이 14세 아래에서 1665년부터 1683년까지 재무부 장관을 역임하였다(역자 주).

요를 불러일으키기 때문이다.

근대 군대의 확대라는 현상에 대해 확실하게 이해시키기 위해, 여기서는 주요 국가들의 병력에 관한 숫자를 제시한다.

1. 육군

한스 델브뤽이 《전술사》 제3권에서 도달한 가장 중요한 성과의 하나는 중세에는 지금까지 사람들이 생각한 것보다 군대 규모가 훨씬 작았다는 사실을 증명한 것이다. 이렇게 해서, 내가 상업에서 제시한 것이 전쟁에서도 똑같이 증명되었다. 내가 상업에서 제시한 것은 다른 많은 사람들이 이미 일찍이 도시 인구수에 대해서 밝힌 것인데, 그것은 중세 세계의 외적인 규모가 작았다는 것이다(그 작은 규모에 비하면 중세 도시들이 내적인 크기에서는 매우 훌륭해 보인다). 헤이스팅스Hastings전투* 때 전에는 양쪽 모두 합쳐 10만, 더 나아가서는 100만 명이 서로 싸웠다고 보았다(심지어는 120만 명까지 추측한 평가도 있었다). 그렇지만 아마도 실제로 노르만인 군대는 병사 수가 7,000명이 안 되었을 것이며, 이보다 훨씬 더 많지 않았다는 것은 확실하다. 해럴드Harold**의 군대는 더 약했다. 즉 4,000명에서 7,000명이었다.

아마도 중세에는 규모가 가장 컸을 십자군조차도 비교적 작았다. 팔레스타인의 한 전투에서 싸운 기병은 가장 많은 수가 1,200명, 보

---

* 1066년 10월 14일 잉글랜드에 상륙한 노르만족 군대와 잉글랜드 왕 해럴드의 군대가 벌인 전투. 헤이스팅스는 잉글랜드 남동부 이스트서식스 주 남동쪽에 있는 언덕이다(역자 주).

** 해럴드 2세(1027~1066. 재위 기간: 1066년 1월 5일~1066년 10월 14일). 노르만인을 이끌고 잉글랜드로 침입한 윌리엄과 헤이스팅스에서 싸우다가 전사하였다(역자 주).

병은 9,000명으로 추정된다. 아슈도드Asdod* 전투에 참가한 병사가 총 8,000명이었다고 하는 것은 아마도 너무 많이 추정한 수치일 것이다. 프리드리히 바르바로사Friedrich Barbarossa**가 밀라노 앞에 집합시킨 병력도 역시 중세에서는 가장 컸다. 그러나 이 경우에도 연대기 작가들이 말하는 1만 명, 10만 명이라는 숫자는 터무니없다. 이삼천 명의 기사가 모였다. 그때 가장 큰 전투의 하나였던 코르테누오바Cortenuova 전투(1237)***에서도, 양쪽의 병사는 각각 기껏해야 1만 명이었다.

일반적으로 한 나라에 있는 기사의 수를 근거로 삼으면, 우리는 중세의 징집병을 숫자로 상당히 정확하게 확정할 수 있다. 영국에서는, 모리스Morris의 계산에 따르면, 13세기에는 기사의 수가 2,750명을 넘지 않았다. 각각의 기사에게는 대략 두 명의 종자從者가 따라 다녔다. 따라서 영국 전체에는 8,000명의 기병이 있었다. 보병은 1277년에는 아주 짧은 기간 동안만 소집될 수 있었는데, 그 최대치는 15,640명으로 잡아야 할 것이다.

중세에 볼 수 있었던 것 중에서 가장 큰 군대는 에드워드 3세가 1347년 칼레Calais**** 근처에 모은 군대였다. 이 군대의 인원은 32,000명이었다. 이 계산에 대해 델브뤽은 "중세에는 전대미문의 병력"이

---

* 이스라엘 남부에 있는 도시(역자 주).

** 호펜슈타펜 왕가 출신의 신성 로마 제국 황제(1122~1190. 재위 기간: 1152-1190)(역자 주).

*** 1237년 11월 27일 신성 로마 제국 황제 프리드리히 2세가 롬바르트 동맹을 물리친 전투. 코르테누오바는 이탈리아 북부에 위치한 마을이다(역자 주).

**** 프랑스 북부 파드칼레 주 북부의 항만 도시. 도버 해협에 면하여 영국의 도버까지 34km 거리에 있다. 백년 전쟁 중인 1347년 영국군에게 함락되었다(역자 주).

라고 덧붙여 말하였다.[52] 이 모든 숫자를 대할 때, 이러한 큰 군대는 언제나 아주 단기간밖에는 소집될 수 없었다는 것을 우리는 항상 고려해야 한다.

중세 이후 지속적으로 유지된 급속한 병력의 증대는 다음과 같은 숫자로 표현된다.

(1) 프랑스[53]

샤를 7세는 4,500명의 기병을 갖고 있었다(이것은 서류상으로만 그런 것이라고 증인 보드H. Baude는 말한다). 그리고 보병은 8,000명이었다(사수).

루이 11세*는 죽을 때 4,500명의 친위대를 남겼다. "상당한 수의 스위스 병사, 프랑크족의 많은 수의 사수, 그 밖의 병사들을 모두 합치면 병사의 수는 6만 명으로 추정된다. 이들은 급여를 받는다. 이들은 루이 11세를 위해 적과 싸울 준비가 되어 있다"(키슈라Quicherat). 그런데 이것은 아마도 전쟁 때의 사정일 것이다.

1492년 (따라서 샤를 8세 치하) 베네치아의 외교 사절 콘타리니Zach. Contarini에 따르면, 현역병은 다음과 같았다: 3,500명의 창기병(각각 세 마리의 말을 탄다), 7,000명의 사수, 1만 명의 복무 불능자(부상자).

샤를 8세가 이탈리아에 쳐들어갈 때 이끌고 간 군대는《베네치아의 두 수도사에 의한 새로운 문학 여행》에 따르면 42,000명의 보병, 6,500개의 창(기병 세 명에 창 한 개)을 지녔다.

프랑수아 1세는 보병 5만 명, 기병 15,000명을 갖고 있었다.

---

* 프랑스 발루아 왕조의 왕으로 샤를 7세의 아들(1423~1483. 재위 기간: 1461~1483)(역자 주).

샤를 9세*의 시대에는 종교 전쟁 때 맞서 싸운 병사들을 모두 합치면 보병이 13만 명, 기병이 35,000명으로 추정되었다(데이비티 Davity에 따르면).

앙리 4세**는 51,000명의 병사를 행군시킬 준비를 했다.

30년 전쟁 때 프랑스는 이미 10만 명 이상을 동원하였다. 1636년에서 1642년까지 142,000명의 보병과 22,000명의 기병이 전쟁터에 나갔다.

루이 14세의 군대는 한때 40만 명(?)까지 늘어났었다고 한다. 연대의 구성은 변동이 있었다. 특히 보병 연대의 수는 일정하지 않았다. 1697년에는 보병 연대가 151개였는데, 1712년에는 121개밖에 되지 않았다.

18세기 중엽 프랑스 육군은 다음과 같이 구성되어 있었다:

보병	121개 연대
기병	전체 병력의 1/6
헌병	8개 중대
경기병	60개 연대
전체 병력	1,787명의 장교 17,056마리의 말

* 앙리 2세의 아들 중 차남으로 형 프랑수아 2세가 사망하자 10세의 나이에 왕위에 올랐다(1550~1574. 재위 기간: 1560~1574). 이 당시의 프랑스는 가톨릭과 개신교 사이에 종교 전쟁이 막 시작되는 단계에 있었다(역자 주).

** 프랑스 부르봉 왕조의 시조(1553~1610. 재위 기간: 1589~1610). 가톨릭 세력과 화해하고 신교도의 권리도 보장해 30년간의 종교 내란을 끝냈다(역자 주).

용기병*	634명의 장교 6,240명의 용기병
전체 기병대	2,629명의 장교, 26,608명의 병사, 25,108마리의 말

병사 1,000명에 야전 포병대의 병사는 3명 내지 4명이었는데, 1764년 이후에는 42%가 증가하였다. 따라서 야전군 1,000명에게 4대의 대포가 부여되었다.

(2) 브란덴부르크-프로이센

프로이센 군대의 증대는 한층 더 주목을 끈다. 이 증대가 짧은 시간 안에 아주 비약적으로, 게다가 매우 가난하고 작은 나라에서 이루어졌기 때문이다.

구스타브 아돌프Gustav Adolf**가 1630년 6월 포메른Pommern*** 해안에 상륙해 스웨덴 전쟁****을 시작했을 때, 게오르그 빌헬름Georg Wilhelm*****의 전체 병력은 네 개의 크라흐트 중대, 두 개의 부르크도르프 중대, 신병을 포함해 모두 1,200명이었다.[54] 게오르그 빌헬름이 죽었을 때 그의 군대는 4,650명으로 늘어나 있었다(슈바르첸베르그의 신뢰할 만한 기술에 따른다).[55]

---

* 갑옷에 총으로 무장한 기마병(역자 주).

** 스웨덴의 군주(1594~1632. 재위 기간: 1611~1632). 러시아와 싸워 발트해 동쪽으로 세력을 확대하고 폴란드에도 압박을 가해 강국 스웨덴의 기반을 확립하였다(역자 주).

*** 독일 북부에서 폴란드 북부에 이르는 발트해 남쪽 바닷가 지방(역자 주).

**** 영토 확장과 신교도 원조를 위해 스웨덴이 독일에 침입한 전쟁(1630~1635)(역자 주).

***** 독일 브란덴부르크의 선제후이자 프로이센의 공작(1595~1640). (재위 기간: 1619~1640)(역자 주).

대선제후가 죽었을 때 사정은 다음과 같았다:

6개 대대 근위대	3,600명
30개 대대 보병	18,000명
32개 소대 기병	3,840명
8개 소대 용기병	980명
20개 중대 수비대	30,000명
보병과 기병의 총합	29,420명
포병대, 공병대 보급 부대 등을 합치면 약 32,000명	

프리드리히 1세가 죽었을 때는 다음과 같았다:

38개 대대 보병	27,500명
32개 소대 기병	4,160명
24개 중대 용기병	1,944명
20개 중대 수비대	3,000명
보병과 기병의 합계	36,604명
그 밖의 병사도 모두 합치면 38,000명~40,000명	

프리드리히 빌헬름 1세가 죽었을 때 폰 마소브 장군은 군대의 전체 병력이 83,468명이라는 보고서를 발표하였다. 군대의 전체 병력은 32개 보병 연대(66개 대대), 12개 흉갑 기마병 연대, 6개 용기병 연대, 2개 경기병 연대, 1개 야포 부대, 1개 수비 포병 대대, 4개 수비병 대대, 4개 지방 연대로 이루어져 있었다.

마지막으로 프리드리히 대제가 죽었을 때는 다음과 같았다:

1개 근위 보병 연대

1개 근위 보병 대대

53개 보병 연대

12개 용기병 연대

10개 경기병 연대

4개 야전포병 연대

12개 수비 포병 중대

2개 수비 포병 특별 기동대

4개 공병 중대

1개 가교 공병 특별 기동대

8개 수비 연대

4개 수비 대대

4개 지방 연대

총괄하면 12만 명의 보병

4만 명의 기병

1만 명의 포병과 공병

3만 명의 수비 부대

모두 합치면 20만 명

	병력	인구수
1688년	3만 명	100만 명
1713년	4만 명	150만 명

1740년	8만 명	220만 명
1786년	20만 명	540만 명

이 병력 중—연습 때를 제외하면—프리드리히 대왕이 마지막으로 통치한 해에는 현역병이 약 14만 3천 명 있었다. 그중 (4만 명에 달하는) 많은 사람이 자유 초병으로 근무에서 면제되었다. 아무튼! 국토의 크기와 인구수를 고려하면, 대단한 군사력이었다. 병력의 대략적인 수치와 인구수를 몇 년 비교하면, 다음과 같은 관계가 나온다:

1740년과 1786년의 평화 시에는 현역병이 인구의 약 4%였다. 이 비율에 따르면 현재 독일의 현역병이 260만 명은 되어야 할 것이다. 더 이상의 증거 없이 옛날 병사의 수만으로도 군대가 시장 형성에 대해서 지닌 의의가 명백하게 밝혀질 것이다. 이 인구의 4%는 자급자족 경제—수공업적 수요 충족의 오랜 틀 속에서 벗어났다!

(3) 18세기 후반 유럽 모든 나라의 상비군 병력

이에 대한 정보는 크뤼니츠의 저작(제50권, 746쪽)을 공저한 전문가가 제공하고 있다. 이 저작의 50권에서 53권까지를 가득 채운 군사 논문들은 모두 대단한 전문 지식을 갖고 썼다는 점에서 출중하다. 이 전문 지식은 다음과 같이 분명히 아주 훌륭한 자료를 근거로 하고 있다.

오스트리아(평화 시)	29만 7,000명
오스트리아(전시)	36만 3,000명

러시아, 정규군	22만 4,500명
프로이센	19만 명
프랑스	18만 2,000명
영국	2만 1,000명
스페인	8만 5,000명
스웨덴	4만 7,800명
덴마크와 노르웨이	7만 4,000명
폴란드	1만 7,000명
포르투갈	3만 6,000명
네덜란드 공화국	3만 6,000명
작센 선제후국	2만 4,600명
브라운슈바이크-뤼네브르크 선제후국	2만 5,600명
팔츠-바이에른 선제후국	1만 2,200명
마인츠-선제후국	2,200명
트리어 선제후국	1,200명
쾰른 선제후국	1,100명
헤센-카셀	1만 5,000명
헤센-다름슈타트	4,000명
뷔르템베르크	6,000명
바이마르	80명
고타	1760명
바이로이트 안스바하	3개 보병 연대 경기병 군단 근위병
브라운슈바이크	2개 보병 연대 1개 용기병 연대 1개 포병대

메클렌부르크-스트렐리츠	50명
메클렌부르크-슈베린	1,500명
팔츠-츠바이브뤼켄	근위대 근위 경기병
바덴	3,000명
올덴부르크	3,000명
제르프스트	2개 연대(그중 하나는 미국인 용병)
발덱	3개 중대
리페-샤움부르크	1,000명
스위스	1만 3,000명(이들은 스위스의 방위 제도에 따라 항상 현역이어야 한다)
사르디니아	2만 4,000명
양시칠리아 왕국	25,000명
로마 교황령	5,000명
토스카나	3,000명
베네치아	6,000명

2. 해군

a) 이탈리아의 국가들

13세기에 유럽에서 가장 큰 해군력을 보유한 나라는 제노바 공화국이었다. 그 당시의 제노바 함대는 오늘날의 기준에서도 결코 작지 않았으며, 중세의 사정에서는 엄청나게 컸다. 그 숫자들에는 거의 이의를 제기할 수 없다. 그것들은 솔직하지 않기 때문에 오히려 믿을 만하다. 출처는 《제노바 연대기》이다. 양심적인 하이크Heyck도 그 숫자들이 현실과 일치한다고 추측한다.

이미 12세기 중반(1147~1148)에 63척의 갈레 선과 163척의 그 밖의 선박이 스페인에 있는 사라센인들sarazene*과 싸우기 위해 파견되었다. 1242년에는 83척의 갈레 선, 13척의 타리드 선, 4척의 화물선이 시칠리아와 피사의 연합 함대와 싸웠다. 1263년에는 60척의 제노바 전투용 갈레 선이 그리스 수역에 침입하였다. 1283년에는 작은 함대를 포함해서 199척의 갈레 선이 실전에 투입되었다. 한 척의 갈레 선에 140명의 노 젓는 사람이 있었다는 것을 고려한다면, 199척의 갈레 선에는 27,860명의 노 젓는 사람이 있었을 것이다(병사는 제외하고 말이다!). 이때 우리는 병사를 태운 199척의 갈레 선이 연속해서 파견되었다고 추측하지 않으면 안 된다. 그렇지만 우리는 또한 승선 인원의 규모에 대해서도 알고 있다. 1285년에 제노바 공화국은 12,085명을 자국에서 리비에라Riviera**로 보냈다. 그중 9,191명은 노 젓는 사람, 수병은 2,615명, 선원은 279명이었다. 이들은 65척의 갈레 선과 1척의 갈리온 선[대형 범선]을 나눠 탔다.

b) 스페인

1588년 영국에 의해 격파된 "무적함대"는 리스본을 출발했을 때(전투할 때에는 두 척이 줄었다), 130척의 범선과 65척의 갈레 선으로 이루어졌다. 이 배들은 적재량이 모두 합쳐 57,868톤이었으며, "지원자, 사제, 그 밖의 민간인을 제외하고" 30,650명을 태웠다.[56]

---

* 사라센인sarazene: 옛날 유럽인이 시리아나 아라비아의 아랍인을 부르던 이름. 중세 이후에는 이슬람교도를 가리켰다(역자 주).

** 이탈리아와 프랑스에 걸치는 지중해 연안 지역. 리비에라는 이탈리아어로 "해안'이라는 뜻이다(역자 주).

(독일 도서관에 소장되어 있는 책들로는 스페인 함대의 발전에 대한 정확한 모습을 숫자로 나타낼 수 없다. 스페인의 무적함대에 관한 뒤로의 9권짜리 저작으로부터도 그 사정을 알 수 없다. 나는 바로 이 문제를 다루었을 것으로 보이는 같은 저자의 《항해 보고》는 입수하지 못했다.)

c) 프랑스

프랑스의 함대는 내가 이미 말한 것처럼, 특히 콜베르에 의해 당당한 세력에 올라섰다.

콜베르가 장관이 되었을 때(1661) 함선의 사정은 다음과 같았다:[57]

1급선	3척
2급선	8척
3급선	7척
보급품 수송선	4척
화선	8척

모두 합쳐 30척의 전함이 있었다. 그가 죽었을 때(1683)에는 이미 완성된 전함의 수가 모두 176척으로 늘어났다. 그 외에 68척은 아직 건조 중에 있었다. 모두 합치면 244척이 되었다. 함선의 사정은 다음과 같았다:

1급선	12척
2급선	20척
3급선	39척
4급선	25척

5급선	21척
6급선	25척
화선	7척
보급품 수송선	20척
긴 범선	17척

d) 네덜란드

네덜란드 함대도 수십 년 내에 발달하였다. 위대한 17세기에는 네덜란드 함대가 처음에는 작았지만 당시 유럽에서는 아마도 최초이자 최강의 함대였을 것이다.

1615~1616년만 하더라도[58] 네덜란드의 해군은 거의 소형인 43척의 배로 이루어졌었다. 승선 인원 90명이 4척, 50명에서 80명이 11척, 52명이 9척, 그리고 19척의 작은 소형 배로 이루어졌다. 승선 인원은 2,000명에서 최대 3,000명이었다. 1666년에 네덜란드 공화국*은 장교와 수병을 모두 합친 21,909명과 85척의 배를 갖고 영국에 맞섰다.

e) 스웨덴

스웨덴은 16, 17세기에는 주목할 만한 해군 국가였다. 함대가 처음 나타난 것은 구스타브 바사Gustav Wasa** 시대의 1522년이었다. 1566년에는 함선 목록에 따르면 이미 70척의 배가 있었다. 스웨덴

* 1581년과 1795년 사이에 존재한 네덜란드 7개주 공화국(역자 주).

** 스웨덴의 왕(1495~1560. 재위 기간: 1523~1560). 바사 왕가의 시조. 중앙 집권 국가를 수립했다(역자 주).

의 해군은 17세기 초에 다시 비약적인 발전을 하였다. 1625년에는 21척의 갈레 선이 임무 수행을 위해 대기 중이었다.[59]

f) 영국

나는 영국을 마지막 자리에 놓았다. 유럽 최대의 이 해군 국가의 성장에 대해 더 자세하게 또 더 힘주어 말하고 싶기 때문이다. 영국 해군력의 이 신속한 성장과 비교될 수 있는 것은 프로이센 군대의 급작스러운 발전뿐이다. 다음 보고는 내가 개별적으로 조사한 각종 자료에서 모은 것이다.

우리가 본 바와 같이 헨리 8세*는 영국 함대의 창설자는 아니라 하더라도 최초의 위대한 추진자였다고 간주할 수 있다. 정작 그의 아버지[헨리 7세]는 해군에 별로 관심이 없었다. 전함이 필요하면 상선을 전세하는 것으로 그는 만족했다. 헨리 8세는 즉시 새로운 국왕 함대를 건조하기 시작했다. 1514년에 그는 이미 적재량 8,460톤의 선박 24척, 26명의 함장, 3,500명의 수병, 24명의 선장, 2,880명의 선원을 갖고 있었다.[60] 그가 통치할 때 85척의 전함이 마련되었다. 46척은 건조되었고, 26척은 구입했으며, 13척은 나포한 것이었다.[61] 그의 통치가 끝났을 때는 71척의 선박이 있었다. 그중의 30척은 화물선이었으며, 용적량을 모두 합치면 10,550톤이나 되었다.[62] 에드워드 6세**는 그가 다스리기 시작한 지 다섯 번째 되는 해와 여섯 번

---

* 잉글랜드의 왕(1491~1547. 재위 기간: 1509~1547). 로마 가톨릭과 결별하고 영국 국교회를 세웠다(역자 주).

** 에드워드 6세Edward VI(1537~1553. 재위 기간: 1547~1553): 왕으로서의 책임감이 컸지만, 폐결핵과 각종 합병증으로 열여섯의 어린 나이에 사망하였다(역자 주).

째 되는 해에 적재량이 모두 합쳐 11,065톤, 승선 인원이 7,995명이나 되는 선박 53척을 갖고 있었다.[62]

그런데 선박 수는 엘리자베스 여왕이 즉위할 때[1558]까지 조금 줄어들었다. 메리 1세*는 46척의 배를 갖고 있었는데, 엘리자베스 여왕의 즉위 때에는 7,110톤의 배 32척과 승무원 5,610명이 있었다.[62] 1573년에는 믿을 만한 정통한 보고자에 따르면 국왕 선박의 수가 13척으로 줄었다고 한다.[63]

그렇지만 그 후 열광적인 군비 확장 시대가 시작되었다. 그 결과 1588년에는 스페인의 무적함대를 이겼다. 이 기억할 만한 전투에서 영국 함대의 구성에 대해 우리는 매우 정확하게 알고 있다. 우리가 아는 바와 같이, 당시에도 여전히 국가의 해군에 속한 것은 선박과 수병의 작은 일부에 불과했으며, 오히려 대부분의 선박과 병력은 용병 부대였다. 승리를 거둔 함대를 구성한 선박들의 목록이 흥미롭다.[64]

여왕의 함선	34척	6,289명
프랜시스 드레이크 경의 상선	34척	2,394명
돈을 지불한 런던 시의 배	30척	2,180명
해군 사령 장관의 상선 8주간	8척	530명
전투 기간 전체	10척	221명
화물선	15척	810명
해군 사령 장관의 연안 항해선	20척	993명

* 메리 1세Mary I (1516~1558. 재위 기간: 1553~1558): 에스파냐와 협력하여 프랑스와 싸웠지만 오랫동안 영국의 수중에 있었던 대륙 최후의 영토 칼레를 잃어버렸다(역자 주).

헨리 세이무어 경의 연안 항해선	23척	1,090명
자원한 선박	23척	1,044명
총계	197척	15,551명

결정적인 승리가 승리자[영국]의 추진력을 마비시키지 않았다. 함대의 전력은 똑같은 수준으로 유지되었다. 함대의 규모는 엘리자베스 여왕 시대가 끝날 때까지 계속 늘어났다. 이 여왕이 다스린 지 44년이 된 해에는 33척의 함선, 5척의 갈레 선, 4척의 범선(모두 합쳐 14,060톤)과 6,846명이 복무하였다.

스튜어트 왕조에도 전력이 완만하게 증가하였다.

1618년: 근무 능력이 있는 33척의 선박과 그렇지 못한 10척의 선박. 모두 합쳐 15,670톤.

1624년: 근무 능력이 있는 35척의 선박. 모두 합쳐 19,339톤(갈레선과 돛이 하나인 소형 범선 제외).[65]

그 후 공화국 시대에 모든 군대가 갑자기 강력하게 증대되었다. 1649~1660년에 207척의 새로운 선박들이 기존의 선박들에 추가되었다. 그중 121척은 1660년에도 여전히 근무 능력이 있었다.[66]

예를 들어, 1653년에는 (차녹Charnock에 따르면) 영국 해군이 131척의 선박과 약 23,000명의 승선 인원으로 이루어졌다. 그리고 1666년 네덜란드에 대항한 영국 함대는 (그 세력은 우리가 앞에서 보았다) 강력한 적의 세력과 대등하였다. 영국 함대는 장교와 수병을 모두 합친 21,085명과 80척의 선박으로 이루어졌다.[67]

1660년에는 함대의 톤수가 62,594톤으로 늘어났다.[68] 따라서 약 30년 만에 세 배 이상이 되었다.

	1607년	1695년
50톤 이상의 선박 수	40척	200척 이상
톤수	약 23,600톤	112,400톤 이상
승선 인원	약 7,800명	45,000명 이상

그렇지만 증대는 멈추지 않고 진행되었다. 1688년 톤수는 이미 101,032톤이 되었으며,[69] 17세기 말(1695)에는 112,400톤이 되었다. 이 시기에 대해서는, 17세기 초와 말의 영국 해군력을 대비시켜 보는 것이 흥미로운 일이 될 것이다.[70]

영국 해군 함정의 톤수는[71]

1715년	167,596톤
1727년	170,862톤
1749년	228,215톤

18세기 말 영국의 해군력은 다음과 같았다(1786년 5월 31일자 해군 본부의 목록에서)

전함	292척. 그중 전투함 114척
50-포함砲艦(전투함과 비슷)	13척
돛대가 세 개인 전함	113척
돛대가 하나인 전함	52척

전투함의 승선 인원은 500명에서 850명이었다. 물론 대다수의 함

선은 퇴역하였다. 완전히 무장한 것은 (1787) 전투함 12척, 50-포함 5척, 돛대가 세 개인 전함 35척, 돛대가 하나인 전함 62척이다(진짜 그런지는 의문이다). 상시 대기 중인 병사는 18,000명이다. 그중 수병은 14,140명이었고 육상 전투대원은 3,860명이었다.

g) 18세기 말 유럽 국가들의 함대 규모에 대한 개관 (크뤼니츠에 따른다. 그의 책 42쪽에 있는 주를 보라):

영국	전함 278척(그중 전투함은 114척)
프랑스	전함 221척
네덜란드 공화국	전함 95척
덴마크와 노르웨이	무장한 선박 60척
사르디니아	전함 32척
베네치아	전함 30척
양시칠리아	전함 25척
스웨덴	전투함 25척
포르투갈	전함 24척
로마교황령	전함 20척
토스카나	"돛대가 세 개인 전함 몇 척"

제2장

군대의 유지

Ⅰ. 군대 재정

1. 군사 비용

우리는 지금 막 우리의 정신적인 눈앞에서 완성된 강력한 움직임에 대해 경제적인 표현을 찾고 있다. 우선은 그 표현을 전쟁, 말하자면 군대의 유지가 국가에 초래한 비용에서 찾는다. 16세기, 특히 17세기와 18세기에 가장 중요한 군사 국가들에서 군대 목적으로 지출된 다음과 같은 금액을 열거해도, 이것은 새로운 것을 말해 주지 않는다. 그러나 연관성 때문에 나는 모든 사람이 알고 있는 숫자들을 여기에 제시하지 않을 수 없다.

전쟁을 한다는 것은 어느 시대에나 비용이 많이 드는 일이었다. 중세에 군대의 무장과 유지에 쓴 비용을 알게 되면, 우리는 그 엄청난 액수에 놀란다.

루이 9세*의 제1차 십자군을 위한 총지출은 1,537,570리브르 10수 10드니에에 달하였으며, 1250~1253년의 지출은 1,053,476리브르 17수 3드니에였다.[72]

1337년에 프랑스 왕[필리프 6세]이 제노바의 아이톤 도리아Ayton Doria에게서 빌린 40척의 갈레 선은 왕에게는 4개월 동안 금화 144,000플로린의 지출을 의미하였다. 이것은 100만 마르크를 넘는 금액이며, 가장 큰 한자 동맹 도시들의 연간 무역 매상고 정도의 많은 액수였다.[73]

피렌체는 마스티노 2세 델라 스칼라**와의 전쟁에 금화 60만 굴덴을 지출하였다. 비르트 백작과 전쟁한 6개월 동안 피렌체는 350만 플로린을 썼다. 1377~1406년에는 전쟁 목적을 위해 1,150만 플로린을 지출하였다. 밀라노 공작과의 전쟁은 1418년에 끝났는데, 2년이 안 되는 이 기간 동안 피렌체는 350만 플로린을 썼다.[74]

뉘른베르크 시의 군사 예산은 1388년에—사실은 14개월 동안—78,466플로린에 달하였다. 이것은 평소 이 도시 예산 총액의 약 3배이다.[75]

그러나 우리가 이제 알게 된 것은 중세의 군대가 작았다는 사실이다. 그렇다면 16세기 이후 육군이 빠르게 커지기 시작했을 때, 전쟁 목적을 위한 지출이 늘어났음에 틀림없다. 특히 이 군대 확장과 병

---

* 프랑스의 왕(1214~1270. 재위 기간: 1226~1270). 치세 말기에 두 차례에 걸쳐 십자군을 조직해서 원정을 떠났으나 성공하지 못하였다. 특히 1270년에 떠난 마지막 십자군 원정에서 풍토병으로 사망하였다(역자 주).

** 스칼라 가문 출신의 베로나 군주(1308~1351). 영토 확장 정책을 추구해 다른 지역 세력들(피렌체, 페루자, 시에나, 볼로냐, 베네치아)의 동맹을 야기하였다(역자 주).

행해서 무장(화기!)의 개선도 진행되었다.

1522년 크리스티안 쇼이를 박사는 비축 식량, 보급대 등을 제외하고 6개월간 평균적인 크기의 군사비를 56만 플로린으로 계산하였다. 16세기 후반 남부 이탈리아로 수송되어 그곳에서 약 2년 6개월을 주둔한 스페인 군단에는 대략 125만 두카텐의 비용이 들었다. 네덜란드의 반란에 맞서 싸우기 위해 스페인 국왕이 쓴 비용은 연간 금화 200만~300만 크로네였다. 그것은 네덜란드 무역이 전성기일 때 네덜란드 정부의 연간 수입보다 훨씬 더 많은 것이었다.[76]

시민의 대두와 함께 그리고—우리가 본 것처럼—상비군의 급속한 확대와 함께 군대 재정은 새로운 시대에 들어갔다. 그 후 공공 예산 속에 군사 지출이 규정에 따라 기입되기 시작했다. 따라서 우리는 이때부터 중요한 국가들에서 전쟁 및 군대 목적을 위한 지출의 증가를 상당히 정확하게 추적할 수 있다.

이탈리아의 한 소小제후가 이러한 흐름에 어떻게 휘말렸는지를 에스테 Este* 대공국의 재정이 우리에게 가르쳐주고 있다.[77] 우리는 한 훌륭한 연구 덕에 에스테 대공국의 재정에 대해 정확하게 알고 있다. 여기에 있는 군대 예산을 보면, 1543년과 1592년 사이에 50년밖에 지나지 않았는데 예산이 크게 늘어났음을 알 수 있다.

1543년

성 경비	20리브르

* 에스테는 이탈리아 북동부에 위치한 파도바 지방의 소도시로 중세 때 귀족 가문인 에스테 가家의 발상지이다(역자 주).

요새 경비	17,939리브르
국내외 군인의 급료	22,216.39리브르
합계	40,875.39리브르

1592년

성 경비	98,924.74리브르
군인 급료	59,672.15리브르
합계	158,596.89리브르

그리고 군사 강국에는 이탈리아의 피에몬테를 넣을 수 있다. 피에몬테의 군사 예산은 1580~1708/09년 동안 다음과 같다[78]:

1580년	334,673 피에몬테 리브르
1605년	553,271 피에몬테 리브르
1660년	1,209,482 피에몬테 리브르
1680년	1,610,958 피에몬테 리브르
1690년	2,823,516 피에몬테 리브르
1696년 (전쟁의 해)	9,397,074 피에몬테 리브르
1700년	2,750,000 피에몬테 리브르
1701년	4,738,341 피에몬테 리브르
1705년	4,917,002 피에몬테 리브르
1708/09	8,000,000 피에몬테 리브르

스페인 계승 전쟁 때는 이러한 지출은 단지 일부에 지나지 않았

다. 이 스페인 계승 전쟁에서 피에몬테는 처음으로 자신들의 군사력을 제대로 발휘하였다. 이로 인해 이 작은 나라는—피에몬테의 인구는 그 당시 120만 명이었다—아주 엄청난 액수의 군사비를 지출하였다. 1700~1713년 동안 지출액은 다음과 같았다[79]:

육군과 포병대	77,101,990리브르
요새	8,963,364리브르
경리 목적(식량과 곡물의 구입)	39,490,178리브르
	125,555,532리브르

이 금액은 총지출의 59.12%이다. 또한 이것에 채무의 이자 39,408,940리브르를 더하면 164,964,472리브르가 된다. 이 금액은 총지출의 77.72%에 달한다.

따라서 주민 1인당 137리브르이다. 또한 총지출은 오늘날의 독일에서 90억 마르크에 상당한다.

스페인은 알바Alba공* 시대에 도달한 높이에서 이미 내려왔다(1610). 이때의 군사 예산은 다음과 같았다:

군대의 급료	653,963두카텐
함대	530,000두카텐
근위대와 병사	200,000두카텐

* 에스파냐의 군인이자 정치인(1507~1582). 플랑드르 총독 시절 극심한 압제를 행해 네덜란드 독립 운동을 유발하였다(역자 주).

요새	50,000두카텐
무기고	100,000두카텐
포병대	22,500두카텐
	1,556,463두카텐
플랑드르 지방을 위한 지출	1,800,000두카텐

그 당시 스페인 국왕의 순수입은 (그중 500만 두카텐은 부왕, 세금 징수원 등에게 주어졌다) 앙리 4세가 실시하게 한 조사에 따르면 15,658,000두카텐이었다(그 조사는 베네치아의 외교 사절 토마소 콘타리니의 평가—1,600만 두카텐—와 거의 정확하게 일치한다). 그렇지만 그중 대부분은 채무 이자로 지불되었다. 따라서 레르마 백작의 계산에 따르면 4,487,350두카텐만 자유롭게 쓸 수 있었다.[80] 따라서 채무 이자를 포함하면, 그 당시 스페인 국가 수입의 거의 93%가 군사 목적을 위한 지출이었다.

프랑스에 대해서는 1542년의 군사 지출에 관한 최초의 신뢰할 만한 계산서가 있다. 그런데 이 계산서는 추측컨대 경상비만을 기록한 것 같다. 여기에서는 지금까지 별로 주목받지 못한 숫자들을[81] 자세히 전하겠다.

2,000명의 병사	90만 프랑
100프랑의 보수를 받는 20명 증원	25,000프랑
통상적인 장비 구입	20만 프랑
통상적인 연간 포병 부대	54,000프랑
특별 포병부대	19,000프랑
마르세이유 해군	14만 프랑

포넨테 해군	14,000프랑
왕실 등의 근위대	20,000프랑
200명의 귀족(1인당 400프랑)	8만 프랑
스코틀랜드인 근위대	34,000프랑
3개의 프랑스인 사수 부대	93,000프랑
스위스인 근위대	13,000프랑
피카르디 국경 시설	9만 프랑
샴파뉴 국경 시설	15,000프랑
스위스 병사에 대한 두(?)개의 연금	20만 프랑
대대장의 급료	17,000프랑
병역 6년의 영국인 용병에 대한 연금	20만 프랑
	2,114,000프랑

이 해의 총지출은 5,788,000프랑이었는데, 그중의 상당한 부분은 분명히 전시 채무의 이자를 갚는 데 쓰였다.

17세기 중에 군사 목적의 지출이 급증했으며, 루이 14세의 전쟁 때 정점에 달했다.

	1639년	1680년
스위스인(스위스인 부대)	40만 리브르	652,567리브르
전쟁 목적의 특별 지출	1,200만 리브르	62,070,550리브르
수비대	300만 리브르	2,419,399리브르
포병 부대	60만 리브르	704,277리브르
해군	250만 리브르	14,405,795리브르

군사 방어 시설 건립	60만 리브르	12,678,609리브르
부대에의 포상	-	1,323,804리브르
갈레 선	-	3,614,753리브르
	1,910만 리브르	97,869,754리브르
총예산	2,990만 리브르	129,691,599리브르
군사비 총액이 총예산에서 차지하는 비율	60%	74%

앙리 4세 치하의 1601~1609년에는 평균적으로 600만 리브르가 군사비로 지출되었으며, 1609년에는 약 900만 리브르가 지출되었다.[82] 루이 13세* 치하에는 이 숫자가 배로 늘어났으며, 그 후 루이 14세** 치하에는 다시 네 배가 되었다. 여기에서는 50년 간격의 두 해에 대한 군사 예산의 주요 항목을 나란히 제시하겠다.[83]

네케르 씨가 1784년에 제시한 예산 중 육군을 위한 지출은 1억 2,465만 리브르, 해군을 위한 지출은 4,520만 리브르, 모두 합쳐 1억 6,985만 리브르였다.[84]

이것에 다음의 것들을 합산해야 할 것이다.

---

* 루이 13세(1601~1643. 재위 기간: 1610~1643): 앙리 4세의 첫째 아들로 부르봉 왕조의 두 번째 왕으로 즉위하였다. 추기경 리슐리외와 함께 왕권 중심의 국가 체제를 형성해 나갔다.

** 루이 14세(1638~1715. 재위 기간: 1643-1715): 1643년 루이 13세가 갑자기 사망하자 다섯 살의 나이에 왕위에 올랐다. 어릴 적에는 재상 마자랭의 통치가 이어졌으나 1661년부터는 재무대신 콜베르의 활약으로 친정을 행사하기 시작했다. 막대한 재정 수입을 바탕으로 수많은 전쟁과 건축 사업을 벌여 전례 없는 프랑스의 영광을 구현하고자 했다(역자 주).

전쟁 채무의 이자 지출	2억 700만 리브르
전쟁 채무의 변제	2,750만 리브르

따라서 총지출 6억 1000만 리브르 중 군사 목적으로 모두 합쳐 4억 435만 리브르가 지출되었다. 이것은 총지출의 약 2/3이다.

(1) 브란덴부르크-프로이센[85]

대선제후 치하에서는 전쟁 비용이 250만 탈레르였다. 이것은 국가 수입 전체의 2/3이다. 물론 그중에서도 군사 지출 이외의 금액(외교, 성 건축 등)이 약간 지출되었으며, 다른 한편으로는 군사 목적을 위해 지원금과 채무가 사용되었다.

프리드리히 3세*(초대 프로이센 왕) 치하에서는 세입 총액이 400만 탈레르, 군사 목적의 지출이 220만 탈레르였다.

프리드리히 1세 치하에서 군사비가 크게 늘어나기 시작했다:

1739/40년의 순수 세입은 6,917,192탈레르 10그로셴 4페니히였는데, 그중 군사용 지출이 5,039,663탈레르 22그로셴 5페니히, 전쟁용 비축이 914,416탈레르, 모두 합쳐 5,954,079탈레르 22그로셴 5페니히였다.

따라서 군사용 지출이 세입의 86%를 차지하였다.

프리드리히 대왕은 마지막 3년 동안 평균적으로 군사 목적에

---

* 빌헬름 1세의 외아들로 오랜 기간 황제가 되기 위해 기다리다 57세에 제위를 계승했으나 99일 만에 사망한 독일 제국의 두 번째 황제(1831~1888. 재위 기간: 1888년 3월 9일~1888년 6월 15일).

12,419,457탈레르, 궁정 및 그 밖의 민사 목적에 3,946,676탈레르를 지출하였다.

군사 지출이 전체 지출의 75.7%에 달하였다.

프리드리히 빌헬름 2세* 치하(1797~1798)에서는 세입 총액 20,499,382탈레르 22그로센 7페니히 중에서 군사비가 14,606,325탈레르 17그로센 3페니히로 71%에 달하였다.

프리드리히 빌헬름 3세** 치하(1805~1806)에서는

세입 총액	26,956,858탈레르
군사 지출	17,185,112탈레르
국가 채무의 이자	1,896,296탈레르
국고	1,100,000탈레르

군사 지출, 국가 채무의 이자, 국고를 합치면, 그 총액이 20,181,408탈레르로 세입 총액의 75%를 차지했다.

마지막으로 우리는 과거 수세기 동안 군사 목적으로 강대국이 얼마나 지출했는지를 알아야 한다. 그것이 대부분의 경우 전쟁 비용이라는 사실은 의심의 여지가 없다. 영국의 경우이다.

---

* 프로이센의 국왕(1744~1797. 재위 기간: 1786~1797). 프랑스 혁명이 일어나자 오스트리아와 동맹을 맺었으나 여러 전투에서 패전하였다(역자 주).

** 프로이센의 국왕(1770~1840. 재위 기간: 1797~1840). 나폴레옹과의 전쟁에서 패해 영토의 태반을 상실하였다(역자 주).

(2) 영국

랭카스터 가家* 시대에 함대 지출에 대해 잘 아는 한 전문가는 약 5만 파운드로 계산하였다.[86]

17세기의 몇 년은 함대 비용으로 다음과 같은 액수를 나타냈다.[87]

표 1

년	전함 수	상선 수	전함 비용	상선 비용	합계
1643	36	32	133,760파운드 3실링 9페니	74,881파운드 11실링 6페니	332,869파운드 15실링 3페니
1647	43	16	124,395파운드 12실링	44,743파운드 8실링	244,655파운드

표 2

년	세입 총액	함대용 지출
1652/53	2,600,000파운드	140,000파운드
1654	-	104,8731파운드 13실링 8페니[88]
1656/57	1,050,000파운드	809,000파운드
1657/58	951,000파운드	624,000파운드
1658/59	1,517,000파운드	848,000파운드

* 랭카스터 왕가는 백년 전쟁의 후기에 플랜태저넷 왕가의 리처드 2세로부터 왕위를 찬탈한 헨리 4세에 의해 개창되었다. 60여 년의 통치기(1399~1461)에 3명의 군주를 배출했으며, 왕위 찬탈로 가문을 세웠기 때문에 군주들은 왕가의 정통성을 세우는 데 매진하였다(역자 주).

표 3. 평시의 예산 (단위: 파운드)[89]

시대	함대용	육군용	포병 부대용	총지출
찰스 2세	30만	21만 2천	4만	1,171,315
윌리엄스 3세	877,455	30만	5만	1,907,455
앤	765,700	425,905	5만 8천	
조지 1세	74만	90만	7만 3천	
조지 2세	90만	90만	8만	
조지 3세(1770)	1,573,422	1,513,412	227,907	

표 4. 전시와 평시에서의 총지출 (싱클레어에 따른다)(단위: 파운드)

치세	함대용	육군용	포병 부대용
윌리엄 3세	19,822,141	22,017,706	3,008,535
앤	23,484,574	32,975,331	2,100,676
조지 1세	12,923,851	13,842,467	1,064,449
조지 2세	71,424,171	74,911,521	6,706,674
조지3세 (1788년까지)	116,725,948	96,565,762	17,079,011
1688~1788년 100년의 총계	244,380,685	240,312,967	29,959,345

마지막으로, 나는 많은 독자들의 관심을 끌 것으로 생각되는 1781년의 특별 군사 예산을 전하겠다. 이 해에는 총 지출이 2,440만 파운드였는데, 그중 군사비는 1,750만 파운드에 달했다. 그렇지만 그것에 550만 파운드를 가산해야 한다. 이 돈은 단기 공채의 변제와 간접세 적자의 보전에 사용되었기 때문이다. 이 550만 파운드를 더한

2,300만 파운드는 2,450만 파운드의 총지출에서 거의 94%를 차지하였다.

1781년 영국 군사 예산의 상황[90]

20,317명의 수병을 포함한 9만 명의 선원과 포병 부대	4,446,000파운드
함대의 경상비	86,261파운드 5실링 8페니
전함의 건조와 수선	670,016파운드
함대 구입을 위한 차입금 상환	320만 파운드
육지에의 대포 배치	582,924파운드 11실링 9페니
바다에의 대포 배치	234,000파운드
1781년 포병 부대를 위한 특별 지출	252,104파운드 3실링 4페니
1780년 포병 부대를 위한 특별 지출	447,182파운드 4실링 6페니
39,666명의 육군 부대원	1,049,774파운드 8실링 11페니
최고 사령관과 그의 참모	42,927파운드 16실링
요새 수비대와 국외 주둔군	1,488,927파운드
독일 부대의 보조금과 유지	715,117파운드 15실링 7.5페니
영국 북부의 민병	672,457파운드 15실링
민병의 피복	99,679파운드 13실링 4페니
민병 부대 보조금	6,010파운드 3실링 9페니
80개의 독립 보병 부대	117,608파운드 6실링 8페니
1780년의 추가 급료	8,452파운드 4실링 8페니
존 머레이 경 2개 대대에의 추가 급료	1,107파운드 16실링 4페니

예상하지 못한 비상사태로 인해 군사 목적으로 쓴 지출	3,351,589파운드 13실링 4.5페니
부상병과 직접적인 지출	약 19만 파운드

나폴레옹과의 전쟁은 또 다시 국가의 모든 힘을 모으게 하였다. 1801~1814년의 14년 동안 영국은 다음과 같이 지출하였다:

함대	237,441,798파운드
육군	337,993,912파운드
포병	58,198,904파운드
합계	633,634,614파운드

이것은 130억~140억 마르크에 해당되며, 연 평균 45,259,615 파운드 즉 9억 마르크에 해당된다. 그 당시(19세기 최초의 10년) 영국의 인구는 1000만~1200만 명이었으며, 따라서 국민 1인당 연간 80~90마르크의 전비를 지출했다는 사실을 항상 염두에 두지 않으면 안 된다. 이것은 오늘날의 독일이 약 60억 마르크의 군사 예산을 갖는 것에 해당된다. 독일은 현재 군사 목적으로 10억 마르크 조금 넘게 지출하고 있다(여기에는 제국 채무의 이자와 상환이 포함되어 있다).

2. 물자 조달

군사비가 만들어져 그 금액이 지출되었을 경우, 이 군사비는 자본주의 형성에서 어떤 의의를 갖고 있는가? 우리는 이 문제를 이 책을 통해 연구하지 않으면 안 된다. 여기에서는 군사 목적을 수행하기 위한 물자 조달 역시 근대 경제 생활의 형성에 의미심장한 영향력을 행사하지 않았을까라는 질문만 제기할 것이다. 주의할 일이지만, 물자는 앞에서 인용한 숫자들 속에 표현되어 있다. 이것은 국고를 통해 제공된다는 것을 의미한다.

군사 수요를 충족시키기 위해 물자를 조달하는 방식은 공공 기관이 일반적으로 수입을 마련할 때의 방식과 다르지 않다. 한편으로는 국유지 수입과 가장 넓은 의미에서의 세금, 다른 한편으로는 차입금이 그 수입이 생겨나는 원천이다. 또한 이전 수세기에 걸쳐 군사 물자를 조달할 때 큰 역할을 해온 특별한 수익 방식만은 여기에 추가하지 않으면 안 되는데, 그것은 보조 지불금이다. 이것은 부유한 나라들, 특히 네덜란드와 영국이 대부분의 전쟁을 수행한 형식이었다. 그들은 전쟁은 해야 하지만 자금이 없는 제후들, 특히 독일 제후들을 원조하였다. 전쟁을 하려면 종종 꽤 많은 자금이 필요했기 때문에, 작은 나라의 재정에는 매우 부담이 되었다. 따라서 대선제후는 1674~1688년에 2,863,281탈레르 19그로셴의 보조금을 받았다. 프리드리히 3세(초대 프로이센 왕)는 1,400만 탈레르를 받았다. 프리드리히 대왕은 1758~1761년 동안 영국으로부터 매년 67만 파운드, 즉 1,350만 마르크를 받았다.[91] 프랑스와의 전쟁으로 가득 채워진 1793~1814년의 20년 동안 영국은 외국의 실력자들에게 46,289,459파운드, 거의 10억 마르크에 달하는 보조금을 주었다.[92]

전쟁 물자 조달이 자본주의에 대해서 지닌 의의는 무엇보다도 다음과 같은 점에 있다:

(1) 전쟁 물자 조달을 통해 자본 형성이 촉진되었다. 이것은 우리가 앞에서 생생하게 그려낸 사실에 비춰보면 역설적인 느낌이 든다. 세금의 압력과 대부의 강력한 요구가 자본 축적을 방해했다는 사실에 비춰보면 그렇다. 그런데 전쟁 물자 조달은 한편으로는 의심할 나위 없이 자산 형성을 느리게 하였으며, 또 한편으로는 그것을 촉진시켰다. 게다가 자산이 일찍이 자본의 성격을 갖는 경향이 있는 경우에는 자산 형성을 촉진시켰다는 것도 사실이다. 세금 인상, 공채의 승인이나 중개 또는 양도를 통해 많은 사람이 부자가 되었다. 이들은 그 후 자신들의 부를 공업이나 상업을 발달시키는 데 이용했거나, 아니면 사치 지출을 늘려 (나는 이것을 《사치와 자본주의》에서 증명하려고 하였다) 자본주의 발전에 자극을 주었다.

달리 말하면, 이런저런 형식으로 자본주의를 만들어 낸 부르주아 계급의 부는 그 상당한 부분이 16, 17, 18세기에 (특히 프랑스에서는) 조세 임차Steuerpacht에 의해서 그리고 (특히 네덜란드와 영국에서는) 공채의 이자 수익이나 매매 이익에 의해 생겨났다.

자산 형성이 이런 방식으로 얼마나 이루어졌는가를 자세히 추적한다면, 본 연구의 중심으로부터 너무 멀리 벗어나게 된다. 나는 부르주아 계급의 발생을 연구 대상으로 삼은 다음번의 저작에서 이 문제를 자산 형성과 관련지어서 다룰 계획이다. 따라서 여기에서는 방금 제기한 주장이 옳다는 것을 증명하기 위해 약간의 숫자들을 열거하는 것으로 그치겠다.

프랑스의 징세 청부인들이 부유하고 빨리 부자가 되었다는 것은 잘 알려져 있었다.

디드로*는 야심에 찬 한 젊은이에게 물었다: "글을 읽을 줄 아나요? 예. 계산도 좀 할 줄 아나요? 예. 어떤 일이 있어도 부자가 되고 싶나요? 거의 그렇습니다. 이보게 친구, 징세 청부인의 비서가 되어 그 길을 계속 가게나."[93]

동시대인들의 판단은 디드로의 이 충고가 옳았다는 것을 충분히 증명한다. 1626년 명사회**의 진정서에는 다음과 같이 쓰여 있다: "부자가 되는 사람들이 있는데, 특히 '재무 담당관' 등이 되면 몇 년 안에 부유해진다."[94]

한 팸플릿 저자는 다음과 같이 썼다[95]: "회계 경리들에게는 1년에 1억 에퀴를 버는 것으로는 충분하지 않다. 그들은 자신들의 사무원과 지지자도 자기들만큼 부자로 만들고 싶어 한다." "이렇게 해서 많은 사람들이 극도로 부유해진다"라고 신중하고 언제나 정통한 구르빌은 판단한다.

그렇지만 우리는 이런 일반적인 발언을 확인하기에 충분할 정도의 개별적인 보고들도 갖고 있다. 여기에서는 뷔이용, 에메리, 푸케 같은 사람들이나 또는 이미 말한 방법으로 엄청나게 많은 부를 모은 마자랭*** 같은 대권력자들의 생활사를 상기하는 것으로 충분하다. 뷔이용은 1622년에 6만 에퀴의 금리 수입이 있었다. 1632년에 그는 행

---

* 드니 디드로 Denis Diderot(1713~1784): 프랑스의 백과전서파를 대표하는 계몽주의 철학자이자 작가(역자 주)

** 명사회 Assemblée des Notables: 프랑스 구체제의 신분제 의회. 긴급 시 소집되는 국왕의 자문기관으로, 국왕으로서는 삼부회에 비해 다루기 쉬웠다.(역자 주).

*** 쥘 마자랭 Jules Mazarin(1602~1661): 프랑스의 재상으로 부르봉 왕조의 절대주의를 완성하는 데 공헌하였다(역자 주).

정 감독관이 되었다. 1640년 (죽었을 때) 그는 70만 리브르의 금리 수입을 남겼다.[96] 마자랭은 6,000만 리브르 재산을 남겼다.

1716년에 부정한 사건 때문에 처벌받은 "문제의 사람들"의 리스트를 보면 특히 프랑스 자산가들의 재산이 어느 정도였는지를 잘 알 수 있다. 이 리스트에는[97] 726명의 이름이 올라와 있는데, 이들에게 모두 합쳐 147,355,433리브르의 벌금이 부과되었다. 각각의 벌금액은 2,000리브르에서 660만 리브르 사이에 있었으며, 최고액을 부과받은 자는 저 유명한 안투안 크로자*였다(실제로 이것은 과세의 작은 일부에 불과하다. 약 2,000만 리브르가 왕실 금고로 흘러 들어간 것으로 사람들은 추정하고 있다!). 몇 개의 과세 단계로 분류하자 다음과 같은 표가 나왔다. 과세된 자들의 수를 볼 수 있다:

5만 리브르 이하	298명
5만 1~10만 리브르	105명
10만 1~20만 리브르	127명
20만 1~30만 리브르	68명
30만 1~40만 리브르	42명
40만 1~50만 리브르	26명
50만 1~100만 리브르	40명
100만 1~200만 리브르	13명
200만 리브르 이상	6명

---

* 앙투안 크로자Antoine Crozat(1655~1738): 프랑스의 거부 상인. 1715년에는 후작 작위를 받아 귀족이 되었다(역자 주).

말하자면 전쟁 목적을 위한 차관으로 이익을 얻은 대표적인 사람들은 초기 자본주의 시대에 가장 부유했던 두 일가, 즉 푸거Fugger 가*와 로스차일드Rothschild 가**이다.

어떤 사람이 계산한 바에 따르면, 영국에서는 1792년과 1816년 사이에 전쟁 공채에의 투기 이익이 5,200만 파운드였다.[98]

푸거 가와 로스차일드 가는 전쟁 덕분에 부자가 되었는데, 이들은 재산을 모을 수 있었던 두 가지 형식을 나타낸다. 그 두 형식은 독일식과 영국식으로서 서로 비교할 수 있을 것이다. 즉 전자는 직접적인 대부 승인이고, 후자는 증권 거래소 규약에 따른 차관 발행이다. 전자가 서로 대면한 상태에서 이루어지는 개인적인 신용이라면, 후자는 "일반 사람들"의 배후에서 이루어지는 비개인적인 신용이다.

그런데 이렇게 해서 나는 이미 전쟁 물자 조달이 자본주의 형성에서 아주 큰 의의를 지니게 된 두 번째 논점을 건드렸다.

(2) 전쟁 물자 조달이 경제 생활의 상업화를 촉진시켰다.

16세기 최초의 국제적인 증권 거래소는—에렌베르크Ehrenberg가 매우 생생하게 기술한 것처럼—공채 청구권의 거래에서 직접 생겨났다. 그 후 공채 제도의 발전을 통해 유가 증권 거래소가 완전히 발전하였다. 유가 증권 거래와 유가 증권 투기는 물론 처음에는 거대한 해외 무역 회사의 주식에서 발전하였다. 그러나 이와 함께 공채 청구권은 언제나 중요하였다. 18세기 중엽 암스테르담 증권 거래소

---

* 독일 남부의 상업 도시 아우크스부르크를 거점으로 근대 초기에 번영한 대부호 상인 가문(역자 주).

** 독일 유대계 혈통의 국제적인 금융 가문(역자 주).

에서 가격이 정해진 44개의 유가 증권 중 25종이 국내 채권이었고, 6종은 독일 채권이었다. 18세기 말까지 국내 채권의 수는 80종으로, 독일 채권의 수는 30종으로 늘어났다. 그러나 그 후 발전이 본격적으로 시작되었다. 유가 증권의 발행이 18세기 말 이후부터 계속 이어졌다(이는 당연하다. 국채 증가에 대해 내가 앞에서 제시한 숫자들을 보라). 암스테르담 증권 거래소에서는 창설 이후 1770년까지 2억 5,000만 플로린의 공채가 인수되었는데, 1818~1832년의 14년 동안 로스차일드 가 혼자서 4억 4,000만 마르크의 공채 은행환을 발행하였다.

전쟁이 증권 거래소를 만들어 냈다. 우선 우리가 여기서 단정적으로 말할 수 있는 것은 유가 증권 거래소이다(우리는 전쟁이 상품 거래소의 형성에도 강력하게 관여했다는 것을 나중에 볼 것이다). 그러나 또한 (기이한 만남이다!) 유대인들이 증권 거래소를 만들어 냈다. 게르만인의 호전적인 정신과 유대인의 사업 감각이 여기에서 함께 작용하였다. 그런데 이 증권 거래소 발생 문제는 "유대인" 장章에서도 "전쟁" 장章에서도 똑같이 나오기 때문에, 나는 여기에서는 이 정도로 조금 언급하는 것으로 그친다. 더 많은 것을 알고 싶은 독자는 나의 책 《유대인과 경제 생활》을 참조하기를 바란다. 나는 이 책에서 경제 생활의 상업화와 증권 거래소화 과정을 상세하게 추적하였다.

(3) 나는 특히 보조금 지불이 경제 생활에 미쳤을 것으로 생각되는 작용에 대해서도 지적하고 싶다(보조금 지불의 실시로 상당한 이득을 직접 얻은 이는 물론 자본가들이다). 이 작용은 내가 아는 한은 지금까지 단 한 사람의 연구자에게서만 주목받았다.[99] (물론 그는 이 작용을 그 후 연구의 중심점으로 삼았다.) 특히 고려해야 하는 것은 외국에 거액의 구매 대금을 즉시 지불하는 것이—이것은 보조금을 지불할 때 행해진

다—영국의 환시세에 어느 정도 영향을 주었는가이다. 환시세는 지속적으로 그것 때문에 영국에 불리하게 결정되었다고 추측하는 것이 마땅하다. 그렇지만 불리한 환시세는 주지하다시피 수출을 장려하는 요인으로 작용하였다. 따라서 영국의 수출은 계속된 현금 지불에 의해 강력하게 촉진되었으며, 그 덕분에 산업 자본주의가 크게 번성하였다. 실제로 영국의 수출액은 1698~1822년에 수입액을 약 33,183,171파운드나 능가하였다. 불리한 환시세는 이 수출 증가에 어느 정도 관여했는가, 보조금 지불이 이 불리한 환시세에 어느 정도 관여했는가는 아마도 한 번쯤은 근본적으로 연구할 가치가 있을 것이다.

(4) 거액의 자금이 한 나라에, 특히 전쟁 보상금 형식으로 유입되는 것이 자본주의 발전의 진행에 활기차게 영향을 줄 수 있다는 것은 특별한 증명이 필요하지 않을 만큼 너무 잘 알려진 사실이다. "창업 시대Gründerzeit"* 와 "10억 프랑의 지복至福"** 은 어느 시대에나 한 쌍을 이루는 현상이었다.

Ⅱ. 군비의 기본 원칙

상급 기관이 군대의 유지를 돌보는 경우, 그것은 언제나 두 행위

---

* 독불 전쟁 이후 프랑스의 전쟁 배상금에 크게 힘입은 독일의 경제 호경기(1871~1873)(역자 주).

** 독불 전쟁 이후 프랑스의 대독 배상금은 50억 프랑인데, 1871년에 10억 프랑을 지불하였다(역자 주).

로 이루어진다. 하나는 물자를 조달하는 것이고, 또 하나는 이 물자를 사용하는 것이다. 국가(도시 또는 군대가 지키는 조직)는 두 개의 마디, 즉 수요를 지닌 군대와 실제적인 군대 유지자가 서로 연결되는 고리 역할을 한다. 국가는 물자를 마음대로 처리하며 군대를 유지하는데, 이 물자가 사용되는 방식은 전시나 평시에 전력 유지가 한 나라의 경제 생활에 미치는 영향의 종류와 크기를 결정한다. 그러나 16~18세기의 유럽 국가들에서 물자 사용의 실제적인 모습, 말하자면 역사적인 모습을 확실하게 인식할 수 있으려면, 우리는 우선 그러한 물자 사용의 여러 가능성을 명백하게 의식해야 한다. 물자 사용은 군비軍備와 똑같은 의미이다. 국가가 처분 가능한 물자를 규정된 목적에 따라 사용할 경우, 국가는 군대를 무장시킨다. 따라서 우리가 분명하게 알아야 할 것은 군비가 어떻게 이루어질 수 있는가이다. 물론 그 전에 우리는 군비가 무엇을 의미하는지를 알아내야 한다.

군비를 담당한 조직은 군수품 관리국의 일부를 이룬다. 그 조직의 임무는 군대가 존재하고 올바르게 기능하는 데 필요한 모든 물자를 공급하는 것이다. 이 물자는 ① 무기, ② 수송 수단, 특히 말과 차, ③ 유지 수단 즉 식량, 의복 및 숙소이다. 이런 범주의 물자가 조달되느냐 아니면 저런 범주의 물자가 조달되느냐에 따라, 군의

무장

기병(수송)

급식

피복

숙소

문제가 생겨난다.

이 문제들은 매우 다양한 기본 원칙에 따라 해결될 수 있다. 군비를 담당하는 조직은 우선 군비를 책임지는 기관에 따라 다르게 형성된다. 말하자면, 그 기관에 따라서 군비는 분산화 원칙을 따르거나 아니면 중앙 집중화 원칙을 따른다. 분산화의 경우, 모든 병사는 그가 필요로 하는 물자 즉 무기, 말, 식량을 그 자신이 갖춘다. 이에 반해 우리가 오늘날 "최고의 대원수"라고 부르는 당시의 본부가 군비를 담당한다면, 군비는 중앙에 의해 이 경우에는 국가가 무기와 수송 수단을 제공하며, 국가가 모든 병사를 부양한다. 국가는 원칙적으로는 다시 두 가지 방식으로 이것을 할 수 있다. 국가는 한편으로는 그 자신의 기관, 자신의 "관료들"을 통해 이러한 부양을 행할 수 있다. 이 경우 우리는 다음과 같이 말한다: 국가(도시 등)가 군비를 "자신의 감독하에" 떠맡는다. 또 한편으로 국가는 중개인들에게 군대의 무장을 위임할 수 있다. 이 경우 그들은 군비를 돈벌이로, 따라서 보수를 받고 실행한다. 그렇다면 이것은 군대를 무장시키기 위해 국가가 만들어 낸 "조달 조직"이라고 말할 수 있다.

순수한 분산화와 순수한 중앙 집중화 사이에는 아주 다양한 종류의 중간 단계가 있다. 따라서 예를 들면, 각각의 병사가 자신의 생계를 돌보아야 하는 경우에도 국가는 병사에게 확실하면서도 적당한 가격의 물자 공급을 보장하는 대책을 강구할 수 있을 것이다. 또는 국가도 개인 병사도 군비를 떠맡지 않는 경우도 있다. 이 경우 군비는 오히려 대령이나 대위 같은 중간 기관의 책임이다(이것이 소위 중대中隊 경제이다).

그런데 군비 담당 조직은 매우 다양하게 형성된다. 왜냐하면, 앞에서 언급한 각각의 조직 원칙이 또 다시 군비에 필요한 소비 물자를 소유할 수 있는 매우 다양한 가능성을 남겨 놓기 때문이다. 이 가능성은 한편으로는 특히 군비를 책임진 담당자 자신에 의해 만들어질 수 있다. 예를 들면, 국가가 자신의 경제 안에서 무기, 제복, 빵, 말을 만들어 낼 수 있으며, 그 다음에는 사용 준비가 된 물자를 각각의 병사에게 제공한다. 또 한편으로는 무장 의무가 있는 당사자 즉 국가, 중대장, 각각의 병사는 다른 사람들에 의해 완성된 소비 물자를 어떤 방식으로든 얻는다.

그런데 원칙적으로는 매우 다른 방식으로 물자를 "얻을" 수 있다: 물자를 다른 사람에게서 훔칠 수 있다. 그에게 그 물자에 대한 대가를 지불하지 않고서 말이다. 이런 방식으로 생겨나는 군비의 "조직"은 약탈 즉 강도의 조직이다. 훔치지 않는다면, 다른 사람이 우리에게 넘겨준 물자에 상응하는 대금을 그에게 제공할 수 있다. 대금은 대부분의 경우 돈으로 주어지기 때문에, 사람들은 물자를 판다. 이 유상 조달은 또 다시 두 가지 방식으로 이루어질 수 있다. 하나는 강제적인 방식이다. 이 경우에는 필요한 재화의 소유자가 그것을 양도할지 말지의 선택권이 없다. 또한 그가 가격을 스스로 정하지 못하는 경우도 종종 있다. 이 방식은 징발이라고 불린다. 또 하나는 자유의지에 따른 "자유로운" 구입이다, 이 경우에는 판매 자체에 대한 결정권과 판매 가격의 금액에 대한 결정권이 판매자에게 있다.

군비 담당 조직의 도식

Ⅰ. 군비의 대상

1. 무기: 무장

2. 말, 차량 등: 수송(기병)

3. 부양 수단

a) 식량: 급식

b) 의복: 피복

c) 숙박: 숙소

Ⅱ. 조직 자체가 구분된다.

1. 조직을 책임지는 기관에 따라

a) 분산화

b) 중앙 집중화

α) 자신이 관리한다

β) 조달

c) 과도기 형식

2. 물자 조달의 형식에 따라

a) 자체 생산

b) 사용할 수 있는 완제품의 획득

α) 무장: 약탈, 강도

β) 유상:

αα) 강제 구입을 통해: 징발

ββ) 자유로운 구입을 통해

이런 저런 식별 표시(공급 기관이나 형식)에 따라 생겨나는 몇몇 군비 담당 조직은 또 다시 매우 다양한 방식으로 조합될 수 있다. 분산화에 의거한 군비도 중앙 집중화 원칙에 입각한 군비와 마찬가지로 재화의 자체 생산을 통해, 또는 약탈을 통해, 또는 징발을 통해, 또는 자유 구입을 통해 이루어질 수 있다.

군비의 모습이 다양한 이유는 그 여러 조직이 이제는 마찬가지로 다양한 군대 제도 속에 편입될 수 있기 때문이다. 이로 인해서 무수히 많은 다양한 조합이 생겨난다. 또한 일정한 군비 방법이 반드시 일정한 형태의 군비 제도와 연관되어 있다고도 결코 말할 수 없다. 물론 국가 군대에서는 군비의 중앙 집중화가 개인 군대의 경우보다 더 쉽게 일어난다. 사실 용병은 자체 생산보다 사치품 획득에 더 많은 관심을 갖고 있다. 그러나 하나의 군비 원칙이 반드시 일정한 군대 형식과 반드시 연관되어 있지는 않다(실제로 역사에서는 있을 수 있는 모든 결합이 생겨났다).

오히려 일정한 작전 기술은 일정한 군비 방법을 강요한다.

따라서 대포 부대의 사용에서 어느 정도의 무기 공급의 중앙 집중화가 생겨난다. 개개의 병사가 대포를 가지고 다닐 의무는 없다. 그가 도끼 칼이나 머스킷총을 갖고 출격할 의무는 있을 수 있지만 말이다.

마찬가지로 항해의 특성으로 인해 아마도 보급의 최소한의 중앙 집중화가 필요해졌을 것이다. 만일 배가 한 달 동안 바다에 머무른다면, 출항할 때는 백 명 또는 천 명의 승선 인원을 위한 식량이 어쨌든 배에 있어야 한다. 원칙적으로는 여기에서도 분산화 체제가 적용될 수 있다(그리고 그것은 역사에서도, 예를 들면 12세기의 제노바 배에도 적용되었다). 말하자면 이 경우에는 각 선원이나 각 수병은 자신의 식량을 지참할 의무가 있었다. 그러나 당연히 그러한 경우에는 중앙 집중화가 육군 부대의 경우보다 더 많이 (적어도 함선의) 군비 체제로서 나타난다. 육군 부대는 매일 물품을 새로 조달할 수 있기 때문이다.

이제부터 군비 담당 조직이 최근 수세기 동안 어떻게 발전했는지 그리고 이 발전이 근대 자본주의에 대해서 어떤 의의를 지녔는지를 추적하고자 한다면, 우리는 군비 담당 조직과 시장 형성(말하자면, 물자 수요의 형성) 사이에 존재하는 연관성에 특별히 주목해야 한다. 특히 군대 수요가 대량 수요라고 불리는 것을 어느 정도로 또 어떻게 발생시켰는지를 조사해야 한다. 왜냐하면, 군대 수요에 의해 최초의 거대한 대량 수요가 생겨났다는 사실에서, 나는 군국주의가 자본주의에 미치는 가장 중요한 영향 중의 하나로 보기 때문이다. 그러나 그 전에 "대량 수요"가 도대체 무엇인지를 묻는다면, 다음과 같은 대답을 듣는다.

대량 수요란 거대한 (조립되거나 복합적인) 물품에 대한 수요이거나, 같은 종류의 많은 물품에 대한 수요이다. 대량 수요의 이 두 방식은 집적集積에 의해 발생한다. 이 집적은 한편으로는 기술 과정에서 이루어진다(큰 대포, 큰 선박, 큰 병영이 필요할 때). 또 한편으로 이 집적은 각각의 소비 행위들이 서로 연결되어 나란히 나타날 때 이루어진다(수천 명의 병사를 위한 무기가 각각의 병사에 의해서가 아니라 한 곳에서 조달될 때).

이에 따라서 어떤 요소들이 대량 수요의 발생에, 말하자면 각각의 소비 행위의 집적에 영향을 미칠 수 있는가가 드러난다.

(1) 기술. 이것은 매번 일정한 유익한 효과를 만들어 내기 위해 일정한 양의 재료를 한 사용 대상에 투입하고, 또 일정한 양의 살아 있는 노동을 사용해 이 재료를 가공한다. 말하자면, 이 기술에 의해서 이 기술 과정의 실행 가능성과 관련된 대상이 만들어지며, 아울러 (생산) 재화와 노동력에 대한 최소한의 수요가 생겨난다. 일정한 무게의 포탄을 화약의 폭발력으로 일정한 거리를 날아가게 하려면, 우선 일정한 최소량의 철이나 청동으로 도관을 만들어야 한다. 이렇게

하는 것 자체가 살아 있는 노동에 대한 일정한 소비를 요구하며, 원료에 대한 일정한 수요를 발생시킨다.

(2) 조직 원칙. 대량 수요는 확실히 군비 담당 조직에서 중앙 집중화가 강력하게 추진되면 될수록 그만큼 더 일찍 발생한다.

그러나 대량 수요는—다른 조건이 똑같은 경우—무장해야 하는 군대와 함대가 크면 클수록, 그리고 군비 의무 기간이 길면 길수록 그만큼 더 빨리 발생한다. 게다가 전쟁이 더 빈번하고 오래 지속될수록, 그리고 육군 부대와 해군 함대가 보급 기지에서 멀리 갈수록, 마지막으로 수요 충족에서 획일화 원칙이 발전할수록, 대량 수요가 그만큼 더 일찍 발생한다.

이제부터는 지금까지의 서술에서 제기된 문제를 해결하는 데 한층 더 주의를 기울여야 한다. 그러므로 군대, 제도 전체를 위한 재료를 우리가 탐구하고 싶은 효과들의 체계에 따라 통일적으로 정리하지 않고, 그 효과들을 각각의 군비 영역 안에서 따로따로 고찰할 때, 목적을 더 잘 달성할 수 있다고 나는 생각한다. 따라서 다음 장章 이하의 제목들이 보여주는 것처럼, 나는 특히 군의 무장, 급식, 피복, 선박에 의한 수송 등의 영역에서 그 효과들을 고찰할 것이다. 이러한 순서를 따른 이유는 군대가 개별적인 군비 영역에서 경제 생활에 미치는 영향이 종합적으로 판단할 수 없을 만큼 너무나도 다른 성질을 지녔다고 생각했기 때문이다. 이러한 순서를 따를 경우 때에 따라서는 반복이 불가피한데(군대 병참의 몇몇 영역에서는 똑같은 영향이 나타난다), 이 안 좋은 점을 피하기 위해 나는 여러 곳에서 똑같이 나타나는 연관을 한 곳에서는 자세하게 논의하고 다른 곳에서는 암시적으로만, 즉 중요한 곳을 가리키는 식으로 다루려고 하였다.

주註: 나는 서술하면서 군마軍馬(군마의 보충)에 대해서는 (군의 조달 업무를 다룰 때) 잠깐 언급하였을 뿐이며, 부대의 숙소(병영) 문제는 전혀 고려하지 않았다. 왜냐하면, 내가 이에 관해 모은 자료는 장章을 따로 만들어서 군비의 이 두 영역을 다루어야 할 만큼 독특한 관점을 제공해주지 못했기 때문이다.

제3장
군대의 무장

Ⅰ. 화기의 도입

14세기와 17세기 사이에 군대를 무장시키고 편제를 새로 정비할 때 기술이 결정적인 역할은 아니더라도 매우 중요한 역할은 하였다. 혁명적인 영향을 준 기술 현상은 주지하다시피 화약 속에 들어 있는 에너지를 탄환 발사에 이용한 것이었다. 이 발명을 이용할 수 있게 한 장비는 한편으로는 대포이고, 또 한편으로는 휴대용 화기이다. 이 둘을 구분하는 기준은 그 장비가 각각의 병사 자신이 가지고 다닐 만큼 가벼운가, 아니면 그것을 옮기는 데 두 명 이상의 힘이 필요한가이다.

나는 화기라는 기이한 이름을 지닌 이 새로운 투척기의 기술 발전을 주지의 사실로 전제하고, 이제부터는 그 사용에 관해 조금 언급할 생각이다. 화기의 이용은 그것이 대포냐 휴대용 화기냐에 따라 매우 다른 의미를 갖는다. 대포는 기존의 무기에 새로 추가되었으며,

오래된 공성攻城 무기(성 공격용 목마, 투석기 등)를 완전히 밀어냈다. 그러나 이 공성 무기는 군사 조직 전체에서 단지 종속적인 의미밖에는 갖지 못했었다. 이에 반해 휴대용 화기는 그때까지 널리 이용되고 있었던 공격용 무기를 대신하였다. 따라서 이 휴대용 화기의 보급은 구식 무장과 신식 무장 간의 싸움을 의미하였다. 이것은 이하의 서술에서 적절하게 표현될 것이다.

1. 대포

대포가 처음 사용된 시대는 대충 아는 것으로도 충분하다. 그 이전의 대포 역사는 기술을 문제 삼지 않는다. 그러므로 이 기술을 다루지 않는 경우 그 역사는 이 새로운 무기의 수량과 크기 증대 역사에 지나지 않는다. 이에 대해서는 대포 수요의 증가를 다룬 절에서 말하겠다.

"화포"가 전쟁에서 처음 사용된 해는 거의 정확하게 확인될 수 있다. 그것은 14세기의 20년대 또는 30년대이다. 아마도 단테*가 죽은 해인 1321년일 것이다. 몽스Mons** 시에는 1319년에 이미 "대포 제조의 거장"이 있었다.[100] 그러나 대포라는 말은 그 당시에는 나중에 얻은 것과는 다른 의미를 갖고 있었다. 따라서 우리는 이 대포 제조의 거장이라는 명칭에서 화포의 존재를 아주 확실하게 추론할 수는 없다. 화포는 1324년 메스Metz 시***의 연대기에서 처음으로 확실하게

---

* 알리기에리 단테Alighieri Dante(1265~1321): 이탈리아 최대의 시인. 장편 서사시《신곡》을 저술해 르네상스 문학의 지평을 열었다(역자 주).

** 벨기에 남부 왈롱지역에 위치한 도시(역자 주)

*** 프랑스 동북부 지방에 있는 도시. 철과 석탄이 풍부해 제철 공업이 발달하였다(역자 주)

언급되었다.[101] 1326년의 것인 한 문서에서는 이미 금속제 대포와 쇠를 두들겨 만든 탄환에 대해 말하고 있다[102](최초의 주조된 철탄환은, 비린구치오에 따르면, 페르디난도*를 상대로 한 샤를 8세의 전쟁(1495)에서 사용되었다고 한다).

그 후 곧 한 전투에서 화포가 사용되었다. 1327년 에드워드 3세는 스코틀랜드에서 이것을 사용하였다. 에드워드는 이 신무기를 그 당시 군사 기술의 선두에 있었던 플랑드르인들에게서 얻었다고 한다. 플랑드르와 브라반트 자체에서도 새로운 무기의 사용이 그보다 더 일찍 있었다는 것은 알려져 있지 않다. 그렇지만 1360년 이후 이 지방의 모든 시청 회계 장부는 대포를 명시하고 있다.[103] 1331년 스페인의 알리칸테스 시는 "불을 토하며 발사된 쇳덩어리"로 포격 당했다고 한다.[104]

함포는 1338년에 처음 알려졌다. 이 해에 세 개의 대포와 한 개의 휴대용 포 그리고 화약 창고를 갖춘 영국 국왕의 함선 "크리스토프 오브 더 타워" 호가 있었다. "메리 오브 더 타워" 호는 화약 창고가 두 개나 있는 철제 대포와 화약 창고가 하나 있는 청동 대포를 갖고 있었다. 마지막으로 "버나드 오브 더 타워" 호는 두 대의 철제 대포를 갖고 있었다.[105] 그러나 1373년 이후에야 비로소 대포, 화약, 포탄이 영국 함선의 비축품에서 자주 언급되었다.

독일에서 화약 대포를 처음 사용한 사람은 브라운쉬바이트-그루벤하겐의 공작 알브레히트 2세였다. 그는 1365년 자신의 성 살츠데르헬덴을 방어할 때 그것을 사용하였다.[106]

---

* 페르디난도 2세 Ferdinand Ⅱ(1469~1496): 나폴리 왕국의 왕(역자 주).

그 후의 100년 사이에 이미 전 세계가 대포를 가졌다. 제후 이외에 영주, 도시, 단체도 대포를 가졌다. 대포를 크게 발전시킨 것은 15세기 말 샤를 8세의 육군이었다. 이곳에서는 이미 1,000명 당 네 대의 대포가 있었다. 실제로 사용된 대포 수의 증가에 대해서는 다음 절에서 말할 것이다.

2. 휴대용 화기

휴대용 화기의 최초 사용도 역시 14세기이다. 그러나 15세기 내내 그것은 구식의 공격용 무기와 비교하면 뒷전으로 물러나 있었다. 1431년 신성 로마 제국 의회의 의결에는 다음과 같이 쓰여 있었다:[107] "병사들의 절반은 소총을, 나머지 절반은 쇠뇌,* 화살, 납 탄환, 화약 등을 갖춘다." 따라서 이 신구 무기 종류의 비율은 1:1로, 사람들이 바란 대로 신식 무기가 더 많지는 않았다고 우리는 추측할 수 있을 것이다. 1467년 제국 의회는 터키인과의 전투를 준비하면서 보병에 대해 동일한 비율의 무장을 지시하였다. 즉 병사의 절반은 휴대용 소총을, 나머지 절반은 쇠뇌를 갖추도록 하였다. 그렇지만 현실은 확실히 이 지시에 미치지 못하였다. 화기의 비율은 훨씬 낮았다. 실제로 화기로 무장한 군대에 대해 말하는 15세기의 보고서를 읽어보면, 우리는 그러한 결론에 도달한 수밖에 없다. 1427년 후스Hus파**의 보헤미아인들을 제압한 8만(?) 명의 병사들에게 있었던 소총

---

* 여러 개의 화살이 잇달아 나가게 만든 활의 하나(역자 주).

** 후스파는 보헤미아 출신의 종교 개혁가 얀 후스(1369~1415)의 가르침을 따른 기독교 교파이다. 1419~1434년 보헤미아의 후스파는 교회 개혁을 내세우며 독일 황제 및 보헤미아 왕의 군대와 싸웠다(역자 주).

은 아마도 200개였을 것이다.[108] 1429년 슈테틴을 공격한 브란덴부르크군의 보병 1,000명 중 소총으로 무장한 병사는 50명이었다.[108] 1440년 취리히에 소집된 2,770명의 병사 중 소총을 갖고 있었던 사람은 61명이었다. 따라서 1448년 작센의 선제후 프리드리히의 징병 때 다음과 같이 바란 것은 확실히 지나친 요구였다[109]: 각 도시는 1/4은 쇠뇌, 1/4은 창, 1/4은 철제 농기구, 그리고 1/4은 좋은 소총을 가진 병사들을 차출하라는 것이다. 15세기에 화기와 다른 무기의 비율은 1:3이었는데, 이 비율은 독일 제후의 징집병에서도 자주 다시 나타났다. 예를 들면, 1477년 (자간Sagan을 공격하기 위해 소집된) 알브레히트 아킬레스Albrecht Achilles*의 군대에서는 "1/4이 소총 사격수였다고 한다."[110]

15세기 말 휴대용 화기의 역사에 대해 아주 잘 아는 한 전문가는 (보병의) 모든 무장에서 휴대용 화기의 실제적인 비율을 다음과 같이 보고 있다: 스페인에서는 1/3, 독일에서는 1/6, 프랑스에서는 1/10.[111]

16세기가 되어서야 비로소 다른 무기(특히 창)에 대한 화기의 비율이 1:1이 되었다. 이러한 진보를 일으킨 것은 16세기에 군사 제도 영역에서 지도적인 역할을 한 국민 즉 스페인 사람들이었다. 휴대용 화기의 역사에 새 시대를 연 것은 1525년 파비아Pavia에서의 스페인

---

* 파비아 전투: 1525년 2월 24일 프랑스왕 프랑수아 1세와 신성 로마 제국 카를 5세(스페인왕 카를로스 1세)가 이탈리아의 파비아에서 벌인 전투, 이 전투에서 프랑스군은 거의 전멸하고 프랑수아 1세는 포로가 되어 마드리드로 호송되었다. 그는 이듬해 강화를 맺고 이탈리아에 대한 권리를 포기하였다(역자 주).

화승총 병사들의 전투였다.* 그때 알바Alba**의 천재성이 스페인 부대의 전투 수행 능력을 최고조로 끌어 올렸다. 그는 부대원들의 절반에게 화기를 공급한 최초의 인물이다. 그는 ① 각각의 중대에 20명의 화승총병을 배치했으며, ② 각각의 보병 연대에 전적으로 사수로만 이루어진 두 개의 중대를 투입하였다.[112]

다른 나라들은 이 비율에서 스페인보다 약간 뒤졌다. 1570년 신성로마 제국 보병 부대의 경우[113] 제220~222조는 육군 전체를 화기로 무장할 것을 명하였다. 그러나 우리가 추측하는 바와 같이, 이것은 약간 과장한 것일 것이다. 프뢴스페르거(1573)는[114] 총 4,000명의 병사 중 2,500명은 창, 1,500명은 소총을 가졌다고 본다. 이것은 5:3의 비율이 될 것이다.

휴대용 화기의 역사에서 16세기의 알바 공公에 해당되는 인물은 17세기의 구스타브 아돌프***이다.[115] 그는 창을 든 병사들의 수를 보병의 1/3로 제한하고, 모자라는 부분은 화승총병들로만 채웠다. 따라서 1621년에는 이미 전원이 화승총으로 무장한 연대가 있었다. 브라이텐펠트의 반네르 장군의 연대가 그러했으며, 얼마 후에는 젊은 백작 툰의 연대가 그러했다. 그러나 17세기 전체를 통해서도 휴대용 화기는 여전히 승리를 위해 싸우지 않으면 안 되었다. 몽테쿠쿨리처럼 경험이 많은 용병가조차 창을 무기의 여왕이라고 불렀으며, 1500명의 연대에 대해서 60명의 장교, 480명의 창병, 80명의 보초병, 880

---

* 화승火繩: 화약을 터뜨리기 위해 불을 붙이는 데 사용되는 노끈. 화약 심지(역자 주).

** 페르난도 알바레스 데 톨레도 알바(1507~1582): 스페인의 군인이자 정치가(역자 주).

*** 구스타브 2세 아돌프Gustav II Adolf(1594~1632. 재위 기간: 1611~1632): 스웨덴을 강국으로 만든 왕으로 "북방의 사자"라고 불렸다(역자 주).

명의 화승총병이라는 병력 배분이 적당하다고 보았다.[116]

17세기 말에 하나의 발명이 화기의 완전한 승리를 결정지었다. 그것은 1680년과 1700년 사이에 도입된 총검이었다. 그것은 찌르는 무기와 사격하는 무기 간의 분열을 해소하였다. 총검은 그 두 가지 모두를 하나의 무기 속에 통합하였기 때문이다. 이와 동시에 묵직한 화승총은 좀 더 가벼운 부싯돌 총으로 대체되었다. 브란덴부르크-프로이센에서는 창병이 대선제후 치하 때 완전히 사라졌다.[117] 프랑스에서는 17세기 말까지 보병의 절반이, 루이 14세 치하 말까지는 보병 전체가 공격용 무기로서 대검을 꽂은 부싯돌 총을 가졌다.[118]

종이 약포는 브란덴부르크 군대에서 1670년에, 프랑스 군대에서는 1690년에 도입되었다.[119]

이렇게 해서 두 개의 거대한 군사 강국에서 휴대용 화기의 승리가 확정되었다.

Ⅱ. 무장 방식의 개편

조직 발전 과정으로서의 "무장", 말하자면 병사가 자신의 무기를 다루는 방식은 매우 여러 가지로 형성될 수 있다. 우리는 무장 가능성을 "이론적으로" 개관할 때 이것을 이미 알았다. 여기에서는 무장 방식이 초기 자본주의 시대에 겪었던 결정적인 변화를 짧게 기술하겠다.

중세의 전사는—그가 기사든 국민이든 또는 용병이든 간에—일반적으로 무기와 방어 수단을 자신이 가지고 왔다.

이것은 우선 순전히 생산 기술적인 외부 요인에서 변하지 않을 수 없었다. 사람들이 화약을 넣은 포탄을 대포로 발사할 줄 알았기 때문이다. 이 무기는 개인 병사가 아무리 애써도 혼자서는 가지고 다닐 수 없었다. 그렇기 때문에 도시나 국가는 일찍부터 이 무거운 화포의 조달에 신경을 썼다. 이처럼 신경 쓴다는 것을 외적으로 잘 나타내는 것은 병기창 또는 무기고의 건설이다. 부대가 그때마다 마음대로 사용할 수 있는 대포들이 그곳에 보관되었기 때문이다. 처음에는 시의 무기고였다가 나중에는 국가의 무기고가 되었다. 따라서 15세기에 파리시는 웅장한 시설을 갖춘 병기창을 갖고 있었다.[120] 몽스, 브뤼게 등의 도시들도 그러했다.[121]

16세기에는 제후들이 많은 무기고를 지으려고 애썼다. 미래의 두 군사 대국, 프랑스와 브란덴부르크-프로이센이 그 선두에 있었다. 1540년까지 프란츠 1세는 11개의 무기고와 탄약 저장소를 지었다. 이미 1535년에 베네치아의 외교 사절 지우스티니아니는 프랑스의 대포에 감탄하였다. 그는 프랑스의 대포를 이탈리아의 것보다 더 높게 평가하였다. 이 세기의 말에 프랑스는 13개의 무기고를 소유하였다.[122]

네안데르 폰 페테르스하이덴은 그의 "지침서"에서 우리에게 다음과 같이 말하고 있다. 즉 브란덴부르크 선제후는 16세기 중에 마르크와 프로이센에 있는 모든 성과 요새에 병기창을 건설했으며, 필요한 무기를 그곳에 보관하였다고 그는 말하고 있다.[123] 영국의 헨리 8세에 대해서도 그는 똑같이 말한다. 그때 런던 탑, 웨스트민스터, 그리니치에 거대한 병기창들이 있었다고 한다.[124]

유명한 것은 베네치아 공화국의 무기고였다. 이에 대해서는 독일인 여행가 안드레아스 리프가 1599년에 다음과 같이 썼다: "각각 세 개씩 빈 공간이 있는 거대한 광에 갑옷, 투구 속에 쓰는 두건, 긴 창, 허리춤에 차는 칼, 각반, 보조 의자 그리고 전투할 때 필요한 도끼, 곡괭이, 물바가지, 큰 가마솥 등이 있었다. 이것은 7,000명의 보병을 위한 것이었다."[125]

17세기 말까지 모든 유럽 국가에서 병기창의 규모가 어느 정도였는지는 제4절에 있는 "신설된 무기고"[126] 목록이 우리에게 가르쳐 준다. "대포와 탄약이 제조되어 보관되고 사용된 상황이 기록되어 있다." 또한 내가 이 책의 뒤에서 실제로 존재했고, 또 필요했던 대포의 수량에 대해 제시한 개관도 그 당시 유럽의 병기창에 대한 정보를 어느 정도 줄 것이다.

그렇지만 여기에서 알아야 할 사실은 무기고나 병기창에는 결코 "무거운 대포"만 보관되지 않았다는 것, 오히려 그곳에는 다른 종류의 방어용 무기와 공격용 무기도 있었다는 것이다. 이렇게 해서, 15세기에서 17세기에 걸쳐 무장 방식 전체가 국유화 경향을 취했다는 사실이 증명된다. 물론 병기창에 쌓여 있는 무기들은 무상으로든 유상으로든 병사들에게 제공되었다.

지금까지 확인된 바에 따르면, 국가가 병사에게 무기를 처음 제공한 일은 전쟁이 일어났을 때 전쟁 전에 군대에 소집되어 영내에 남아 있었던 국민병에게 행해졌다. 이미 언급한 네안데르 폰 페테르스하이덴이 명확하게 진술한 바에 따르면, 병기창에 있는 무기들은 이 징집병들을 무장시키기 위해서 보관되었다. 이와 비슷한 "수비병들"의 무장에 대해서는 선제후 국가들이 알려 준다. 작센에서는 화승총 기병의 한 연대가 소집되었는데, 이들은 무기를 드레스덴에 있는 병

기창에서 받았다.[127]

그 후 국가에 의한 무기 제공 체제는 점차 모든 부대로 확대되었다. 매우 많은 새로운 것이 세상에 나온 17세기에 변화가 이루어졌다. 우리는 이 시대에 여러 과도기 상태를 분명하게 관찰할 수 있다. 이 과도기 상태는 무기의 사적인 조달에서 국가 제공으로의 변화에서 생겨났다.

(1) 병사는 무기의 일부를 가지고 오며, 다른 것들은 국가가 그에게 제공한다.

예를 들면, 덴마크의 무기에 관한 법령 제51조는 이렇게 규정하고 있다: "모든 보병은 사열장에 좋은 군도를, 흉갑을 착용한 기마병도 마찬가지로 좋은 군도와 두 자루의 좋은 권총을, 그리고 화승총병은 군도와 한 자루의 좋은 권총을 각각 지참해야 한다." 이에 반해 "다른 무기와 방어 장비는 우리가 제공한다. 보병에게는 최고의 방어 장비를 제공하는 대가로 6개월 중 1개월 치의 급여를 삭감한다. 흉갑을 착용한 기마병에게는 흉갑의 대가로 15라이히스탈레르를, 화승총병에게는 가슴막이와 등막이의 대가로 … 11라이히스탈레르를 받는다."[128]

이 급여의 공제는 통례적인 보상 형식이 되었다.

(2) 연대장은 무기를 일괄해서 조달하며, 매달 병사들의 급여에서 그 액수만큼 공제한다.

이런 의미에서 브란덴부르크의 선제후들은 17세기 전반에 연대장들과 임명 계약을 맺었다. 따라서 힐데브란트 폰 크락트 대령은 1620년 5월 1일자의 임명 계약에서 1,000명의 "독일인 병사들"을 제공하기로 약속하였다. 그중 600명은 적당한 길이의 총신과 어느 정도 무게를 지닌 화승총 그리고 탄환을 갖춘 화승총병이며, 400명은 "가슴막이와 등막이 그리고 철제 투구를 쓴 창병이다."[129]

(3) 무기가 직접 제공되거나, 아니면 병사가 특별 무기비를 받았다.

이것은 아마도 선제후 프리드리히 빌헬름*의 1681년 4월 24일 자 답서의 의미일 것이다. 여기에는 다음과 같이 쓰여 있다: "게다가 우리는 또한 다음과 같은 자비로운 지시를 내린다. 즉 모든 연대는 쌍발식의 좋은 화승총을 갖추어야 한다. 그리고 신식의 소형총, 긴 창, 돼지 털 모양의 창이 필요한 연대는 이것들을 직접 우리의 병기창에서 받거나, 아니면 그들에게 이것들을 사는 데 필요한 금액이 제공될 것이다."[130]

그러나 이와 함께 17세기 전체에 걸쳐 국가에 의한 완전한 무기 제공도 이루어졌다.

1626년 5월 4일 한스 볼프 폰 데어 하이덴은 5개 중대의 "화기 기병"을 모집하였다. 기병들은 무장과 탄띠를 받는 대신 월급이 삭감되었다.[131] 1644년 10월 6일자 에렌트라이히 폰 부르그스도르프 대령의 임명장에는 다음과 같이 쓰여 있다[132]: "무기의 경우 우리는 필요에 따라서 조달하며, 그 대신 월급에서 그 비용을 공제한다. 뿔나팔, 트럼펫, 군기軍旗도 우리가 준비한다. 그리고 검열이 있는 달에는 그 준비 비용으로 20,929탈레르를 제공하며, 그 대신 이 액수만큼 급료에서 공제할 것이다."

대선제후가 안할트 제후에게 1674년 9월 10일과 20일에 보낸 편지가 있다(제르프스트 문고 소장)[133]:

---

* 브란덴부르크의 선제후이자 프로이센 공작(1620~1688. 재위 기간: 1640~1688)(역자 주).

"재소집된 기병 124명의 장비에 대해 귀하는 우리의 고문인 추밀회계관 하이데캄펜을 통해 1,800라이히스탈레르를 어음 형태로 받게 될 것입니다. 그리고 권총, 군도, 총신이 짧은 기총騎銃 등 필수품은 슈판다우에 있는 병기창에서 우리와 똑같이 제공받을 수 있습니다."(여기에서 주의할 점은 기병이 병기창에서 무기를 공급받는 것은 이례적인 일이었다는 사실이다.)

그러나 무장 방식의 새로운 정비에 대해서는 다음과 같은 점을 알 때 비로소 그 매우 특징적인 의미를 이해할 수 있다. 그것은 무기의 국유화와 관련해서 동시에 무기 형태의 통일화, 즉 무장 방식 전체의 획일화가 이루어졌다는 사실이다. 이렇게 해서 한 이념의 방향과 태도가 세상에 나타났다는 것을 우리는 신중하게 의식해야 한다. 그 이념의 방향과 태도가 문화를 형성하는 힘이 아직 높게 평가받지는 못하지만, 그 이념의 방향과 태도는 오늘날에도 더욱더 광범위하게 또 빠르게 퍼져나가고 있다(지금은 자본주의의 이해관계에 의해 촉진되고 있다). 따라서 그것들은 우리의 삶 전체를 지배하며 조정하고 있다. 무기의 통일성이라는 사상에서 우리 소비재의 통일성 관념이 처음 나타났다.

군사적 필요에 아직 쫓기지 않은 유럽 중세의 초기에는 미처 다음과 같이 생각하지 않았다: 본질적인 가치는 두 개의 사물이 완전히 똑같다는 사실과 관련되어 있다. 천지 창조 때 완전히 똑같은 두 개의 사물이 없었던 것처럼, 나중에 만들어 내는 인간 역시 그 전에 만들어진 것과 똑같이는 다시 만들어 내지 못하였다. 그 당시의 모든 건축물, 의복, 가구, 무기가 그것을 증명한다. 우리가 아는 바와 같이 중세의 모든 생산물은 이처럼 일정하지 않은데, 이는 인간이란 본래 획일적이지 않다는 것의 외적인 표현이다. 사실 중세의 부기에서는 어떤 계산도 맞지 않는다. 최초의 시간 구분이 십중팔구 규칙적인 기도를 강제하기 위해 만들어진 것처럼, 중세인의 내적인 획일화가 처음에는 금욕 생활에서, 즉 수도원에서 어떻게 행해졌는지는 여기에서 확실하게 추적할 수 없다. 그러나 내가 이미 지적한 것처럼, 금욕 생활의 또 다른 형식은 군사 규율의 교육이다. 바로 합리화와 기계화에 지나지 않은 이 규율화는 병사가 필요로 하는 물자, 특히 무기의 통일화에서 외적으로 표현된다. 이것은 외적인 표현이지만 본질적인 진척이다. 내적인 획일화와 외적인 획일화는 서로 의존한다.

16세기까지는 개개 병사의 무기와 방어 장비가 다른 병사의 그것들과 달랐었다. 기사의 경우에는 당연했지만, 보병의 경우에도 그러했다. 스위스의 신무기 부대에서조차 병사들은 화기가 등장한 다음에도 여전히 온갖 종류의 소형 무기, 전투용 도끼, 철가시가 붙어 있는 곤봉, 특히 도끼칼을 갖고 다녔다: "총포의 구경, 형태 명칭은 그것을 사거나 만들게 한 사람들의 뜻에 따른다"고 1567년 트레이유Treille의 한 문서에는 쓰여 있다.[134]

아마도 16세기 용병들의 긴 창은 거대한 무리가 똑같은 무기를 갖춘 첫 번째 예가 될 것이다.[135] 긴 창의 통일성은 집단 효과를 노리는 근대 군대의 기본 이념에서 직접 생겨났다. 여기에서든 저기에서든 탈개인화가 일어났다.

그러나 그 후 당연히 화기는 획일화에 대해서—말하자면—생산기술상의 새로운 기회를 제공하였다. 16세기 말 아우구스부르크의 소총 제조업자들은 바이에른의 빌헬름 대공에게 "모두 똑같은 탄환을 쓸 수 있는"[136] 900자루의 권총을 제공하였다. 이것은 당시로서는 이례적인 일이었다.

이제는 구경 개념이 무기 세계에 도입되었다. 1540년 뉘른베르크의 하르트만*이 구경의 기준을 생각해냈다. 이미 프랑스에서는 프랑수아 1세와 앙리 2세** 때 대포 구경의 수가 여섯 종으로 한정되었다. 이 여섯 종의 구경은 루이 13세의 통치가 끝날 때까지 통용되었다. 1663년 구경의 수는 놀랍게도 17종으로 늘어났다(기술의 진보를 고려해야 할 것이다). 1732년 10월 7일자의 칙령은 그 수를 다시 다섯 종으로 줄였다: 포신의 받침틀 다섯 가지 종류에 따라서 각각 24인치, 16인치, 12인치, 8인치, 4인치가 되었다.[137]

탄환의 무게도 아주 정확하게 쟀다. 1733년에 규격화는 모든 총기로 확대되었다. 통일화는 부싯돌총, 화승총, 권총의 법칙이 되었다.

프로이센에서는 대포의 표준 구경(3인치, 6인치, 12인치, 24인치)이 18세기에 폰 링거 장군***에 의해 도입되었다.[138]

Ⅲ. 무기 수요

우리가 지금 알게 된 것과 직접 관련해서 무기 수요가 확대되었

---

* 게오르그 하르트만Georg Hartmann(1489~1564): 독일의 엔지니어이자 도구 제작자(역자 주).

** 프랑수아 1세의 둘째 아들로 1547년 프랑수아 1세가 사망하자 발루아 왕조의 10번째 왕으로 즉위했다(1519~1559. 재위 기간: 1547~1559)(역자 주).

*** 크리스티안 니콜라우스 폰 링거Christian Nicolaus von Linger(1669~1755). 1744년 프리드리히 2세에 의해 제1대 포병대 장군으로 임명되었다(역자 주).

다. 외연적으로는 말하자면 육군과 함대의 거대화가 무기 수요의 증대를 재촉했으며, 내포적으로는 군대의 점점 더 나은 무장이 똑같은 방향으로 작용하였다. 그렇지만 우리가 본 것처럼, 대포 재료의 수요가 기존의 무기 수요에 완전히 새로 추가되었다.

이와 동시에 무기 수요는 증대되는 획일화에 의해 통일되었으며, 또한 무기 공급의 국유화가 진척되면서 무기 수요의 양은 점점 더 커졌다.

우리가 이처럼 일반적인 관찰에서 파악할 수 있는 것은 무기 수요의 실제적인 규모에 대한 숫자로 된 증명서들이 확인해 준다. 물론 원하기만 한다면 우리는 더 많고 더 정확하며 더 포괄적인 증명서들을 얻을 수 있을 것이다. 그러나 우리가 관찰하는 시기의 무기 수요에 대한 통계 기록은 우리에게 많은 암시를 준다. 그 통계 기록은 무기 수요의 전체 규모에 대해서 상당히 확실한 추론을 가능하게 한다. 무엇보다도 우리는 수 세기 또는 수십 년이라는 비교적 짧은 시간 동안 이 무기 수요가 얼마나 신속하게 또 얼마나 지속적으로 확대되었는가를 아주 분명하게 추적할 수 있다. 왜냐하면, 최초의 결정적인 무기 수요 증대는 역시 17세기에 일어났기 때문이다.

우리가 아주 작은 나라들의 제후나 지배자를 무기 수요 측면에서 관찰하고, 또 아주 제한된 범위에서조차 큰 숫자들이 있는 것을 보게 되면, 무기 수요가 적지 않았다는 것을 우리는 확실하게 알 수 있다. 여기에서는 브라운슈바이크-볼펜뷔텔 공국을 다시 예로 들겠다. 왜냐하면, 이 나라의 무장 방식의 역사적 발전에 대해서는 특히 양심적이며 상세한 기록이 남아 있기 때문이다. (17세기에는) 포위 공격을 단 한 번 해도 탄약 비용만 40,426탈레르가 들었다.[139] 탄약 소비에 대해서는 하나의 기록이 있다. 그것에는 다음과 같이 쓰여 있다: "힐데스하임 성*을 포위 공격할 때 탄약 사용의 총괄적인 개요. 힐데스하임 전투의 군사위원회가 작성하고 1634년 9월 7일 서명하였다."

화약	769젠트너 70파운드	
화승**	628젠트너	
24파운드 탄환	3,232개	
18파운드 탄환	74개	
12파운드 탄환	304개	
8파운드 탄환	100개	
7파운드 탄환	1,224개	
2파운드 탄환	300개	산탄
1파운드 탄환	798개	산탄
3파운드 탄환	990개	
100파운드 수류탄(폭탄)	325개	
50파운드 수류탄(폭탄)	403개	
6파운드 수류탄(폭탄)	108개	
3파운드 수류탄(폭탄)	988개	

이미 16세기에 작은 군대(보병1만 명, 기병 1,500명)의 대포 수요로 간주될 수 있는 것은 다음의 표로 드러난다:

---

* 힐데스하임 Hildesheim: 독일 북부 니더작센 주에 있는 도시(역자 주).

** 화승火繩: 화약을 터뜨리기 위해 불을 붙이는 데 사용되는 노끈. 화약 심지(역자 주).

보병 1만 명, 기병 1,500명의 군대에 대포를 배치하는 데 필요한 경비가 요구되었다. 그 대략적인 계산은 1540년 슈투트가르트의 공문서에서 볼 수 있다.[140]

4대의 저격포, 4대의 나이팅게일형 포, 4대의 단신과 2대의 장신 가희형 포, 4대의 장사포, 8대의 경포, 12대의 소경포, 2대의 화포, 대형 2대와 소형 2대의 박격포.

금속 전체의 중량	1,180젠트너* 가격	9,440그로셴
바퀴와 받침대		2,000그로셴
포탄		2,315그로셴
600젠트너의 화약		8,400그로셴
	합계	22,155그로셴

소규모 전투에서 각각의 포에 속하는 비품:

수	종류	무게	각 포의 포탄수	화약량
3	저격포	70파운드	200개	60젠트너
4	1/4포	40파운드	250개	50젠트너
4	비상 보조포	20파운드	300개	45젠트너
6	야전용 포	11파운드	300개	24젠트너
6	1/2포	8파운드	350개	18젠트너
6	경포	6파운드	400개	12젠트너
60	소형포	20젠트너의 납	8젠트너	

* 젠트너 Zentner: 50킬로그램(백 파운드)(역자 주).

모든 포탄과 납의 중량 1,541첸트너

모든 화약의 중량 892첸트너

그리고 수송용으로 66대의 수레와 330마리의 말이 필요하다.[141]

이 표에 따르면, 거대한 군대가 필요로 하는 것이 무엇인지를 쉽게 계산할 수 있다. 몇 개의 숫자만 말해 보자: 발렌슈타인*의 포병부대가 슐레지엔에서 패했을 때(제2육군 대장 직에 취임했을 때), 그 자신은 재조달에 필요한 금액을 30만 플로린으로 추산하였다.[142]

쉴리**는 통치하는 동안 무기와 탄약에 1,200만 프랑을 지출하였다.[143] 그리고 무기고에는 그가 죽을 때에도 400대의 대포, 20만 발의 포탄, 400만 파운드의 화약이 있었다.

군함은 특히 아주 엄청나게 무기를 소비하였다.

스페인의 무적함대는 다음과 같은 무기들을 갖고 다녔다:

2,431대의 대포. 그중 1,497대는 청동으로 만들어졌고, 934대는 철로 만들어졌다.

7,000개의 화승총, 1,000개의 머스킷총***(그 외에도 1만 개의 긴창, 6,000개의 짧은 창, 큰 칼, 도끼 등). 대포에는 123,790발(평균적으로 50발)의 포탄이 준비되어 있었다.[144]

프랑스의 함포 수는 콜베르 치하 때 7배로 늘어났다. 그는 1661

---

* 알브레히트 발렌슈타인Albrecht Wallenstein(1583~1634): 독일 30년 전쟁 때의 장군(역자 주).

** 쉴리Sully 공작(1560~1641): 프랑스의 정치인. 1599년 재정장관에 임명되어 30년간의 내란으로 상처투성이가 된 국가의 부흥에 힘썼다(역자 주).

*** 머스킷Musket 총: 원시적인 화승총의 개량형으로 보다 긴 총신을 가진 보병총(역자 주).

년의 1,045대를 1683년에는 7,625대로 늘렸다. 게다가 늘어난 대포는 주로 철로 만든 것이었다. 1661년에는 겨우 475대였는데 비해서, 1683년에는 5,619대가 있었다.[145]

1548년	2,087대
1653년	3,840대
1666년	4,460대
1700년	8,396대

영국의 함포도 똑같이 큰 폭으로 늘어났다. 함선에 배치된 대포 수는 다음과 같았다.[146]

탄약의 경우 〈헨리 그레이스 아 디외〉 호(이것은 이미 16세기의 배이다) 같은 군함은 4,800파운드의 사문석제 화약과 14,400파운드의 분말 화약을 갖추고 있었다.[147]

찰스 1세*의 호화 군함 〈바다의 원수元首〉 호의 무장은 102대의 청동제 대포로 이루어져 있었다. 비용은 24,753파운드 8실링 8펜스가 들었다.[148]

또 다시 우리는 중세에는 없었던 아주 새로운 특징이 수요 형성에서 생겨났다는 것을 알 수 있다. 이 새로운 특징은 분명히 전쟁 수행이라는 관심의 중심에서 상품 세계로 퍼져나갔다. 그것은 신속한 수요 충족의 욕구였다. 이러한 생산 과정 촉진의 노력과 함께 인류

---

* 찰스 1세 Charles I(1600~1649. 재위 기간: 1625~1649): 스튜어트 왕가의 두 번째 왕(역자 주).

가 다시 자연적인 생활 방식 즉 유기체적인 성장에서 인위적이며 기계적인 생활 형성의 길로 나갔다는 것은 말할 필요가 없다. 재화 생산이 살아 있는 인간들의 아주 중요한 활동인 한, 그것은 온 몸에 피가 흐르는 이 사람들의 법칙에 따랐다. 나무의 성장 과정이나 동물의 생식 행위가 이 동식물의 내적 필요성으로부터 방향, 목표, 척도를 받는 것처럼 말이다. 그렇지만 근원적인 생명의 이 자연스러운 당연한 행위도 바로 다음과 같은 순간에는 파괴되었다. 즉, 생산 과정의 유기적인 진행이 외부의 간섭을 받아 그 진행의 지속이 외적인 합목적성에 영향을 받을 때는 파괴되었다. 엄청난 힘이었음에 틀림없다. 왜냐하면, 그것은 생산 과정과 수요 형성의 이 자연스러운 상호 연결을 파괴할 수 있었고, 유기적인 수요보다 기계적으로 규정된 수요를 우선시했기 때문이다. 그리고 또한 이 수요에서 모든 생산도 마찬가지로 종래의 궤도에서 벗어나게 해서 인위적으로 촉진시키는 방향으로 밀어 넣을 수 있었기 때문이다. 이 힘은 전쟁에 대한 관심이었다. 이것이 여기에서는 무기 수요로 나타났다.

예를 들면, 1652년 3월과 4월 영국 정부가 즉시 335대의 대포를 만들 것을 요구했을 때, 생산자로서는 수공업자에 불과했던 중세인에게 이것이 무엇을 의미했는지는 쉽게 추측할 수 있다. 같은 해 12월에는 톤당 26파운드로 총 2,230톤 무게의 철제 대포 1,500대, 그리고 이와 똑같은 수의 포차砲車, 117,000발의 포탄, 5,000개의 수류탄, 배럴당 4파운드 10실링의 비용이 드는 12,000배럴의 분말 화약이 즉시 필요하다고 공고하였다. 즉시 말이다! 그래서 대리업자들은 전국을 돌아다니며 대포 제조업자들의 모든 문을 두드렸다. 그렇지만 그들은 갑작스런 이 엄청난 수요를 충족시킬 수 없었다.[149]

그런데 이렇게 해서 우리는 이미 다른 문제를 고찰하게 되었다. 그것은 우리로 하여금 곧바로 무기 수요의 새로운 동향이 경제 생활에 어떻게 작용했는가, 그리고 그것이 특히 자본주의 조직 발전에 얼마나 많은 자극을 주었는가라고 묻게 한다.

Ⅳ. 커지는 무기 수요의 충족

커지는 무기 수요를 완전히 또 제때에 충족시켜야 할 필요성은 경제 생활의 형성에서 이중적인 의미를 갖는다. 우선은 수요가 쌓여 판매도 확대되며, 이렇게 해서 상업이나 생산이 자본주의로 조직될 가능성이 만들어진다는 단순한 사실이다. 기존의 경제 형태를 존속시키든 변화시키든 또는 새로운 형태를 만들어 내든 간에, 무기 수요가 충분히 늘어난 모든 경우는 상업이나 생산이 자본주의로 조직되는 작용을 일으킨다. 그 다음에는 무기 제조 분야에서 특히 빈번하게 일어나는 독특한 작용으로서, 새로운 동향이 경제 과정의 근본적인 처리 방식에 미친 다음과 같은 영향이 추가된다. 이 영향이란 새로운 동향이 이 처리 방식을 아주 상당히 합리화했다는 것이다. 우리가 이미 본 것처럼 군사적 관심이라는 중심에서 상당히 합리적인 욕구가 저절로 발전하였다. 이 욕구는 그 후 군대의 물자 수요, 여기에서는 우선 무기 수요를 충족시키는 방법에 영향을 미쳤다. 그 다음에는 무기를 만들어 내는 기업이 근대적인 특성을 지닌 최초의 기업이라는 사실을 우리는 보게 될 것이다. 즉, 대단히 강력한 일련의 경제 원칙이 이런 물자의 상업과 생산에서 처음 나타났다는 사실을 우리는 보게 될 것이다. 여하튼 그 조달 형식이 처음에는 자본주의 기업 형식이 아니라 국영 기업 형식이었다 하더라도, 그러한 물자의 조달은 자본주의 발전에서 중요해졌다.

무기의 제조 자체는 우선 그것이 중세 내내 나아간 길에 머물러 있었다. 특히 무기의 경우 똑같은 상태에 있었다. 말하자면, 무엇보다도 반짝이는 무기와 방어 무기의 일부는 그랬다. (철제 갑옷은 상당히 줄었지만, 그래도 수백 년간 팔이나 정강이 보호대 형태로, 특히 흉갑으로 유지되었다.) 이런 종류의 무기를 만들어 내기 위해 수백 년에 걸쳐 수공업이 활기차게 발전하였다. 갑옷 제조업자, 큰 칼 대장장이, 검 대장장이 등이 일정한 장소에서 특수한 일을 하기 위해 분화되었다. 중세의 무기 제조업자들을 생각하면, 톨레도, 브레시아, 뉘른베르크, 졸링겐, 리에주 등의 도시 이름이 즉시 떠오른다. 화기들이 등장했을 때도, 그것들은 아주 자주 바로 저 유명한 무기 산업 중심지들에서 똑같은 수공업적 방식으로 만들어졌다. 이 무기 생산에 전념한 조합은 소총 장인들이었다. 대포조차도 초기에는 소규모 수공업 장인들에 의해 개별적으로 만들어진 것 같다. 프랑스에서는 이들을 대포업자나, 대포 노동자라고 불렀으며, 독일에서는 소총 장인 또는 화기 제조업자라고 불렀다. 왜냐하면, 14세기에 플랑드르의 국가 계산서에 언급되어 있는 대포 공급자들은 분명히 단순한 수공업자에 지나지 않았기 때문이다.

1379년 귀욤 파롤은 두 대의 대포에 대해서 72리브르를 지불받았다.

1402년 피에르 쇼뱅이라는 "대포 노동자"는 13대의 대포 등을 만든 대가로 지불받았다.

플랑드르의 계산서 및 영수증에서 (릴 대주교 관구). 가샤르 씨의 보고. 기욤,《군대 조직》(1847) 75쪽.

"담에 거주하는 대포 제조업자 자코 아담에게 지불 … 672리브르"

"브뤼쥬에 거주하는 대포 제조업자 자크 카틀라르에게 5대의 대포 제조에 대해서 지불 … 444리브르 10수"

J. 아보넬의 계산서(55쪽, 183쪽 등. 1431년, 제1장 100쪽).

이 경우 단철 대포가 대포 출현의 초기에 등장했는지는 확인할 수 없다(16세기에도 스페인 함선의 재고 목록에는 겨우 10대의 주철 대포 외에 31대의 단철 대포가 있었다).[150] 아마도 등장했을 것이다. 주조 수공업(종의 주조!)이 오래전부터 존재했음에도 불구하고, 대포 주조 역시 아마도 수공업의 틀 안에서 행해졌을 것이다.

그렇지만 요구되는 무기의 수량과 종류는 시간이 흐르면서 구식의 무기 수공업을 산산조각 낼 수밖에 없었다. (수공업을 위험하게 한 것은 판매의 지리적 확대가 아니었다는 사실을 무기 산업의 예가 아주 분명하게 보여준다. 매우 많은 경우와 마찬가지로 여기에서도 생산의 자본주의 형식으로의 발전은 생산의 국지화 및 국유화 경향과 일치한다. 중세 무기 수공업의 판로는 어쨌든 자본주의 무기 산업의 판로보다 더 좁지 않았다.) 새로운 수요의 양과 질은 수공업의 쇠퇴를 불러일으켰다. 물론 어떤 한계 안에서는 수공업적인 무기 제조가 수세기 동안 유지되었다. 그것은 오늘날까지도 확실하게 유지되어 왔다. 톨레도와 브레시아의 칼 단조 작업장들은 개성이 있는 수공업자로서의 명성을 갖고 있었다. 17세기만 하더라도 유럽의 모든 나라, 특히 프랑스에는 개인적으로 탁월한 소총 대장장이들이 많이 있었다.[151]

그러나 이것은 예외였다. 대다수의 무기 생산이 수공업에서는 없어졌다. 수공업은 매우 많은 수량을 요구된 대로 신속하게 또 똑같이 제공할 수 없었으며, 또한—적어도 화기에 관해서는—진보하는 기술의 요구에도 따르지 못했기 때문이다. 특히 소총의 경우가 그랬다. 총대 없는 구식 총은 근본적인 도움이 없어도 모든 수공업자가 아마 혼자서도 만들 수 있었을 것이다. 그러나 구멍을 내고 매끄럽게 다듬은 긴 총신, 방아쇠 또는 용수철 장치, 장전 장치와 개머리판을 지닌 새로운 소총은 전혀 다른 요구를 하였다. 이러한 소총의 전문적인 제작은 노동 업무의 증대되는 전문화와 노동기계나 작업 도구의 확대된 장치를 전제하였다. 처음에는 소위 플라틴의 제조, 즉 생철판에서 총신을 단조해 만들어 내는 일을 소총대장장이에게서 떼어내어, 철봉이나 주금속 막대기를 망치질해서 가공 생산하는 사람들에게—주로 플라틴을 제작할 때 사람들은 이들을 플라틴 대장장이라고도 불렀다—맡겼다.[152] 그 후에는 잠시 소총 제조업자가 소총 전체를 끝까지 만들었다. 마침내는 이 일부의 노동 과정에서도 전문화가 퍼져 나갔다. 이 전문화는 18세기 말까지 진척되어 전체 노동 업무를 약 12부분의 업무로 나누었다. 이미 16세기에 소총 제작에서 가벼운 일은 여자들이 맡아했다고 한다. 이렇게 해서 소총 역시 기술적인 이유에서 자본주의적으로 생산될 상태에 이르렀다.

자본주의가 무기 수공업을 흡수(또는 확대)할 때 사용한 경영 형태는 선대 제도*와 대기업이었다.

---

* 널리 분산되어 각각의 직장과 도구를 갖고 있는 소생산자에게 상인이 원료나 도구를 전대해서 가공시키는 방법(역자 주).

상인들이 전에는 구식의 수공업적인 무기 대장장이들에게서 그들이 만든 것을 받아다가 시장이나 큰 장터에서 팔려고 내놓았는데, 이제는 그들이 특히 상대가 가내 공업인 곳에서는 자본주의 무기 산업의 조직가가 되었다고 추측해도 좋을 것이다. 이처럼 구식의 무기 수공업이 선대 제도로 발전한 것 중 가장 흥미로우면서도 가장 중요한 예는 줄Suhl*의 무기 산업이 제공한다.[153] 줄의 무기 산업은 일찍부터 유명했으며, 틸리Tilly**에 의해 파괴되기 전에는 유럽에서 가장 중요했었다. 줄이 가장 번영한 시기는 1500년에서 1634년 사이였다. 줄의 산업을 1600년 당시 시적으로 묘사한 사람은 줄의 수도원장 요한 벤델이다. 그가 말해주는 바에 따르면, 당시 줄의 소총 상인들은 그곳의 제품들을 스페인, 프랑스, 스위스, 베네치아로 팔러 다녔다. 게다가 그들은 폴란드의 병기창에서 크라카우, 빌나, 리브란트, 프로이센과 단치히에, 특히 투르크군과 싸운 황제군에게 무기를 제공하였다. 1634년에는 줄이 "독일의 병기창"이라고 불리었다.

유감스럽게도 생산량을 알 수 있는 줄의 무기 산업 번영기의 통계가 없다. 그렇지만 독일 최초의 무기 산업의 거대함을 확증해 주는 증거들은 충분히 있다. 이 증거들은 군수품 관리국과 줄의 중간 상인들 간의 밀접한 관계를 들여다 볼 수 있게 해준다. 무기 주문을 표시한 숫자는 이미 16세기에 무기 수요의 증대가 얼마나 진척되었는지를 보여 준다. 나는 여기에서 이러한 무기 공급의 수량과 주문자

---

* 독일 동부 튀링겐 주 남부에 있는 도시(역자 주).

** 틸리 백작(1559~1632): 30년 전쟁(1618~1648) 때 신성 로마 제국의 군대를 지휘한 장군(역자 주).

를 조금 제시하겠다:

1586년: 스위스의 베른은 화승 약실이 있는 소총 2,000자루와 부채꼴 모양의 약실이 있는 머스킷총 500자루를 줄에 주문했다.

1590년: 이 해의 대화재 후 루돌프 2세*는 프라하에서 줄로 전권 대표들을 파견하였다. 이들은 "수천 자루의" 머스킷총을 주문하였다. 이때 그들은 매우 빨리 공급해줄 것을 요구했으며, 특별한 혜택으로는 레겐스부르크에서 빈에 이르는 도나우 지방의 모든 통행세 면제를 약속하였다.

1596년: 최대의 중간 상인들 중 한 명으로 그 당시에 종종 나오는 시몬 슈퇴르는 노이부르크에 있는 팔츠 정부에 14(!)일 내로 발화 화구와 점화관이 있는 화승총 160자루와 그 부품, 찰과탄, 포크, 크고 작은 화약병, 160개의 각종 쇠갈고리, 구부러진 검은 손잡이가 달린 쇠갈고리와 그 부품을 공급하였다.

1600년: 같은 인물 시몬 슈퇴르는 왕의 문장이 들어 있는 6,000자루의 소총을 덴마크에 공급하였다.

1621년: 이 해의 2월 드레스덴의 병참부장 부흐너는 줄에 주문한 머스킷총 4,000자루 중 2,000자루가 도착했다고 보고하였다.

작센 군대에 의한 그 밖의 비슷한 구입은 다음 해에도 행해졌다.

---

* 루돌프 2세Rudolf Ⅱ(1552~1612, 재위 기간: 1576~1612): 신성 로마 제국의 황제이자 보헤미아의 왕, 헝가리 왕국의 왕(역자 주).

30년 전쟁의 파괴 후에도 줄이 다량의 무기를 공급할 수 있었다는 것은 18세기 초 프로이센의 군수품 관리국이 맺은 계약에서 알 수 있다. 1713년 6월 1일부터 1715년 3월 말까지의 《일반 군사비 계산》 296쪽에는 다음과 같이 쓰여 있다:

> 35호: 1715년 4월 다니엘 뢰셰르에게 줄에서 제조된 철제 흉갑 3,000개의 대금 1,000탈레르를 1715년 4월 9일의 주문에 따라 선불로 즉시 지불한다.

다음 해의 상황은 310쪽에 나와 있다.

> 52호: 1715년 7월 공급자 뢰셰르와 호프만에게 줄에서 제조된 3,000개의 철제 흉갑을 완전히 납품한 것에 대한 대가로—총액은 7,739탈레르 3그로셴 6페니히이지만—우선 5,739탈레르 3그로셴 6페니히를 지불한다.

산업 조직이 줄과 분명히 비슷한 독일 무기 산업의 또 하나의 중심지는 17세기와 18세기에도 여전히 뉘른베르크*였다.

특히 프로이센의 군수품 관리국과 뉘른베르크의 중간 상인 간의 관계를 알 수 있다[154]:

> 1713년 6월 1일부터 1715년 3월 말까지의 일반 군사비 계산은

---

* 뉘른베르크Nürnberg: 독일 동남부에 위치한 바이에른 주의 상공업 도시(역자 주).

295~296쪽에 있다.

31호: 1715년 3월. 1715년 3월 21일자 명령에 따라, 뉘른베르크에서 제조된 9,000개의 철재 흉갑에 대해서 P. 부이레테 폰 올레펠트에게 분할불로 3,000탈레르를 지급한다.

32호: 1715년 4월, 그리고 1715년 4월 5일자 명령에 따라, 9,000개의 흉갑에 대해서 같은 사람에게 1,000탈레르를 지불한다.

33호: 1715년 4월 22일자 명령에 따라 뉘른베르크에서 주문한 흉갑에 대해서 또 똑같은 사람에게 4,000탈레르를 지불한다.

34호: 1715년의 국가 예산 일반 회계에 의하면, 1713년 5월 21일자의 명령에 따라 뉘른베르크에서 주문한 흉갑에 대해서 다시 P. 부이레테 폰 올레펠트에게 8,000탈레르를 지불한다.

대선제후는 제후 폰 알할트에게 다음과 같은 편지를 보냈다(체르브스트 문고)[155]

"우리는 젤의 상인 한스 볼프에게 3,000자루의 머스킷총, 1,000자루의 용기병용 머스킷총, 500대의 화포, 화승 약실이 있는 500자루의 머스킷총 그리고 몇 자루의 권총 및 총신이 짧은 기총을 납품하라고 명령하였다…"(1674년 9월 10일과 20일).

이와 동시에 특히 소총 제조를 위해 공장들이 생겨났다. 게다가 이것들은 종종 국영 기업이었다. 독일에서 가장 중요한 국영 무기 공장들은 슈판다우, 포츠담, 노이슈타트—에버스발데에 있었다.

16세기에는 독일이 이탈리아와 함께 무기 산업에서 지도적인 국가였다. 따라서 우리가 보는 바와 같이. 그 외의 국가들은 그들의 무기 수요 대부분을 독일과 이탈리아에서 충족시켰다.

영국이 그러했다. 영국의 무기 수요는 특히 헨리 8세 이후 점점 더 왕성했다.[156]

1509년: 루이지 데 파바와 레오나르도 프레스코 발디는 전쟁 무기의 "거대한 재고"를 영국 왕실에 매각하였다.

1510년: 헨리 8세는 피에르 디 카 페사로를 통해서 4만 개의 화살을 베네치아에서 수입할 수 있는 허가를 얻어냈다.

1511년: 루이지와 알레산드로 데 파바에게 500자루의 화승총에 대해서 200파운드를 지불하였다.

— 같은 해 헨리 8세는 리차드 저닝햄과 다른 두 명의 귀족을 무기와 군용 기재를 사러 독일과 이탈리아로 파견하였다.

1513년: 저닝햄은 밀라노에서 보병 5,000명분의 독일식 갑옷에 대해 매우 유리한 거래를 했다고 보고하였다.

— 같은 해 헨리 8세는 월시를 통해 피렌체 상인 기 드 포르트나리와 2,000개의 독일식 갑옷 구입 계약을 맺었다.

1544년: 헨리 8세는 브레시아에서 1,500자루의 화승총과 병사와 말을 위한 1,050개의 갑옷을 구입하는 것과 관련해서 베네치아 공화국 총독에게 문의하였다.

그러나 헨리 8세는 영국을 무기에 관해서는 외국으로부터 독립해 자국에 무기 공장을 세우려고 대단히 애썼다. 이 때문에 그는—그 시대의 관습에 따라—독일, 프랑스, 브라반트* 및 이탈리아의 무

---

* 브라반트Brabant: 벨기에 중북부에서 네덜란드 남부에 이르는 지역(역자 주).

기 생산자들을 영국으로 불렀다.[157] 이들은 분명히 영국의 무기 산업, 특히 소총 산업을 즉시 대기업의 기초 위에 세웠다. 어쨌든 우리가 18세기 중엽부터 알게 된 것은 점차 영국의 소총 공장들이 유럽에서 가장 잘 조직된 공장이 되었다는 사실이다.

당시의 소총 제조 상황에 대해 업계 사정을 매우 잘 아는 사람은 다음과 같이 말하였다[158]:

"언젠가 공장을 서로 연관된 거대한 시설 속에 설치할 필요가 있다면, 소총 제조 공장은 대부분의 경우 반드시 그렇게 해야 한다. 소총은 다종다양한 부품으로 이루어져 있거나, 또는 다양한 종류의 작업을 거치지 않으면 안 된다. 오랜 경험이 가르쳐 준 바와 같이, 특히 연료를 다루는 일은 노동자들이 이런 저런 일을 하지 않고 특정한 일에 전념하면서 서로 협력할 때에만 훨씬 더 신속하고 능숙하게 행해진다. 특히 영국의 소총 공장에서는 작업이 보통 그런 식으로 이루어진다. 따라서 영국의 제품은 다른 나라의 제품보다 훨씬 더 우수하다. 게다가 영국 소총 공장에서의 노동은 비싼 기계나 그 밖의 시설을 통해 이루어지기 때문에, 각각의 장인이 할 수 없는 일도 매우 쉽게 처리할 수 있다. 국가는 또한 모든 것이 똑같은 감독하에서 행해질 때, 병사들에게 좋은 품질의 균일한 소총을 더욱더 보장해 줄 수 있다. 사람들은 이러한 사실도 깨달았기 때문에, 소총 공장을 어디에서나 대규모의 시설로 세웠다."

이 다음에 이어지는 서술에서 우리가 분명하게 알 수 있는 것은 소총 산업이 그 당시에 이미 매뉴팩처 단계를 넘어 공장 방식으로 조직되었다는 사실이다. 만일 아담 스미스가 미숙한 핀 산업 대신에 이 선진 산업에 입각해서 노동 조직 관념을 얻었다면, 그는 이미 그 당시에 사회의 대기업에서 노동 성과 상승의 이유를 올바르게 인식했을 것이다. 그리고 노동 생산성 이론은 그 다음의 100년 동안 죽은 궤도를 달리지 않았을 것이다.

유럽의 그 밖의 군국주의 국가들에서도 무기 산업은 나라의 일등 산업 중 하나로 발전하였다.

프랑스에서는 콜베르 자신이 많은 국영 소총 공장을 세웠으며, 사적인 개인들도 이 기업을 폭넓은 자본주의 기반에 입각해서 운영하였다. 세뉴레이 후작*은 (1683~1690년에) 매달 적어도 1,000자루의 부싯돌 총을 공급한 것에 대해서 앙구무아**의 한 공장주에게 귀족 칭호를 주었다.[159] 18세기의 프랑스에는 수많은 소총 공장들이 있었다. 가장 유명한 것은 "왕립 무기 제조국"이었다. 스당, 생테티엔, 베르됭과 그 밖의 장소는 번성하는 무기 산업의 중심지였다.

스웨덴에서는 무기 산업이 17세기에 번영하였는데, 이는 무엇보다도 구스타브 아돌프 덕분이었다. 1618년에 이 왕은 "소총 영업소"를 만들었다.[160] 이는 농가에서 운영되는 대장간 작업장을 이용하기 위해서였다. 이 농부들에게는 모두 매주 큰 머스킷총을 하나씩 만들 의무가 주어졌다. 이들은 왕으로부터 재료를 받았으며 세금이 면제되었다. 그리고 그들은 일부는 현금으로, 일부는 현물로 지급받았다. 이 영업소들은 소총 공장으로 발전하였다. 1626년 노르텔예의 소총 공장도 그렇게 발전하였다. 1640년 스톡홀름의 한 공장에서는 화약

---

* 세뉴레이 후작Marquis de Seignelay(1651~1690): 장 밥티스트 콜베르의 장남 장 밥티스트 앙투안 콜베르. 프랑스의 정치인(역자 주).

** 앙구무아Angoumois: 프랑스 중서부에 위치한 앙굴렘 시의 남북에 펼쳐진 옛 구역(역자 주).

심지가 있는 1만 자루의 머스킷총, 공이치기가 있는 141자루의 머스킷총, 12,000개의 무기용 쇠갈퀴가 만들어졌다.[161]

줄의 "무기 공장"과 똑같은 형태를 나타낸 것은 17세기 이후부터 중요한 의의를 얻은 리에주와 그 주변 지역의 무기 산업이었다. 이것은 그 당시부터 벨기에 산업의 척추를 이루었다.

반면에 러시아에서는 무기 제조가 즉시 최고도의 경영 기반 위에서 나타났다(모범적인 공장 내지는 매뉴팩처 조직이었다!). 세스트로레츠크 소총 공장에서는 표트르 대제* 시대에 683명의 노동자가 일하였다. 툴라의 국영 소총 공장에는 508명의 농민 가족이 배치되었다.[162]

국영 성격을 지닌 다른 유명한 소총 공장들은 알자스의 클링엔탈, 코펜하겐, 엘키스투나에 있었다.

스페인은 16세기에는 아마도 유럽 최초의 군사 국가였을 것이다. 이 나라의 무기 수요는 상당했다. 그 수요는 일부는 공장에서 일부는 가내 공업에서 충족되었으며, 또 일부는 국내에서 일부는 외국에서 충족되었다. 상인이나 기업가와의 거래는 완전히 대규모 방식으로 이루어졌다. 화승총 공급의 경우 1538년 1,000자루에 관한 후안 데 베시나이와의 계약이 있었다. 피아센싸의 후안 이바네쓰, 오리오의 안톤 데 우르키로쓰, 에이바르의 후안 데 오르베아 및 후안 데 에르무아와 15,000자루의 계약도 있었다.[163]

스페인 국내의 소총 공장은 코르도바, 바르셀로나, 엘고이바르에 있었다.

---

* 표트르Pyotr 대제(1672~1725): 표트르 1세 알렉세예비치. 러시아 제국 로마노프 왕조의 황제(재위 기간: 1682~1725)로 서구화 정책과 영토 확장을 추구하였다(역자 주).

대포 주조는 매우 일찍부터 공장 식으로 이루어졌다. 처음에는 청동 주조, 그 후에는 철 주조가 점점 더 많이 행해졌다(내가 앞 절에서 제시한 통계가 그것을 보여준다). 대포 주조는 영국, 프랑스, 스페인에서 최고의 발전 단계에 도달했다.

영국에서는 16세기와 17세기에 서섹스가 (제철 산업과 함께) 대포 주조의 중심지였다. 여기에는—캠든이 보고한 것처럼[164]—"대포와 그 밖의 무기를 제조할 수 있는 금속이 많이 있었다." 1603년 월터 롤리*는 영국의 대포 주조 찬가를 노래하였다.[165] 이 대포 주조 공업이 어느 정도의 규모와 의미를 지녔는지는 다음의 일이 보여준다(그 당시에는 당연히 생산 통계가 없었다. 따라서 생산의 크기를 여러 징후에서 추론해야 한다).[166] 1629년 국왕은 색빌 크로우 경**에게 610대의 대포를 글로체스터셔의 딘 숲에 있는 왕립 주조소에서 만들 것을 위임하였다. 그 후 국왕은 유명한 상인 필립 벌라매치에게 이 대포들을 네덜란드에 팔게 하였다. 이는 1625년 30만 파운드에 저당 잡힌 왕관의 보석을 다시 찾기 위해서였다: "이와 같이 영국은 철제 대포의 주조에 관해서는 유럽의 어느 나라보다도 유명하였다." 이미 엘리자베스 여왕 시대에 영국은 외국에 대포를 수출할 수 있었으며, 또 그렇게 했다(수출 금지령에도 불구하고 말이다!)[167] 따라서 흄***의 판단은 (적어도 그의 긍정적인 측면에서는) 정당한 것 같다. 그는 다음과 같이 말하였다.[168] 즉 제임스 1세

---

* 월터 롤리 Walter Raleigh(1552 또는 1554~1618): 영국의 정치인이자 시인 및 작가, 탐험가(역자 주).

** 색빌 크로우 경 Sir Sackville Crowe(1595~1671): 영국의 정치인(역자 주).

*** 데이비드 흄 David Hume(1711~1776): 스코틀랜드 출신의 철학자이자 경제학자 및 역사학자(역자 주).

*시대에는 조선과 대포 주조가 영국이 두각을 나타낸 유일한 공업이었다. 심지어 그는 영국인들이 당시에는 철제 대포를 주조할 수 있는 비결을 유일하게 가졌다고 생각하였다. 그렇지만 이것은 잘못된 생각이었다. 16세기에는 철제 대포가 다른 곳에서도 주조되었다. 내 기억으로는, 예를 들면 브라운슈바이크 공작들이 그 당시 오바하르츠의 기텔데 근교, 고슬라르의 소피엔휴테 등에 대포 주조소를 세웠거나 발전시켰다.[169] 영국의 대포 주조가 특히 고도로 발전했다는 것은 옳다. 슈롭셔의 버스레이 근처에 있는 카론 제철소, 캘커트 제철소, 글라스고우 근교에 있는 콜라이드 제철소는 18세기에 대포 주조소로 유명하였다. 그렇지만 당시에는 울리치의 공장이 가장 완전한 대포 부품 주조소로 여겨졌다. 영국의 대포 공업은 외국에서 많은 추종자를 얻었다. 영국인 존 윌킨슨은 프랑스 정부의 주문에 따라 낭트에 대포 주조소와 보링 공장을 만들었다. 러시아의 페트롭브스크에 있는 거대한 대포 주조소는 영국인 기술자 가스코이뉴에 의해 설립되었다. 하노버의 기술 장교 뮐러 중령은 울리치를 본떠서 하노버와 스톡홀름에 대포 부품 주조소를 세웠다.[170]

프랑스에서는 이미 17세기 초에 대포 공업이 자본주의 기반 위에서 번영하였다. 보르도와 스당 샤토랭에는 대포 주조소가 있었다. 보르도의 한 주조소에서 해군에게 200대의 대포가 공급되었다. 1627년 빌뇌브 드 캠페를레의 클로드 마리고와 미셸 도느뱅도 마찬가지로 200대의 대포를 캠페를레의 주조소에서 만들어 제공하였다.[171]

---

* 제임스 1세James I(1566~1625. 재위 기간: 스코틀랜드: 1567~1625(섭정기 포함). 잉글랜드(1603~1625): 잉글랜드와 스코트랜드의 첫 통합 군주(역자 주).

그 후 리슐리외*는 르아브르에 국영 대포 주조소를 세웠다.

그렇지만 프랑스의 대포 공업이 또 다시 근본적으로 촉진된 것은 콜베르에 의해서였다. 콜베르의 업적에서는 프랑스의 군비, 특히 육군의 무장을 외국으로부터 독립시키겠다는 생각이 큰 역할을 하였다. 따라서 우리는 그가 일찍이 소총 공장을 세우는 작업을 추진하면서 새로운 대포 주조소를 만들었다는 것을 볼 수 있다(우리는 그가 나중에도 수많은 보조 공업의 기반을 다졌다는 것을 볼 수 있다). 1661년에는 스웨덴에서 20만 리터의 구리를 사 대포를 주조하였다.[172] 1663년에 콜베르는 왕에게 주조소를 자력으로 세울 필요성을 알렸다. 1666년에는 그의 계획이 실현되기 시작했다. 생트, 로슈표르에 주조소가 세워졌다. 네베르, 코메르시, 도피네에 있는 것들은 가장 중요한 주조소가 되었다.[173]

스페인에서는 대포 주조가 카를로스 1세에 의해 급속도로 발전하였다. 주조소는 메디나 델 캄포, 말라가, 부르고스, 팜플로나, 푸엔테라비아, 바르셀로나, 코루나에 있었다. 카를로스 1세는 대포 주조소를 스페인에 도입하기 위해 인스부르크의 독일 사람들을 불렀다. 그렇지만 국내 생산의 급속한 확대에도 불구하고 대포 주조는 여전히 수요를 충족시키지 못하였다. 오히려 수요는 여전히 플랑드르에서 충족시키지 않으면 안 되었다.[174]

17세기에는 베네치아에 유명한 대포 주조소가 있었다. "동시에 여러 대의 대포가 신속하게 주조될 수 있었기 때문이다."[175]

---

* 아르망 리슐리외 Arman Richelieu(1585~1642): 프랑스의 정치인(역자 주).

* * *

무기 자체의 제조와 병행해서 필요한 탄약을 조달해야 했다. 따라서 여러 나라에서는 대부분 대포 주조소에 이어서 맨 먼저 탄환 주조소가 생겨났다. 그 다음에는 특히 화약 공장이 생겨났다. 이 화약 공장은 독일, 프랑스(1572년 이후) 등 대부분의 나라에서 국가 독점 기업의 일부가 되었다.

영국에서는 화약 제조가 큰 민간 기업이 생겨난 계기가 되었다. 1562년에는 세 사람이 화약 공장을 세우고는, 정부에 연간 200톤의 많은 양을 공급하겠다고 나섰다.[176] 뿐만 아니라 국가의 화약 공장들도 아마 있었을 것이다. 상당한 양이 생산되었다는 것은 화약 제조의 원료인 질산칼륨의 공급에 관한 여러 계약서에서 알 수 있다. 1509년부터 1512년까지 지오바니 카발칸티 그리고 다른 이탈리아 상인들과 두 개의 계약이 이루어졌는데, 이 계약에 따르면 그들은 3,622파운드(1파운드당 6펜스) 어치의 질산칼륨을 공급해야 했다.[177] 1547년의 다른 계약에 따르면[178] 그 금액은 1만 445파운드 16실링 8.5펜스였다. 엘리자베스* 치하 때 영국은 질산칼륨에 관해서도 외국으로부터 독립했으며, 자체적인 유황 공업과 질산칼륨 공업을 발전시켰다.[179]

화약, 질산칼륨, 유황은 언제나 매우 중요한 무역 대상이었다. 그것은 초기 자본주의 시대의 다른 상품 거래에서는 볼 수 없는 매상

---

* 엘리자베스 1세 Elisabeth I(1533~1603): 1558년부터 1603년까지 44년간 잉글랜드 왕국 및 아일랜드 왕국을 다스린 여왕(역자 주).

고를 나타냈다. 피에몬테에는 18세기 초 매상고 증가에 대한 정확한 기록이 남아 있다.[180] 그 당시 예를 들면 가이지라는 기업은 한 번은 14,000루비(1루비는 9.2킬로그램)의 화약을 1루비당 8리브르에 공급하였다. 또 한 번(1706)은 네덜란드 은행가 감바가 피에몬테 정부를 위해 8,691루비의 질산칼륨을 16리브르에, 25,274루비의 화약을 24리브르에 구입하였다.

* * *

증대되는 무기 수요는 경제 생활의 형성에 큰 작용을 하였으며, 이로 인해서 그것은 자본주의 발전의 진행 과정에 매우 결정적인 영향을 미쳤다. 그런데 그러한 작용 중에서 아마도 가장 큰 것은 그것이 몇몇 기본 공업과 그 제품의 무역에 준 자극인 것 같다. 그 공업이란 구리 공업, 주석 공업, 특히 제철 공업이다. 말하자면, 무기의 원재료를 공급한 공업 활동 분야이다. 군대 조직, 특히 근대의 군비가 겪은 여러 변화의 직접적인 영향하에서 이 공업들이 자본주의로의 결정적인 전환을 취했다고 말해도 좋을 것이다. 물론 적어도 지금까지 여전히 매우 부족한 자료들로는 이러한 주장이 옳다는 증거를 숫자에 입각해서 제대로 제시하지 못할 것이다. 앞으로 수십 년에 걸쳐 이루어질 연구는 아마도 나의 증명 수행의 고리에서 빠져 있는 부분을 채워줄 것이다. 당분간은 우리가 지닌 얼마 안 되는 통계 자료를 가지고 가능한 한 추론을 정당화해야 한다. 즉 일반적인 고찰에서 또 일정한 증명 가능한 올바른 사실에서 이끌어 낸 추론을 정당화해야 한다.

무기 수요가 늘어났을 때 맨 먼저 다량으로 필요해진 금속은 구리와 주석이었다. 왜냐하면, 이 구리와 주석으로 청동이 만들어졌으며, 우리가 본 것처럼 초기에는 대포가 청동으로 주조되었기 때문이다. 두 금속의 혼합 비율은 대략 1:9였다(프랑스의 대포는 혁명 전에는 구리 100에 주석 11로 만들어졌다. 오늘날에도 최고의 혼합으로 인정받고 있는 이 8:92 비율은 이미 15세기 이후 관습이 되었다). 따라서 무엇보다도 중요한 것은 구리의 공급이었다. 구리는 15세기와 16세기에도 그 "수요"가 대단히 많았으며, 이 때문에 그 가격이 아주 크게 올랐다.

로저스에 따르면[181] 청동 그릇 또는 구리 그릇의 평균 가격은 다음과 같다(원동原銅에 대해서는 지속적인 가격 표시가 없다):(1젠트너의 가격: 플로린)

	청동	구리
1401~1540년	3	9 1/4
1541~1550년	5	6
1551~1560년	5	7
1561~1570년	7	7 1/2
1571~1582년	8	1 1/2

푸거 가家가 슈바츠에서 얻은 구리의 판매 가격은 다음과 같았다[182]: (구리 1젠트너의 판매 가격: 플로린)

1527년	5.45	6.15
1528년	5.45	6.20
1531년	5.30	6.15
1537년	6.50	7.45

1556년	10	11.45
1557년	11	12

나는 가격 상승이 증가한 수요의 결과일 것이라고 추측한다(왜냐하면, 16세기 은 가격의 하락은 결코 40년 간 구리 가격이 상승한 것과 똑같은 비율로 일어나지 않았기 때문이다). 그렇지만 그 후 이 수요의 증가는 단 두 개의 측면에서 생겨날 수 있었다. 그것은 조선과 대포의 주조이다. 왜냐하면, 종이나 구리 그릇에 대한 수요가 그렇게나 많이 늘어났다고는 생각할 수 없기 때문이다. 대포를 만들기 위해 얼마나 많은 양을 사용했는가는 대포의 수와 무게에 관한 자료가 보여준다. 또한 구입한 구리의 양에 관한 직접적인 증명서도 있다. 1495년 베네치아 정부는 8만 파운드의 구리를 대포를 만들 목적으로 독일 상인들로부터 구입하였다.[183] 프랑스 정부가 17세기에 스웨덴으로부터 구한 매우 많은 양의 구리는 이미 화제가 되었다. 콜베르가 구리를 각지에서 사 모으게 했으며, 또한 구리가 매장되어 있는 산을 찾아내게 하였다. 한 공문서에는 다음과 같이 쓰여 있다: "그는 대포의 기본적인 부품들을 만들기 위해 구리를 어디에서든 사거나 찾아내려고 … 애썼다."[184]

양질의 금속에 대한 이러한 대량 수요로 인해 구리는 맨 먼저 가장 인기 있는 도매 품목이 되었다. 구리 거래는 질산칼륨 거래와 함께, 이미 15세기에 아주 큰 매상고를 나타낸 몇 안 되는 거래 분야의 하나였다. 구리 거래는 소수의 손에 집중되었다. 이것을 지배한 매우 부유한 상사들은 자신들의 힘을 이용해 때때로 구리를 "가두었다." 아마도 구리는 대대적인 방식의 "가격 협정"이 맨 먼저 시도된 거래

품목이었을 것이다. 1498년 푸거, 헤르바르트, 고쎔브로트, 파움가르트너라는 네 개의 남부 독일 상사들이 맺은 협정이 생각난다. 이 협정은 분명히 구리 시장의 중심지인 베네치아에서 이 시장을 지배하기 위한 것이었다.[185]

구리 거래가 16세기에 엄청나게 늘어났다는 사실은 푸거 가의 창고에 있었던 구리의 양이 보여 준다. 이러한 사실은 푸거 가의 재고 조사 때 드러났다. 이 구리의 양은 또한 푸거 가의 위세가—상품 거래에 관한 한—거의 전적으로 늘어난 구리 거래에 좌우되었다는 것도 보여 준다. 마지막으로 15세기에 구리의 판매액이 실제로 아주 상당히 늘어났다는 것을 숫자는 확인해주고 있다(푸거 가가 재고로 갖고 있는 다량의 구리는 전적으로 중소업자들의 구리를 사들여 쌓아놓은 것이라고 추측하지 않아도, 구리 거래는 약간 다른 의미에서 자본주의 발전에 큰 의의를 지녔을 것이다). 1527년의 대차대조표를 보면[186] 푸거 가의 상품 구좌는 38만 플로린에 달하고 있다. 상품 중 "가장 많은 부분"은 구리가 차지하였는데, 안트베르펜에만 20만 플로린 이상의 구리 재고가 있었다. 1536년에는 구리, 은, 놋쇠의 재고가 28만 9천 플로린이었다. 1546년에는 상품의 자산이 125만 플로린에 달하였다. 그중 구리는 100만 플로린 이상이나 있었다. 그중의 절반은 다시 안트베르펜에 보관되어 있었다. 100만 굴덴은 약 800만 마르크의 가치를 나타낸다. 16세기의 상업 역사 전체에서도 이만한 액수를 나타낸 다른 상품은 거의 없을 것이다.

증대하는 구리 수요가 가장 먼저 일으킨 작용은 무엇이었을까? 그것은 구리 광업에 대한 관심을 높였다. 이 구리 광업은 상인들과 그 밖의 부자들로부터 자본을 투자하기에 매우 적합한 대상으로 주목받았다. 그 결과, 점점 더 넓은 지역에서 구리 광업이 자본주의 발전의 궤도 속에 끌려 들어갔다. 모든 남부 독일 부자들, 즉 파움가르트너 가, 벨저 가, 회스테터 가, 고쎔브로트 가. 헤르바르트 가. 렘 가, 하욱 가, 물론 특히 푸거 가는 자신들의 돈을 독일, 티롤 또는 헝가리의 은 광업 및 구리 광업에 투입하였다. 한편 헝가리의 구리 광업에는 크라카우Krakau*의 자본가도 기업가로 관여한 것을 우리는 볼 수 있다.[187] 구리 거래는 도매업이 되는 경우가 점점 더 많아졌다. 이러한 이행으로 인해 광산이 주인의 손을 떠나 저당 잡히는 일이 일반화되었다.

17세기에는 자금을 투입해 구리 광업을 촉진시킨 서부 독일의 상사들도 있었다. 예를 들면, 프랑크푸르트 암마인의 요한 폰 브로덱은 16만 3천 플로린을 투자해 일메나우의 구리 제련소와 만스펠더의 구리 광업에 관여하였다.[188]

그러나 구리 광업(나는 이 말을 여기에서는 항상 채광과 제련이라는 넓은 의미로 이해하고 있다)이 16세기에는 유럽 어디에서나 자본주의 (그리고 대기업) 발전 방향으로 결정적으로 전환했다는 것을 모든 보고는 가르쳐주고 있다.

우리는 16세기 중 헝가리 광업의 비약을 매우 분명하게 추적할 수 있다. 헝가리의 광업은 15세기 말에는 정체 상태에 있었다. 왜냐하면, 수공업적으로 일하는 광산(당시에는 그런 경우가 매우 빈번했다)은 갱내의 물을 처리할 수 없었기 때문이다. 그때 한스 투르조를 위시하

---

* 폴란드 남부의 지명. 폴란드어로는 크라쿠프라 불린다. 공업 및 교통의 중심지로 바르샤바와 함께 오래된 문화 도시이다.(역자 주).

여 크라카우의 부유한 시민들이 배수를 위해 조합을 결성하였다. 이 조합은 1475년 4월 24일 헝가리의 7개 광산 도시의 "재판관, 시의회 의원, 지역 주민"과 계약을 맺었다. 이 계약에 따라 조합은 배수를 책임졌으며 그 대신 다음과 같은 보상을 받았다. 즉 방향 전환이 가능한 수레를 이용해 성공적으로 일을 처리할 경우 주급으로 금화 1헝가리 굴덴과 채굴된 광석의 1/6을 받았다. 곧이어 이 부유한 "중개업자들"은—그 후 푸거 가도 이들과 한 패가 되었다는 것은 잘 알려져 있다—광업을 직접 경영했으며, 제련소와 대장간을 만들어 큰 이익을 얻었다.

1495~1504년에 생산된 것은 다음과 같다.

19만 젠트너의 구리

1,338젠트너의 놋쇠

5,4774마르크의 은

11만 9,500플로린의 배당금이 각각 투르조 가*와 푸거 가에게 주어졌다. 푸거 가가 마침내 독점적인 소유자가 되어, 1525~1539년에 헝가리의 광업에서 1,297,192굴덴(따라서 오늘날의 화폐로 계산하면 약 900만 마르크의 경화 가치를 갖는다)의 순이익을 얻었다.[189]

모든 전쟁 물자의 조달을 외국으로부터 독립시키려고 한 군사 대국의 노력은 여기에서도 국내 산업의 발생으로 이어졌다. 영국에서 구리 광업의 발전을 촉진시킨 사람은 또 다시 군인왕 헨리 8세였다. 그는 자신의 계획을 빨리 실현하기 위해 독일 자본가들을 자국으로

---

* 투르조Thurzo 가家: 15세기에서 17세기 전반까지의 헝가리 귀족 가문(역자 주).

불렀다. 1564년에는 데이빗 하욱, 한스 랑나우어 및 그의 친척 회사가 지휘하고 주로 영국 최고의 정치가들과 관료들도 참가하는 거대한 조합이 영국에서 광산을 발견해 경영할 목적으로 만들어졌다. 우선 케스빅에서는 구리 광산이, 콜벡에서는 (조선에 쓰일) 납 광산이 경영되었다.[190]

프랑스에서는 콜베르가 수많은 구리 제련소와 용광로를 만들었다.[191]

청동 대포의 수요 증대는 구리 거래와 구리 생산에 미친 것과 비슷한 영향을 납 공업과 납 거래에도 미친 것 같다. 적어도 영국의 중요한 광업에서는 16세기에 생산이 근본적으로 확대된 것을 볼 수 있다. 제조된 납의 양이 13세기에서 15세기까지는 800납 톤과 1,000납 톤(1,200영국 파운드) 사이에서 오르내렸는데, 16세기에는 1,600내지 1,700톤까지 늘어났다. 광업의 자본주의 조직으로의 이행도 아마 이 시기에 일어났을 것이다.[192]

그렇지만 결국 군국주의가 자본주의적인 제철 공업의 탄생에도 영향을 주었다는 것은 여러 가지 방식으로 확인할 수 있다.

우선 무기와 탄약을 만들기 위한 철 수요와 일반적으로 제조된 철의 양을 간단히 통계적으로 비교함으로써 확인할 수 있다. 앞에서 나는 17세기 말 프랑스와 영국의 함포 보유량을 알 수 있는 숫자를 조금 제시한 바 있다. 1683년 프랑스의 군함은 5,619대의 철제 대포를 갖고 있었으며, 영국은 같은 시기에 모두 약 8,396대의 대포를 갖고 있었다. 따라서 (프랑스 대포의 사정에 따라 계산하면) 아마도 6,000대에서 7,000대의 철제 대포가 있었을 것이다. 두 나라의 철제 대포 총수는 (따라서 야포와 요새포를 포함해서) 각각 8,000대라고 생각해도 너무 많은 것은 아닐 것이다. 대포 한 대의 무게는 평균적으로 1.5톤으로 산정할 수 있을 것이다. 이것은 주문자의 무게 지정과 동시대인들의 평가에서 나타난다. 예를 들면, 벡Beck은 그의 《철의 역사》(제2권 1,273쪽)에서 1648년 윌킨스 주교의 주문을 전하고 있다. 따라서 그 당시 영국과 프랑스의 대포 전체 무게는 각각 12,000톤에 달했을 것이다. 여기에 포탄이 추가된다. 각 대포에 50발이 있다고 한다면(스페인의 무적함대는 선상에 그만큼 갖고 있었다), 각각의 나라에는 40만 발의 포탄 재고가 있었을 것이다. 각각의 포탄 무게가 5kg에 불과하다고 가정하면, 또 다시 2,000톤의 무게가 될 것이다. 따라서 각 나라의 대포 무게는 약 14,000톤이 될 것이다. 그런데 그 당시에는 도대체 얼마나 많은 철이 생산되었는가? 내가 아는 한, 17세기에는 철 생산의 전체 숫자가 없다(영국에 관한 더들리Dudley의 계산은 내 생각에 편향적이고 공상적이다. 왜냐하면, 그의 계산은 선전 목적에 따른 것이기 때문이다). 벡이 보고한 양만 남아 있다. 1687년 스웨덴의 44기 용광로 생산량은 37,000젠트너, 즉 1,850톤이다. 어느 정도 신뢰할 수 있는 숫자들은 18세기 중엽에야 비로소 만난다. 그 당시 59기의 용광로를 지닌 영국의 제철 공업의 총생산은 17,350톤에 달하였다.[193]

물론 그 당시의 영국은 철에서 약 2만 톤의 수입 초과였다. 어쨌든 대포 무게를 이미 17세기 말 철의 전체 생산량과 서로 비교해 보자(18세기 중엽에는 확실히 50%, 즉 21,000톤으로 늘어났다고 추측할 수 있다). 그리고 대포 생산과 포탄 생산도 몇 년씩 나누어 생각해 보자. 군대가 철의 대단히 큰 소비자였다는 것은 이 숫자를 보면 의심할 여지가 없다. 게다가 아마도 (함선의 철 수요를 군대의 수요로 계산할 경우) 군대는 그 당시에 유일하면서도 실제적인 대량의 철 소비자, 전적으로 가장 큰 소비자였을 것이다. 그 당시에 제철 공업의 운명이 결정되었는데, 이는 그 시기에 제철 공업이 자본주의 길로 첫 걸음을 내디뎠기 때문이다.

이 계산이 실제 사정에 매우 가까웠다는 것은 하나의 숫자가 확인해 주는데, 이 숫자는 나중 시기의 영국에서 대포 수요의 규모를 나타낸다. 그러나 17세기와 18세기 초에 대한 나의 추측이 옳다는 것을 그 숫자에게 역으로 추론해도 좋다고 나는 생각한다. 1795년 연간 대포 주조용 철의 수요는 다음과 같았다.[194]

영국	11,000톤
인도	5,600톤
외국	10,000톤
	합계 약 26,000톤

그런데 나는 자본주의적인 제철 공업의 발전에 대해 대포 및 포탄 주조가 지닌 의의를 더욱 분명하게 보여주는 또 하나의 상황을 언급할 수 있다. 잘 아는 바와 같이, 제철 공업이 수공업 조직에서 자본주의 조직으로 이행한 것은 용광로의 발명 및 전파와 아주 밀접하게 관련되어 있다. 마찬가지로 용광로가 가져온 근본적인 혁신이 소위 간접적인 철 채광[제철법]에 있다는 것도 잘 알려져 있다. 이 간접적인 철 채광은 (풀무를 기계적으로 움직여) 철을 한층 더 가열한 것의 직접적인 결과였다. 그렇게 해서 철이 액체 상태로 변하였다. 그런데 이 액체 상태를 얻어야 다시 철 주조가 가능하다. 그리고 철 주조는 처음에는 거의 대포와 탄환의 제조에만 이용되었다(나중에 그것도 오랜 시

간이 지난 다음에야 겨우 틈틈이 난로를 만드는데 이용되었으며, 베르사유의 급수 시설을 만들 때 경험한 다음부터는 수도관을 만드는 데에도 이용되었다). 말하자면, 사정은 이러했다: 단철鍛鐵은 새로운 용광로 방식에 따라 또는 구식의 철괴 과정을 통해 얻을 수 있었지만, 주철[무쇠]은 용광로에서만 얻을 수 있었다. 중세인의 본질에 대해 잘 아는 사람이라면, 새로운 방식(용광로 과정)을 사용할 가능성은 없었을 것이며, 이 새로운 방식의 채용이 일반적으로 이루어졌다 하더라도 수백 년이 걸렸을 것이라는 사실은 서슴없이 인정할 것이다.

그러나 대포를 (값비싼 청동 대신에) 값싼 철로 주조하고자 했다면, 용광로를 사용하지 않을 수 없었다. 따라서 철제 대포에 대한 수요 증가는 제철 공업에 용광로 방식을 마치 강제로 시킨 것처럼 도입하게 하였다.

마지막으로 이 상황에 대해 말할 수 있는 것은 대포 주조의 용광로는 다른 것들보다 컸다는 사실이다.[195] 따라서 군대 수요는 경영 집중화를 촉진시켰다. 잠시, 특히 스웨덴에서는 개개의 용광로가 적절하게 커질 때까지 이중 용광로를 사용했다.

그런데 군대 무기 수요와 자본주의적인 제철 공업 발생 간의 이 내적인 연관은 대부분의 경우 역사적 사건들의 연쇄 속에서도 경험적으로 증명할 수 있다. 근대적인 (말하자면 용광로 방식에 입각한) 제철 공업의 시작을 개관할 수 있는 한에서는, 어쨌든 대포 주조에 필요한 물자를 조달하려는 노력은 철 채광이 자본주의 형태로 옮겨갈 계기를 이룬다.

독일에서는 철의 주조가 16세기에 행해졌다. 당시에는 최초의 용광로가 헤센,[196] 자르 지방에서[197] 만들어졌으며, 작센, 브란덴부르크,

하르츠 산맥에는 17세기 초에 그리고 슐레지엔에는 1721년에 용광로가 도입되었다. 그리고 최초의 소비자들은 어디에서나 병기창이었다.

스웨덴은 16세기와 17세기에는 가장 큰 철 생산국 중 하나였으며, 18세기에도 영국에 철을 공급하였다. 이 나라에서 구스타브 바사*는 제철 공업을 완전히 새로운 기반 위에 올려놓았다. 그는 대포 주조소를 설치했으며, 토베리의 유명한 공장처럼 제철 공장을 오로지 필요한 주조 재료를 조달하기 위해 세웠다. 그 후 17세기에는 이주해 온 네덜란드인들이 스웨덴의 제철 공업을 더 높은 단계로 끌어 올렸다. 루이스 데 헤르**는 핀스퐁에 대포 주조만을 위해 둥근 지붕을 가진 두 개의 용광로를 만들게 했다: "전적으로 대포 주조에 사용될 이 제련소들을 세움으로써 … 스웨덴에서는 새로운 산업 분야가 생겨났다. 제품의 질이 좋아 핀스퐁의 제철 대포는 세계 시장을 휩쓸었으며, 이로 인해 스웨덴 철의 명성은 크게 높아졌다."[198]

18세기 중반에도 스웨덴의 제철 공업은 여전히 상당한 양의 생철[무쇠]과 철 제품을 수출한 세계 최고로 여겨졌다.[199] 제철 대포는 스웨덴의 중요한 수출 품목 중 하나였다. 일부는 자본주의 발전의 높은 단계에 있었던 용광로들은 (이것들은—야르스가 우리에게 전해주는 것처럼—때때로 영국이나 네덜란드의 자본으로 건설되었다) 처음부터 주조 목적으로 만들어졌는데, 대포 주조를 다른 주조보다 우선시하였다. 스웨덴

---

* 구스타브 바사Gustav Wasa(1496~1560. 재위 기간: 1523~1560): 스웨덴의 왕. 바사 가의 시조(역자 주).

** 루이스 데 헤르Louis de Geer(1587~1652): 네덜란드의 기업가. 스웨덴 공업의 아버지로 여겨지고 있다(역자 주).

국가는 용광로 소유자들에게 대포 주조에 모든 관심을 집중시키기 위해, 1740년 이후에는 대포 주조 이외에도 어업 경영에 나서는 것을 금지할 정도였다. 이렇게 해서 훌륭한 제품을 얻을 수 있는 아주 확실한 숙련된 기술과 아주 일정한 광석 혼합 방식이 생겨났다.[200]

프랑스에서 근대의 제철 공업은 17세기 이전에는 발전하지 못했다. 최초의 용광로들은(1600년 경) 대포와 탄환의 주조를 위해 특별히 세워졌다.[201] 그 후 콜베르는 또한 제철 공업에 큰 자극을 주었는데, 이는 주로 군사적인 관심에서였다. 우리는 이것을 이미 여러 번 확인할 수 있었다: 그는 도피네에만도 11개의 제철소와 9개의 강철 대장간을 세웠다.[202] "그는 철제 대포를 주조하기 위해 제철소와 용광로를 건설하였다. 이러한 일은 왕국 내에서는 여태까지 보지 못한 것이었다."[203]

잉글랜드와 스코틀랜드의 제철 공업에서는 군국주의와 자본주의 간의 연관이 아주 분명하게 나타난다. 16, 17세기 영국 제철 공업의 주요 장소는 서섹스였다. 여기에서는 이미 엘리자베스 여왕 치하 때 거대한 자산이 획득되었다. 그러나 서섹스의 철 대부분은 대포와 탄환을 만드는 데 쓰였으며, 그 당시에는 이 형태로 외국에 수출되었다. 토마스 레이튼 경*과 헨리 네빌 경**은 대포 수출을 위해 여왕에게서 특허권을 얻었다. 1592년 이전에는 2,000톤으로 주조된 대포 1,600대가 비밀리에 외국으로 수출되었다고 한다.[204]

17세기에는 잉글랜드 자체 내에서 대포 수요가 늘어났기 때문에, 서섹스에서 생산된 것은 국내에서 소비되었다(그리고 우리가 본 것처럼

---

* 토마스 레이튼 경Sir Thomas Leighton(1530~1610): 영국의 정치인(역자 주).

** 헨리 네빌 경Sir Henry Neville(1564~1615): 영국의 정치인이자 외교관(역자 주).

소비가 더 늘어났다). 그렇지만 대포 주조와 제철 공업 번영 간의 밀접한 관계는 그대로 지속되었다.[205]

대大브리튼 섬[영국 본국]에서도 17세기 말 경에야 비로소 제철 공업이 발전했으며, 그 후 물론 똑같이 폭넓은 자본주의를 기반으로 해서 발전한 또 다른 나라는 스코틀랜드였다. 여기에서는 주철용 용광로 공장의 건설을 위한 최초의 허가장이 1686년에 주어졌다(스코틀랜드에서 단철 공업은 1836년에 처음 시작되었다). 이 허가장은 다음과 같은 말로 시작되었다. 이 말은 다행스럽게도 나의 모든 증명 방식이 옳다는 것을 확인해주는 것 같다. 따라서 나는 그 전문을 여기에 옮기겠다[206]:

"국왕 폐하와 의회의 세 계급은 최근 존 메이클에 의해 왕국 내에 도입된 주조업 즉 포탄, 대포, 그 밖의 유용한 수단을 주조하는 직업으로 국민이 얻을 수 있는 커다란 이익을 고려하면서 존 메이클과 그 동업자들을 격려하기 위해 다음과 같은 법령을 제정한다. 즉 최근에 설립된 다른 제조업들이 법률과 의회의 법령에 따라 가질 수 있도록 허락한 제조업의 이익과 특권을 바로 그 존 메이클과 동업자들도 모든 점에서 누리게 될 것이다. 그리고 이것은 법 제정일부터 19년 동안 유효하다."

말하자면, "포탄, 대포, 그 밖의 유용한 수단을 주조하기 위해" 스코틀랜드의 제철 공업이 생겨났다. 가장 큰 공장은 수십 년 동안, 거의 백 년 동안 캐런Carron 제철소였다. 이 공장은 처음에는 거의 전적으로 대포를 만드는 일에 몰두하였다.[207] 19세기 중반까지 영국 포병 부대에서 가장 흔한 대포 유형은 그것을 처음 만든 공장을 명예롭게 하기 위해 "캐러네이드Carronade"*라고 불리었다.

마지막으로 언급해야 할 것은 독일에서는 어쨌든 북부 실레지아의 광산업이 군사적 관심 덕분에 발생하였다는 사실이다. 프리드리히 대왕이 1754년과 1755년에 말라파네와 크로이츠부르거에 용광로나 제련 시설을 위한 공장을 짓게 한 것은, 무엇보다도 실레지아의 여러 요새를 위한 대포 재료를 거기에서 만들어 내고 싶은 욕구가 있었기 때문이다. 그리고 북부 실레지아의 광업과 제련업이 혁신된 1781년 광산 당국이 국왕에게 제출한 보고서에는, 국왕 폐하가 광산업 발전으로 얻을 수 있는 이익 중에서 다음과 같은 것이 첫 번째로 올라와 있다[208]: "그러면 폐하의 군대에 필요한 철, 구리, 납, 주석, 유황, 질산칼륨 등의 전쟁 필수품이 국내에서 부족할 일은 결코 없을 것입니다."

그러나 생철 제조만이 군수품 관리국의 주문을 통해 한층 더 높은 발전 단계로 이행하는 데 가장 큰 자극을 받는 것은 아니다. 마찬가지로 철의 가공도 대포 제작의 요구에 의해 큰 영향을 받았다. 사실 마음 놓고 주장해도 되는 것은—이것은 결코 과장하는 것이 아니다—16~18세기의 철 가공 분야에서 이루어진 진보, 그리고 무엇보다도 자본주의적인 제철 공업을 발전시킨 것은 더 좋은 포신砲身에 대한 수요에서 생겨났다는 사실이다.

나는 우선 두 번째 용해를 거친 주철물 생산에 대해 생각해 보겠다. 이것은 17세기 이후부터 보급된 것이다. 그것의 근본적인 의의는 철광석을 석탄을 이용해 용해하기 오래 전, 반사로에서 주철과

---

* 구경이 크고 포신이 짧은 대포(역자 주).

생철을 용해할 때 연료로서의 석탄 사용이 처음 성공하였다는 사실에 있었다. 물론 반사로의 용해는 모든 종류의 주조 상품에는 적합하지 않았다. 그러나 좋은 포신은 그것으로 생산할 수 있었다. 그리고 이것은 중요한 일이었다. 철 가공에서의 가장 중요한 진보와 군대 수요 간의 연관이 명백하게 드러났다. 이 문제에 대해 아주 잘 아는 전문가도 다음과 같이 판단하였다[209]: "대포 주조는 대부분의 경우 철 주조 기술의 진흥에 기여하였다. 대포 주조는 또한 반사로의 용해를 도입하게 하였다."

이와 마찬가지로 제철 공업의 발전에 중요한 것은 철 가공을 위한 본래의 공작 기계, 특히 천공 작업대와 선반을 개량하는 일이었다. 증기 기관과 원통 송풍기의 효력은 거대한 원통에 구멍을 뚫을 수 있는 가능성에 달려 있었다. 이 기술에서 18세기 말 경에는 영국인들이 다른 모든 국민보다 앞섰다. 그리고 그들은 이 우월한 기술을 대포 생산 때 습득하였다: "금속 천공기와 선반의 발전은 우선 대포 제조 덕분이다"(벡Beck). 이미 16세기에 비링구초는 그의 《폭발물 제조 기술》에서 수차를 이용해 대포 구멍을 만드는 법을 기술하였다. 그가 서술한 천공기는 일찍부터 수평으로 구멍을 냈는데, 이것은 그 후 여러 차례 개량되었다. 그리고 18세기에 스위스인 마리츠*에 의해 완성되었다. 이렇게 해서 19세기에 기계 발전이 가능해졌다. 마리츠는 1740년 프랑스에서 대포 제작의 감독관으로 초빙되었다. 대포 재료에서는 전적으로 그가 자신의 기술 능력을 발휘하였다. 마리츠는 프랑스 대포 제작소의 개혁가가 되었다. 그는 주형 없는 주조

---

* 요한 마리츠Johann Maritz(1680~1743): 스위스의 총 주조자(역자 주).

와 수평대에서 완전히 구멍을 내는 방식을 도입했기 때문이다.[210]

제4장

군대의 식량 조달

Ⅰ. 급양 방식

육군과 해군을 다시 나누어 고찰하는 것이 좋을 것이다. 이들을 하나로 고찰하기에는 그 부대들의 급양이 내적으로 너무 다르기 때문이다.

중세 내내 그리고 근대에 꽤 많이 들어와서도 육군의 경우에는, 모든 병사가 자신의 생계는 스스로 돌보거나 아니면 주위 사람들이 그에게 생계 수단을 현물로 주는 것이 통례였다. 기병대이든 보병대이든, 징집병 부대이든 용병 부대이든 전혀 상관없이 그러했다.

중세 후기(15세기) 시대에서 두세 개의 예를 들어보자: 스위스 징집병 군대의 급양은 지방 자치 단체에 맡겨져 있었다. 지방 자치 단체에서는 군대 급양이 분산되어 있었다. 베른에는 병사들에게 급식을 제공하는 공동 식당이나 단체가 17개 있었다.[211] 급양 이외에, 야영할 때의 생계는 자유로운 구입에 의해 충족되어야 했다.

용담공勇膽公 샤를(1471)*의 친위 중대는 행군 중에도 자기 자신들이 급식해야 했다.[212]

이것은 당연히 기한부로 모집된 모든 용병 부대에도 해당되었다.

발렌슈타인의 시대에도 이러한 사정은 지속되었다.[213]

발렌슈타인 군대의 연대장들은 급양금을 받았으며, 이들은 그것을 다시 병사들에게 지급하였다. 병사들은 이 돈으로 생계를 유지했다. 급양금 자체는 부근 지역에서 군세로 거둬들인 것이었다. 발렌슈타인 방식의 특징은 난폭한 강탈, 즉 무자비한 폭력일 뿐이었다. 만일 숙영지 제공자가 지불할 수 없거나 지불하지 않으려고 했다면, 군대는 필요한 것을 사정없이 빼앗았다. 그 후 돈을 지급하고 그 돈으로 물품을 사는 방식은 현물을 노획하는 방식으로 넘어갔다: "시민들과 신민이 돈을 낼 수 없는 경우, 이들에게는 일반 장교들과 병사들에게 식료품을 제공하는 일을 맡겼다"라고 1629년 발렌슈타인의 급양 명령서에는 쓰여 있는데, 이 명령은 1623년 틸리 장군의 명령과 결정적인 점에서 일치한다. 나중에 말하겠지만, 발렌슈타인 자신이 (전쟁으로 피해를 입지 않은) 자신의 영지에서 식량을 공급할 수 없는 경우에는, 이 급양 방식 역시 전적으로 사적인 성질을 지녔으며 근본적으로는 분산되었다.

군대의 국유화가 진척되면서 급양 방식의 관리는 점차 국가의 임무로 인식되었다. 특히 (아주 막연하게 표현하면) 우선은 군대의 급양 방식만을 감독하는 임무를 지닌 국가 권력 기관이 매우 일찍 나타났다.

---

* 용담공 샤를(1433~1477): 부르고뉴의 공작으로, 실질적으로 부르고뉴를 통치한 마지막 공작(재위 기간: 1467~1477) (역자 주).

물론 역시 프랑스에서 가장 일찍 나타났다.[214] 여기에는 14세기 이후 "전쟁 위원회"가 있었다. 1356년 1월 28일의 선언에 따르면 12명의 "위원"이 임명되었는데, 물론 우리는 이들의 역할에 대해 아주 희미하게만 알고 있다. 급양 조직의 실무는 나중에 "조직 위원들"에게 특별히 맡겼다. 1470년에는 "군대에 대한 군수품 보급 임무를 지닌 중개인들"이 있었다. 1557년에는 "두 명의 감독관과 일반 위원들"이 있었다. 이 중에는 각 지방마다 두 명의 위원이 있었다. 게다가 "부대가 지나가는 곳에 창고를 세우거나 군대 유지에 필요한 물품을 구입해 요새에 보급하는 임무를 맡은 식량 담당원들"이 있었다(1557년의 명령). 그 후 1627년과 1631년 리슐리외 치하의 프랑스 군사 행정부가 그 명령을 완전히 실현하였다. "군사 위원회"는 나중에 막대한 양의 군수품을 사들이는 직무를 맡았는데, 이 직무가 언제나 양심적으로 행해진 것은 아니었다.

그 기능은 물론 아주 달랐지만, 비슷한 감독 관청, 관리 관청, 행정 관청이 그 당시에 통용된 (물질적인) 급양 방식에 따라 모든 군사 국가에서 생겨났다.

잉글랜드는 "군수부 식량국"을 설치했다(1550). 프로이센은 군사 총위원회 관할하에 있는 식량 조달장이라는 직책을 만들었다(1657). 전쟁이 일어나자, 군대 급양을 위해 국방 장관에 의해 군사 위원회와 국유지 관리부에서 몇 명의 군사 고문관들이 임명되었다. 이들이 "프로이센 국왕군의 야전위원회"를 이루었다.[215]

급양을 위한 이와 같은 독자적인 기관의 창설이 여기에서 우리의 관심을 끄는 이유는, 이 조직이 이제는 국가 기구에 의해서 실질적으로도 다소간에 그 행정 활동의 범위 속에 들어가게 되었다는 사실 때문이다. 이 행정 활동이 어떤 종류의 것이었는지를 맨 먼저 알아야 한다.

내가 아는 한은 어디에서나 국가 권력이 간접적인 보호 방식으로 급양 조직의 규제를 시작하였다. 국왕의 관리들이나 그 밖의 관계 당국자들은 군대 유지에 필요한 식료품을 병사들이 충분히 또 품질 좋은 것으로 그리고 싼 값에 구입할 수 있도록 감시하였다. 이러한 보호는 이미 말한 바 있는 15세기 스위스 징집병들에게서 보았다.[216] 또한 그러한 경우가 프랑스에서는 그 이전에 있었다고 우리는 들었다.[217] 30년 전쟁의 군대에 그러한 보호가 있었다.[218]

그러나 군대 급양에서 국가의 협력은 일찍부터 실질적으로 도와주는 협력이 되었다. 제후는—우리가 본 것처럼—오래 전부터 근위대를 갖고 있었다. 이들의 생계는 제후 자신이 돌보아 주어야 했다. 게다가 그는 요새에 식량을 공급해야 했다. 그는 바다에 파견한 부대에도 식량을 공급해야 했다. 따라서 또 다시 말하면 이미 중세에 프랑스의 국왕은 방금 언급한 목적을 위해 바이유 가家와 세네쇼 가를 통해 식량을 매점하는 작업을 하였다. 이미 14세기에 "식량 위원회"는 식량을 모아 국왕의 지시에 따라서 여러 장소로 보내는 일을 맡았다. 수요가 생겨날 것에 대비해서 식량을 저장한 창고들은 "주둔지"라는 이름을 얻었다.[219]

이와 함께 우리는 일찍부터 공공 단체가 국가로부터 위탁받아 군대 유지 비용을 댄 것을 볼 수 있다. 샤를 7세의 근위 중대는 지방에서 현물로 공급받았다. 네 명의 기병과 두 명의 종자 또는 노예로 이루어진 모든 "창 부대"는 매달 숫양 두 마리, 황소나 암소 반 마리 또는 다른 종류의 고기로 그것에 상당하는 양을 받았으며, 매년 돼지

네 마리를 받았다. 게다가 모든 병사는 일 년에 두 통의 포도주와 1.5 라스트의 곡물을 받았다. 마지막으로 각 군인은 자신과 종자를 위해 조명, 채소, 첨가물(향료) 그리고 그 밖의 작은 수요에 대해서 매달 20 리브르를 받았다. 군마에는 각각 12라스트의 귀리, 두 수레분의 짚과 건초가 제공되었다.[220]

국가 사상이 점점 더 강화되면서, 제후는 자신의 군대를 국유화한 다음 급양 조직 전체도 국유화할 생각에 사로잡히지 않을 수 없었다. 국가에 의한 군대 급양 제도는 17세기에 스페인에서 처음으로 완전히 발전한 것 같다. 여기에서 이 제도는 브란덴부르크-프로이센 같은 다른 나라로도 확산되었다. 우리가 아는 바로는 이 나라에서는 대선제후 시대까지 "급식", 즉 급양이 숙영장宿營長에 의해 실시되었다.

"구식 군대"에 대해 아주 잘 아는 전문가 중 한 사람은 게오르그 빌헬름 치하에서 군대가 유지된 방식에 대해 다음과 같이 묘사하고 있다.[221]

"머스킷 총병은 급료로 10일마다 1탈레르를 받으며, 이것으로 생활해야 한다. 이 급료는 종종 부분적으로나 전부 식료품으로 또는 '급식'으로, 말하자면 숙영장에 의한 급양으로 대체되었다. 따라서 급료라는 표현은 자주 오해되었다. 세 개의 급료가 월급으로 분할 지급되었다(1631년에는 중대에 1,300탈레르). 게다가 이 급료로 소총, 의복, 경우에 따라서는 말 사육, 간단히 말하면 중대의 모든 경비를 지불해야 했다. 남은 금액은 대부분의 경우 지불 중지되었으며(예를 들면, 1631년에는 600탈레르), 나중에는 국가에서 제공받은 무기, 식사에 대한 비용으로 상쇄되었고 또 떼이기도 했다. 봉급이라는 표현이 일반적이었으며, 그것은 사정에 따라서는 급여 또는 급료를 의미하였다. 게오르그 빌헬름 시대에 숙식비(연료, 양초 등)는 급료와 완전히 분리되었다. 숙식비는 숙영장이 내놓거나 현금으로 갚았다."

그렇지만 국가에 의한 완전한 급양이라는 이 방식은 오래 지속되지 않았다. 이 방식을 실행하는 데에는 여러 가지 어려움이 있었기 때문이다. 즉 숙영지와 관련해서 여러 불편한 점이 생겨났기 때문이다. 따라서 생각보다 빨리 대선제후들은 군대 급식을 다시 없애고 그 대신 다시 현금을 지불하기로 결정하였다. 게다가 프리드리히 빌헬름 1세는 국고에 의한 현물 관리를 더욱 제한하려고 하였다. 즉 연대, 중대, 개개의 병사들에게 고정된 현금을 지불해 이것으로 생활을 꾸려나가게 했다. 그래서 17세기와 18세기에는 대부분의 국가에서 일종의 혼합된 방식이 생겨났다. 이 방식은 아주 철저하게 다음과 같은 원칙에 입각하였다: 국가는 병사가 행군 중이거나 전장에 있을 때에는 급식을 제공하지만, 주둔지에서는 각 병사가 자신이 받은 현금 봉급으로 음식을 사 먹는다. 몇몇 나라에서는 이런 저런 생활 필수품이 국가에서 또는 숙영장에 의해 (소위 숙식비 형태로) 현물로 제공되었다.

선제후 치하 작센의 체펠리츠 식량장에 대한 1620년 6월 29일자 훈령의 첫머리에는 다음과 같이 쓰여 있다[222]: "임명된 대령급 (또는 장성급) 식량장은 전장의 병사들에게 언제라도 모든 종류의 식량을 공급해야 한다." 그렇지만 평시의 급양은 병사에게 맡겨져 있다. 각 병사는 숙영장의 서비스로서만 숙소, 소금, 후추, 식초와 양초를 받았다. 이것은 1697년 3월 1일자 작센군의 급양 령에 따른 것이었다.[223]

황제령에서는 1679년부터 각 병사가 자신의 식량을 숙영장에게서 사야 했다. 숙영장은 각 병사에게 현물로 일인분의 빵을 공급하였는데, 이 빵값은 급료에서 공제되었다.

프로이센에서는 중대장이 일정한 액수의 현금을 받아 병사의 급여, 징모, 작은 설치 등에 자유롭게 썼다. 그렇지만 그는 올바르게 사용했는지를 검사받아야 했다. 1713년 병사의 월급은 2탈레르 6그로셴으로 올랐다. 그중 공동 금고에서 공제하고 나면 병사에게는 1탈레르 16그로셴이 남아 있었다. 이것은 병사가 자신의 생활을 위해 지출할 수 있는 액수이다. 평시에 병사는 행군하는 경우 외에는 현물 급여를 받지 못했다(빵도 받지 못했다). 현물 급여는 주둔지 밖으로 출동했을 때나 전시 중에 실시되었다.

프랑스에서는 1641년의 법령이 다음과 같이 정했다: 국가는 행군 중이거나 전장에 있는 병사에게 급양을 돌본다. 따라서 병사는 매일 2파운드의 빵, 1파운드의 고기, 1파인트의 와인을 받는다. 주둔지에서는 국가는 빵만 지급한다. 이 빵값으로 매일 1수씩 병사의 봉급에서 공제한다.

국가가 병사의 생활을 보살펴주자마자, 말하자면 국가가 병사에게 빵을 제공하자마자(프랑스처럼 항상 제공하든, 독일의 대부분의 국가들처럼 때때로 제공하든), 국가는 저장품의 준비, 특히 곡물 저장에 신경을 쓰지 않으면 안 되었다.

이것은 국가가 될 수 있는 한 전국에 분산해서 창고를 설치하는 것에 의해 이루어졌다. 프랑스에서는 이것이 이미 앙리 4세 치하 때 행해졌으며, 그 후 루이 13세 때는 광범위하게 행해졌다.[224] 프로이센에서는 특히 프리드리히 빌헬름 1세 때 행해졌다(1726년에는 21개의 군용 창고가 세워졌다).[225] 독일의 다른 국가들 중에서 작센, 뵈멘, 뷔르템베르크는 이미 16세기 이후부터 똑같은 방향으로 나갔다.[226]

* * *

해군의 사정은 육군과 다르다. 큰 함선을 타고 오래 항해하는 수병은 결코 스스로 급양할 수 없기 때문이다. 전함에서 수백 명 또는 수천 명의 병사들이 몇 주 또는 몇 달 동안 외부 세계와 완전히 단절되어 있는 것을 상상해 보라. 따라서 그들은 어떻게든 식량을 대규모로 비축해야 했다. 이 저장품의 비축을 개인에게 맡기거나, 그 저장품을 개별적으로 배에 쌓아놓고 감시하거나, 또 그 저장품을 개별적으로 먹도록 하는 것은 엄청나게 번거로운 일이었다. 규모가 작다면 이 자기 급식 방식이 배에서 있었을지도 모른다. 13세기의 제노바 공화국에서는 징집병들에게 무기, 식량, "모든 필수품"을 스스로 준비할 의무가 주어졌다.[227] 이러한 종류의 급양은 "자기 부담"이라고 불리었는데, 용병 군대는 이와 반대였다. 그러나 그 당시에는 급료에 급양 비용도 포함되어 있었다.

대항해에 나선 국가들, 특히 스페인, 네덜란드, 프랑스, 잉글랜드에서는 함선 승무원의 자기 급식이 결코 없었던 것 같다. 이와 다른 것은 함선 승무원에게 식량을 집단적으로 공급하는 형식밖에 없었다. 내가 아는 한, 이 점에서는 수 세기에 걸쳐 두 방식이 사용되었다. 하나는 프랑스식이라고 부를 수 있는 것으로, 함장에게 함선의 식료품 공급을 맡겼다. 또 하나는 영국식인데, 국가가 함선 승무원의 급양을 돌보았다.

프랑스에서는 실제로 콜베르 시대까지는 장교들과 승무원, 심지어는 그들이 배에 태운 육군들에게 급양하는 일마저 함장에게 맡겼다. 콜베르 치하 때 처음으로 식량 보급 장군 계급이 도입되었다. 많은 함선에의 식량 제공을 국가가 떠맡았다.[228]

영국에서는 이미 13세기에 국왕의 함선에 식량으로 운반된 청어와 햄 등의 비용이 지출되었다고 한다.[229] 때때로 식량이 현물로 여러 신분의 사람들로부터 공급되었다.[230] 16세기에는 국가에 의한 급양이 완전히 지배적인 방식이 되었다. 승무원은 국가로부터 식량을 공급받았다.

Ⅱ. 식료품 수요

이 책의 "이론적인 부분"에서 자세히 서술한 것을 기억한다면, 우리가 아는 군대 식료품 수요의 크기와 종류도 군대의 병력과 급양 방식의 특징에 의해 정해진다.

무장한 부대의 수는 언제나 수요의 절대적인 크기를 결정한다. 말하자면, 물자를 생산하는 데 협력하지 않으면서, 먹고 싶어 하는 입의 수를 결정한다. 왜냐하면, 군대에서는 병사(또는 병사의 가족)라고 하는 단지 소비만 하는 많은 사람이 만들어진다는 점에서, 그것은 당연히 경제적으로 중요하기 때문이다. 병사는 언제나 소비자에 불과하다는 속성을 갖고 있다. 그가 생필품을 현물로 받든, 아니면 생산자에게서 그것을 구입하든 상관없이 그렇다.

그리고 급양 방식은 대규모 군대에 의해 생겨난 거대한 식료품 수요가 어느 정도로 대량 수요(즉 하나로 뭉쳐서 통일적으로 전체로서 등장하는 수요)가 되는지를 결정한다. 수요 충족의 집중화가 진전되면 될수록 거대한 수요가 더욱더 대량 수요가 된다는 것은 말할 필요가 없다. 게다가 전쟁이 장기화될수록 집중화는 전시에만 나타난다. 마지막으로는 (함선의 경우) 국외 항해가 길어질수록 집중화가 나타난다.

많은 수의 부대원들에게 오랜 항해 동안 식량을 공급할 필요성이 우선 식료품에 대한 대량 수요를 낳았을 것이다. 그리고 세계가 아직도 꿈속에서 편안하게 살고 있었던 시대에, 그러한 필요성이 대량 수요를 불러 일으켰다. 어느 날 다음과 같은 정보가 제노바에 퍼졌을 때, 꿈에 취한 그 당시 사람들은 몹시 충격을 받았음에 틀림없다. 그 정보란 프랑스의 필립 오귀스트*가 자신의 군대에 8개월 치의 식량과 말 사료 그리고 4개월 치의 와인을 주려고 한다는 것이었다.[231]

또는 전령사가 프랑스의 여러 마을에 말을 타고 나타나 다음과 같이 알렸다. 즉 재판소 관할구의 사람들은 칼레에서 출항하는 부대에 조달하기 위해 식료품을 그곳으로 공급하라고 하였다.

1304년 대법관들에게 부과된 개개의 업무에 대해서 개관할 수 있는 것이 있다. 중세의 소집 명단이기 때문에, 물론 그 숫자를 전적으로 신뢰할 수는 없다. 그 숫자는 아마도 기대한 최대치를 나타낸 것에 지나지 않을 것이다. 그렇지만 어쨌든 그 숫자는 매우 이른 시대에 군대 급양을 위해 조달되어야 하는 양에 대해서 가장 근사치의

---

* 필립 오귀스트Philipp August(1165~1223. 재위 기간: 1179~1223): 카페 왕조 출신의 필립 2세. 프랑스의 국력을 크게 신장시켜 프랑스 국왕으로서는 최초로 위대한 왕으로 평가되어 "존엄왕Auguste"이라는 별명이 붙었다(역자 주).

관념을 준다. 그 숫자가 옳다는 것에는 아마도 의심할 수 없을 것이다. 이 일람표는 국고 제35호 장부의 제138표에 있으며, 부타릭의 저서 278~279쪽에 수록되어 있다.

(칼레로의 공급을 위해) 1304년 1월 대법관들에게 부과된 요구:

- 상스 대법관 관할구: 250말터*(뮈)**의 곡물, 500톤의 와인, 150말터의 귀리.
- 카엥 대법관 관할구: 500말터의 곡물, 500톤의 와인, 500말터의 귀리, 1,000마리의 살아 있는 돼지, 1,000개의 햄, 10말터의 완두콩, 10말터의 콩.
- 마송 대법관 관할구: 500마리의 뿔 달린 짐승, 1,000마리의 거세된 숫양.
- 오베르뉴 대법관 관할구: 1,000마리의 뿔 달린 짐승, 2,000마리의 거세된 숫양, 1,000개의 햄.
- 트로이에 대법관 관할구: 1만 파운드의 꿀, 4,000파운드의 아몬드, 대형 빵 20개분의 설탕.
- 지소르 대법관 관할구: 500말터의 곡물, 500말터의 귀리, 10말터의 완두콩, 10말터의 콩.
- 코 대법관 관할구: 250말터의 곡물, 500톤의 와인, 250말터의 귀리, 1,000개의 햄.

---

* 말터Malter: 곡물의 용량(150~700리터 사이)이나 목재의 용적을 재는 단위. 옛 독일에서 사용되었고 오늘날에는 사용되지 않는다(역자 주).

** 뮈muid: 옛날의 용량 단위로 파리에서는 술의 경우 268리터, 곡물 등의 경우는 1,872리터였다(역자 주).

- 루앙 대법관 관할구: 500말터의 곡물, 100톤의 와인, 500말터의 귀리, 1,000개의 햄, 100푸아스의 소금.
- 상리 대법관 관할구: 250말터의 곡물, 500톤의 와인, 250말터의 귀리.
- 투렌 대법관 관할구: 500말터의 곡물, 1000통의 포도주, 500말터의 귀리. 40통의 오일, 100샤르쥬의 소금.
- 부르주 대법관 관할구: 4,000마리의 거세된 숫양, 500마리의 뿔 달린 동물, 500마리의 살아 있는 돼지.
- 쿠단스 대법관 관할구: 500말터의 귀리, 1,000마리의 살아 있는 돼지, 1,000개의 햄, 500마리의 뿔 달린 동물.
- 오를레앙 대법관 관할구: 200말터의 곡물, 200말터의 귀리, 500마리의 뿔 달린 동물, 1,000마리의 거세된 숫양.
- 푸아투 지방 재판관 관할구: 1,000톤의 와인, 10톤의 식초, 500마리의 뿔 달린 동물.
- 생통주 지방 재판관 관할구: 1,000톤의 와인, 10톤의 식초, 500마리의 뿔 달린 동물.

그런데 그 후 근대적인 군대와 함대가 생겨났을 때 비로소 당연히 본격적이면서도 지속적인 식료품 대량 수요가 나타났다. 특히 함대의 무장은 일찍부터 규칙적인 식량의 대량 수송을 요구하였다. 이 점에서 결정적인 변화는 16세기에 일어난 것 같다. 당시에 함선에는 겨울에 식량을 공급하는 방식으로 바뀌었다. 그리고 영국의 규칙은 4개월 치 식량을 두 달마다 공급하는 것을 법규로 확정하였다. 물론 이 요구는 규칙적으로 지켜지지는 않았다. 1522년 영국의 서리 제독은 정해진 규칙이 있었음에도 불구하고, 그의 배에는 기껏해야 8일 치 식량 밖에 없었다고 불평하였다. 그런데 1545년 프랑스 해군은 2개월 치 식량을 비축하고 있었다고 분명하게 발표하였다.[232] 급양 방식에 대한 이처럼 한층 더 높은 요구는 이 16세기 중반 이후부터 군함을 운행할 때 아주 다른 관습이 만들어졌다는 것과 관계있었다. 헨리 8세 시대까지는 함대는 병사들을 상륙시키거나 적을 쳐부수면 곧 귀환하였다. 그렇지만 이제는 긴 항해의 시대가 시작되었다.

그렇지만 이미 16세기에 대항해 때 비축 식량의 양이 문제되었다는 것은 스페인의 무적함대가 1588년에 가지고 간 식료품의 양이 보여준다. 이에 대해서는 매우 정확하면서도 신뢰할 만한 보고가 있어, 우리는 이 195척의 함대가 식료품을 다음과 같이 배에 실었다는 것을 알고 있다[233]:

11만 젠트너 비스킷

11,117마요르(1마요르는 56.2갤론) 와인

6,000젠트너 돼지고기

3,000젠트너 치즈

6,000젠트너 생선

4,000젠트너 쌀

6,000파네가(1파네가는 1.5부셸) 완두콩과 콩 1만 아롭(1아롭은 3.5갤론) 오일

21,000아롭 식초

11,000통의 물

17세기에는 단기간에 매우 많은 양의 식량을 조달할 수밖에 없는 계기들이 쌓였다(이것은 17세기 전체에 처음으로 독특한 특징을 주었다). 예를 들면, 영국의 함대가 갑자기 다음과 같이 주문했다는 기록이 있다. 750만 파운드의 빵, 750만 파운드의 쇠고기와 돼지고기. 1만 통(큰 술통)의 맥주, 그 외에 버터, 치즈, 생선 등. 이 모든 것을 아주 짧은 시간 안에 (기간은 제시되지 않았다) 조달하라는 것이었다.[234]

네덜란드에서는 1672년에 7개월 동안 함대를 유지하는 데 6,972,768플로린을 썼다.[235]

18세기 중엽 한 함선이나 한 함대의 식량 공급에 대한 매우 자세한 일람표는 드 센느비에르의 《군사 내역》(1750) 238쪽 이하에서 볼 수 있다.

함선에 식량을 공급하는 문제는 결코 특별히 군사상의 문제가 아니라고 생각할 수 있을 것이다. 사실 모든 상선도 승무원을 위해 식량을 갖추어야 하기 때문이다. 그렇다. 그러나 공급하는 식량의 양은 전함의 경우 온전히 달랐다. 우선 이 식량 비축 공간의 확대는 문제를 지녔다.

항상 염두에 두지 않으면 안 되는 것은 전함 승무원에 비하면 상선 승무원이 매우 적었다는 사실이다. 중세에도 이미 전함은 많은 인원으로 가득 차 있었다: 갈레 선은 이탈리아 해군의 전함이며, 노를 젓는 배였다. 이미 이 때문에도 갈레 선은 같은 크기의 범선보다 훨씬 더 많은 사람을 태웠다. 이미 13세기에 제노바 공화국의 갈레 선에는 노 젓는 사람이 140명이 있었다.[236] 1285년에는 한 척에 184명이 있었다. 같은 크기의 상선이라면 아마도 승무원은 20명에 지나지 않았을 것이다. 상선으로서의 범선이 자기 방어를 위해 병사들을 태우고 출항했을 때조차, 12세기와 13세기에는 다음과 같은 수의 승무원만을 태웠다: 25명, 50명, 32명, 85명, 60명, 55명, 50명, 45명. 그런데 상선들이— 화물을 실었든 싣지 않았든 간에—주로 전쟁이나 나포를 위해 무장한 경우에는 사정이 곧 다시 변하였다. 이 상선들의 승무원 수는 비교할 수 없을 정도로 많아졌다. 그 상선들은 "무장선"이라고 불리었으며, 다음과 같은 수의 승무원을 태우고 있었다: 두 척의 배는 1234년 600명, 피사의 한 배는 1125년 400명, 역시 피사의 또 다른 배는 500명, 베네치아의 한 상선은 900명을 태웠다.[237]

16세기에는 전함의 경우 총 5톤당 3명의 승무원이 있다고 계산하였다. 즉 1/3은 병사, 나머지의 1/7은 폭약 전문가(포수), 나머지는 수병이었다. 이에 반해 상선의 경우에는 순純5톤당 승무원 1명으로 계산하였으며, 1/12은 폭약 전문가, 나머지는 선원이었다.[238]

따라서 이 승무원 비율에 따르면 바로 전함에 탄 병사들의 수가 나왔다. 1513년의[239] 공식 기록에 기재되어 있는 15척의 영국 함선에는 승무원이 다음과 같이 있었다.

사령관 2명과 700명(400명의 병사 + 260명의 선원 + 40명의 포수)

사령관 1명과 600명(350명의 병사 + 230명의 선원 + 20명의 포수)

사령관 1명과 550명(300명의 병사 + 210명의 선원 + 40명의 포수)

사령관 1명과 400명(200명의 병사 + 180명의 선원 + 20명의 포수)

사령관 2명과 300명(150명의 병사 + 130명의 선원 + 20명의 포수)

사령관 2명과 300명(150명의 병사 + 135명의 선원 + 15명의 포수)

등

적을 향해 함께 돌진한 함선의 수를 고려한다면, 배에 탄 병사들과 선원들의 수가 대단히 많았다는 것을 쉽게 알 수 있다. 1511년 헨리 8세는 3,000명으로 영불 해협의 항해를 확보하겠다고 약속했다. 1513년에는 영국 함대를 위해 (28척의 화물선 승무원은 제외하고) 2,880명의 수병을 모집하였다. 1514년에는 23척의 국왕 함선, 21척의 용선, 15척의 화물선, 3,982명의 선원, 447명의 포병(포수), 모두 합쳐 4,429명이 승선하였다. 여기에는 병사가 포함되지 않았다.[240]

그러나 육군에서도 식량 수요량이 당연히 빠르게 늘어났다. 예:

브란덴부르크 군대의 병사 12,000명은 1694년에 보조 부대로서 라인 지방과 네덜란드에 주둔하였는데, (38,180탈레르의 월급 외에) 1인당 매일 2파운드의 빵을 받았다. 11,608명의 일반 병사와 하사관에게는 매일 23,216파운드의 빵이 지급되었으며, 따라서 31일로 계산하면 719,696파운드에 달하였다. 144파운드의 빵을 뒤른베르크에서 쓰는 밀가루 무게 단위 젠트너로 계산하면, 한 달에 4,898젠트너의 밀가루가 필요했다.[241] 1727년에는 호밀을 사 군용 창고에 저장하기 위해 국고에서 20만 탈레르가 지출되었다.[242] 프로이센의 21개 창고에는 프리드리히 빌헬름 1세의 통치 시기 말기에 45,000비스펠*이 저장되어 있었다. 이것은 1년에 20만 명을 충분히 부양할 수 있는 양이었다.[243] 18세기의 프로이센에서는 하루에 한 사람이 2파운드의 빵, 1년에 7셰펠을 먹는다고 계산하였다. 따라서 프로이센 육군은 이미 17세기 전반에 24,000~25,000비스펠의 곡물을 필요로 하였다.

---

* 비스펠Wispel: 옛 곡량 단위(24셰펠Schffel. 1셰펠은 50리터에서 222리터까지 일정치 않음)(역자주).

반면에 베를린의 민간인은 1720년에는 7,200비스펠밖에 요구하지 않았다.[244]

다른 나라들의 육군에서도 비슷한 숫자가 나타난다. 뒤프레 돌나이는 18세기 중엽 프랑스에 대해서 다음과 같은 계산을 제시하였다[245] : 15만 명의 군인에게 군용 흑빵을 공급하면, 1년에 5,400만 번의 식량이 되는 이 양은 200파운드의 곡물 자루 30만 개를 필요로 한다. 따라서 3만 톤이 된다. 만일 이처럼 많은 수요를 충족시킨 여러 가지 방법을 추적한다면, 그것이 그 당시 단 하나의 항구(단치히)에서 수출된 양과 같았다는 사실을 우리는 알게 될 것이다.

Ⅲ. 군대 급양의 국민경제학적 의의

내가 아는 한, 이 제목으로 표현된 문제는 지금까지 언제나 부정적인 측면에서만 고찰되어 왔다. 한 나라에서 강도짓이나 다름없는 군대의 강탈이나 과도한 부담이 일으킬 수 있는 또는 일으킨 파괴적인 작용을 추적하였다. 게다가 문제의 이 부분은 크뤼니츠의《백과사전》속 관련 항목에서 거의 남김없이 자세하게 다루어졌다. 그러나 이 문제는 다음과 같은 질문 속에 들어 있는 매우 중요한 긍정적인 내용도 갖고 있다: 급양 제도가 이런 저런 시기에 어떤 건설적이고 창조적으로 혁신적인 영향을 지녔으며, 그것이 특히 근대 자본주의의 형성에서 어떤 역할을 하였는가? 내가 이 연관에서 본 것은 다음과 같다:

1. 나는 이미 다음과 같은 사실을 강조하였다. 즉 언제나 육군이

단순한 소비자 집단으로서 유럽의 중세 시대에 그리고 지난 수 세기 동안 통상적으로 그들의 수요를 구입을 통해 충족시켰다는 사실을 나는 이미 강조하였다. 이러한 사실은—교환 경제가 이제 막 시작된 곳에서는—의심할 바 없이 경제 생활을 변화시키는 작용을 하였다. 돈 있는 사람들의 이 지속적인 수요에 의해서 시장에 어울리는 생산에의 자극이 만들어졌기 때문이다. 따라서 교환 경제 관계는 그 범위와 강도가 증대하였다. 이것은 의심할 바 없이 거의 어디에서나 교환 경제 조직을 출발점으로 하는 자본주의 발전도 촉진시킨다는 것을 의미한다. 18세기의 프로이센처럼 경제적으로 뒤떨어진 나라에서는 거대한 구매력을 지닌 육군의 활발한 영향력이 없었다면(경제 생활의 오랜 농민적인 자급자족 형태가 이 육군의 영향력에 의해서야 비로소 일단 파괴되었지만), 자본주의가 시작되기까지 확실히 100년은 더 기다려야 했을 것이다. 식량에 대한 군대의 수요는—이 수요가 개개의 병사에서 나오든 어느 한 중심지에서 나오든 상관없이—여기에서 말하자면 자본주의의 선도자 역할을 하였다. 그렇지만 이처럼 자극을 주는 작용이 확실히 육군에서 나올 수 있었다는 것은 단지 인구수만 대조해도 알 수 있다. 우리가 본 바와 같이, 프로이센에서는 1740년과 1786년에 평화 시 군대 병력이 인구의 약 4%를 차지했다. 이 당시에는 확실히 인구의 60~70%가 자급자족 경제의 틀 속에서 자신들의 수요를 충족시키고 있었다. 소도시와 평야 지역에서는 병사들과 군의 예산이 그때에는 확실히 종종 전적으로 중요한 유일한 구입자였다. 프리드리히 빌헬름 1세는 프로이센 군대가 "보다 높은" 경제 생활 형태로의 발전을 활발하게 또는 혁신적으로 촉진시키는 작용을 한다는 것을 아주 잘 통찰하였다. 그가 다음과 같이 말했을 때, 문자

그대로 그의 말이 옳았다고 나는 생각한다:

"만약 나의 군대가 국외로 이동한다면, 국내에서 소비자로서 귀중한 재원이 될 때보다 소비세가 1/3도 걷히지 않을 것이다. 관리들은 임대료를 제대로 받지 못할 것이다."

2. 거대한 군대가 경제 생활의 형성에 미치는 저 첫 번째 작용과 아주 밀접하게 관련되어 있는 두 번째 작용이 있다. 이 두 번째 작용은 그러한 군대가 도시 형성 요소로서 갖는 의의이다. 이 의의가 나타날 수 있는 곳은 당연히 군대가 도시에 주둔하는 곳, 또는 매우 많은 부대가 한 장소에 있어 이러한 축적 속에서 도시가 성장하는 곳뿐이다. 그러나 도시의 발생과 확대는 언제나 자본주의에 이르는 길로 한 걸음 더 나아간다는 것을 의미한다. 이 길은 교환 경제 조직을 역사 발전의 전제로 삼듯이, 그 길은 도시로의 인구 집중도 역사 발전의 전제로 삼고 있다. 이것이 자본주의 발생에 필수적인 전제 조건이라는 사실을 인정하지 않아도, 도시 인구의 급속한 증가로 인해 자본주의가 크게 촉진되었다는 사실은 부인할 수 없을 것이다.

그렇지만 특히 근대 군대가 대대적으로 도시를 형성하는 작용을 했다는 것은 의심할 바 없다. 나는 다시 프로이센을 예로 들겠다. 왜냐하면, 여기에서는 육군이 경제 생활에 미친 혁명적인 작용이 아마도 가장 분명하게 나타날 것이기 때문이다.

베를린 자체도 사실 18세기 말까지는 순전히 군대 주둔 도시였다. 1740년 군인은 21,309명이었다. 그 당시의 전체 인구수는 약 9만 명이었다. 만일 모든 군인에 의해서 또 한 사람이 생계를 유지했다고 가정한다면, 도시의 절반은 군대 주둔으로 인해 형성되었을 것이다. 1754년에는 군인이 25,255명으로 늘어났으며, 1776년에는 30,501

명으로 늘어났다(코저에 따르면).

더욱 분명한 것은 소도시의 숫자들이다. 할레는 군대 주둔으로 인해 3,000명에서 4,000명으로 인구가 증가하였다. 따라서 주둔군이 아마도 도시 인구의 1/4을 차지했을 것이다. 마그데부르크는 (1740년에) 19,580명의 주민이 있었는데, 그중 주둔군의 수가 5,000~6,000명에 달하였다. 슈테틴의 인구는 (1740년에는) 12,740명이었으며, 주둔군의 수는(병사들과 아내들 및 아이들을 포함해서) 4,000~5,000명이었다.[246]

3. 지금까지 우리가 확인할 수 있었던 것은 군대가 식량 수요를 증대시켜 간접적으로 자본주의 발전에 기여했다는 사실이다. 군대가 말하자면 자본주의 발전의 선도자였다는 사실이다. 그렇지만 이제는 자본주의가 근대 국가에서 군대 급양이 겪은 발전을 통해서도 직접 촉진되었다는 것을 증명해야 한다. 물론 군대에의 식료품 공급과 자본주의 경제 체제 형성 간의 연관은 예를 들어, 무기 제조의 경우나 나중에 서술할 피복 조달의 경우와는 달리 구체적으로 분명하게 드러나지 않는다. 그러나 그 연관이 존재한다는 것은 아주 확실하다. 이 연관을 찾아내려면 조금 더 정확하게 바라보고 조금 더 넓게 둘러보아야 한다.

내가 맨 먼저 생각하는 것은 분명히 농업의 "대경영"이 우선 군수품 관리국의 주문에 의해 촉진되었다는 것이다. 이러한 촉진으로 인해 농업의 대경영이 자본주의 길로 전진하였기 때문이다. 16세기 이후부터 점점 더 빈번해진 군수품 관리국의 대대적인 곡물 구입은 대규모 농업의 수익성을 어디에서나 높였으며 또 점점 더 많이 대규모 농업으로 이행시키는 기회를 주었다. 16세기에서 18세기까지의 시기에 독일과 오스트리아에서는 크납*이 생각한 것처럼 이 최초의 "자본주의적 경영"인 기사 영지가 만들어졌다. 지금 주장해도 아무런 문제가 없는 것은 (또한 여러 번 개별적으로 증명된 것은) 만일 증대되는 곡물 수요를 충족시키려고 한 곡물 생산 확대가 없었다면, 이러한 발전은 결코 없었거나 또는 설령 있었다 하더라도 대단히 느렸을 것이라는 사실이다. 이 증대된 수요는 무엇 때문에 일어났는가? 본질적으로 근대 군대의 발생과 이 군대의 식량 수요 증대 때문이라고 나는 주장하였다. 그러면 이 주장이 옳다는 것을 증명해 보자.

이를 위해서 나는 육군에의 대량 물자 판매가 아주 확실하다는 것을 보여주는 사례들을 찾아낼 수 있었다. 그리고 그러한 사례들은 정말로 매우 많다. 예를 들면, 나의 머릿속에 떠오르는 것은 발렌슈타인이 자신의 영지 책임자들에게 행한 주문인데, 이 주문의 액수는 종종 아주 컸다(발렌슈타인은 위대한 총사령관이었을 뿐만 아니라, 아마도 그 이상으로 유능하면서도 약아빠진 사업가였을 것이다!). 그가 생산자로서 또 총사령관으로서 이익을 얻은 자신의 이 곡물 공급은 다른 경우에는 약탈이나 강탈을 통해 가져온 발렌슈타인 군대의 식량을 규칙적으로 보충하였다. 이렇게 해서 그는 1626년 3월 13일 3만 슈트릭(1슈트릭은 93.6리트르)의 곡물을 자신의 영지에서 조달하였다.[247]

또는 구스타브 아돌프가 자신의 군대를 위해 러시아에서 한 아주 대규모의 곡물 구입이 생각난다.[248]

또는 프리드리히 빌헬름 1세가 군사용 창고에 보관할 곡물을 구입할 때, 국유지 소작인들에게 준 분명한 우대 조치가 생각난다.[249]

---

* 게오르그 프리드리히 크납Georg Friedrich Knapp(1842~1926): 독일의 경제학자(역자 주).

그러나 바로 이러한 방식으로는 내 주장이 옳다는 것을 어느 정도 설득력 있게 증명할 수 없다. 따라서 나는 우회한다: 그것은 16세기 이후부터 발전한 국제적인 곡물 무역이다. 나는 이것을 한편으로는 자본주의적 농업 대경영과 연결하며(이 대경영은 국제적인 곡물 무역에 의해 가능해졌기 때문이다), 또 다른 한편으로는 군수품 관리국의 수요와 연결한다(군수품 관리국의 수요가 이러한 시장의 발생에 제일 먼저 기여했기 때문이다). 16, 17, 18세기의 국제적인 곡물 무역이 근대의 군대 덕분에 존재했다는 것을 증명하는 데 성공한다면, 그것은 군국주의와 자본주의 간의 새로운 중요한 관계를 밝혀낸 것이 된다. 그러한 무역 자체는—나중에 보여주는 것처럼—자본주의의 아주 큰 징후, 즉 상업 분야에서 가장 이른 징후 중의 하나였다. 따라서 나는 나의 서술 중 이 부분을 또한 하나의 특별한 통일체로 통합한다:

4. 유럽의 곡물 무역은 아주 뚜렷이 구분되는 두 개의 시기로 분명하게 나누어진다: 16세기 말까지의 시기와 그 이후의 시기. 두 시기를 구분 짓는 것은 무역이 행해지는 지리적인 범위와 거래되는 곡물의 양이다. 16세기 말 이후부터, 사실 정확하게 말하면 17세기 이후에야 비로소 국제적인 곡물 무역이 있었다. 그중심지는 잠시 안트베르펜이었지만, 그 후에는 암스테르담이었다. 마찬가지로 그 시기 이후부터 무역의 총량이 갑자기 급격히 확대되었다고 말하고 싶다.

중세 때 가장 중요한 곡물 무역은 이탈리아의 곡물 무역이었다. 이것은 남부 이탈리아와 폰투스(여기서는 소규모로)에서 수송해와 북부 이탈리아 도시들, 특히 베네치아에 공급하였다. 그 판매량은 중세의 사정에 비하면 컸었다. 피렌체 은행이 투기하기 위해서 흔히 사모은 수출 증서에는 14세기에 평균 10만에서 12만 살메라고 쓰여 있었는데, 이것은 내 계산으로는 약 1만에서 1만 5,000톤에 달한다.[250] 이 곡물량의 절반 또는 2/3가 실제로 수출되었다고 가정한다면, 판매량은 5,000톤에서 1만 톤에 달한다고 계산해야 할 것이다. 이 양은 함부르크, 슈테틴, 레발 등 북유럽 최대의 곡물 거래 중심지보다 두 배 내지 세 배가 된다.

16세기까지의 시기에 본질적으로 거대한 양을 나타내는 모든 숫자는 전거가 의심스럽다. 아마도 그 당시에 이미 상당히 중요한 16세기의 안트베르펜 곡물 무역에 대해서는 내가 아는 한, 신뢰할 만한 보고가 없다. 2,500척(!)의 배가 그 당시 스헬데 강*에 정박하고 있었다거나, 매년 6만 라스트**의 곡물을 발트 해와 네덜란드에서 실어와 안트베르펜에서 하역했다는 기술을 연대기 작가의 날조로 보는 것은 사실 적절하지 않다. 가능은 하다. 그러나 곡물량이 단지 6,000라스트이었을 수는 있다. 항상 다시 (유감스럽게도 아직도) 우리 역사가들에게 호소하고 싶다: 모든 문헌 자료를 양심적으로 검토하는 당신들은 통계 보고에 대해서도 특히 무역 매상이나 선박 통상에 관한 보고에 대해서도 좀 더 신중하시오!

예를 들면, 16세기 안트베르펜의 무역액에 대한 평가는 너무 막연하다. 마리노 카발로는 동인도에서의 총수입(곡물, 아마포, 목재)을 35만 두카텐으로 추정하였는데, 구이치아르디니는 그 당시의 곡물 수입액만 150만 두카텐이라고 추정하였다.

---

* 스헬데Schelde 강: 프랑스 북부에서 발원하고 벨기에 동쪽으로 흘러 네덜란드에서 북해로 이어지는 강(역자 주).

** 라스트last: 중량의 단위. 보통 4,000파운드(역자 주).

17세기에 와서야 비로소, (그 당시의 개념으로는) 거대한 곡물 매상고를 보여주는 숫자들이 나타난다. 그렇지만 그 숫자들의 정확성은 의심할 수 없다. 특히 단치히의 곡물 수출에 대한 숫자들이 그렇다. "1618년과 1649년에서 1790년까지 단치히에서 수출입된 곡물 금액의 명세서"가 있다. 이것은 현재 단치히 곡물 상사 릭페트가 소장하고 있으며, 〈악타 보르시카〉 지의 편집자가 여기에서 발췌하였다. 이 숫자들은 신뢰할 수 있다. 그렇지만 유감스럽게도 그것들의 출처가 어디인지는 알려져 있지 않다. 아마도 그것은 곡물 중개인의 기록일 것이다. 다음과 같은 사실에 의해서도 그 숫자들은 정확할 가능성이 있다. 즉 그 당시에는 다른 항구에서도 곡물 무역이 눈에 띌 정도로 급격히 증가했으며, 특히 암스테르담 곡물 시장에서의 거대한 매상고는 믿을 만하다는 것이다. 단치히와 암스테르담은 두 개의 축으로, 17세기와 18세기의 곡물 무역이 이 두 축을 중심으로 해서 행해졌다. 그리고 이 시기의 곡물 무역의 방향은 전적으로 국제적인 성격을 지녔다. 곡물이 암스테르담에서 모든 유럽 국가로 계속 팔려나갔기 때문이다.

아주 크거나 아주 작은 몇 년을 제외하면, 단치히에서의 곡물 수출량은 5만 라스트—이것은 약 6만 톤에 해당된다—전후였다. 1618년에는 115,219라스트라는 거대한 양에 달하였다. 그렇지만 1649년에는 99,808.5라스트 30셰펠이 단치히 항구에서 수출되었다. 유감스럽게도 우리는 암스테르담 곡물 시장에서의 매상고에 대해 단치히에서의 수출만큼 정확하게는 알지 못하고 있다. 그러나 단지 단치히에서의 수입뿐만 아니라 그밖에 발트해나 북해 국가들에서의 수입도 고려할 필요가 있다. 네덜란드의 "동유럽과의" 무역이 얼마나 빨리 진흥되었는가는 스웨덴과 덴마크 사이의 해협을 통과한 선박 수가 보여준다. 1536년에는 510척이었는데, 1640년에는 1,600척이었다.[251]

이 숫자들은 아마도 다음과 같은 것을 증명할 것이다. (1) 암스테르담의 곡물 무역이 아주 현저하게 늘어났다는 것이다. 이 무역액은 1,000만 내지 2,000만 플로린에 달하였다. 따라서 이 무역은 확실히 상당한 규모로 자본주의 길로 나갔다(이것은 다른 징후에서도 곧바로 추론할 수 있다). 그 발전 정도가 높았음을 보여 주는 징후는 내가 보기에(내가 아는 한은 지금까지 주목받지 못한) 다음과 같은 사실인 것 같다. 즉, 그 무역이 분명히 부분적으로는 이미 견본 매매 형식으로 행해졌다는 것이다.[252] (2) 이 무역은 주로 독일(그리고 러시아—폴란드)의 기사 영지 판매를 이행했다는 것이다. 따라서 우리는 농민들의 곡물이 이 거대한 교역 속에 포함되었다고 추정해서는 안 된다. 그런데 암스테르담 곡물의 구매자들과 어떤 관계에 있는가? 실제로—내가 추측한 것처럼—우선은 유럽 군대였는가? 그렇지 않다면, 구매자로서 누구를 고려할 수 있었겠는가?

일반적으로 이러한 질문이 제기되면, 사람들은 약간 성급하게 대답하였다: 특히 도시에서의 인구 증가.

이것은 그럴듯한 설명인가? 우선 가장 큰 두 도시, 런던과 파리를 생각해야 한다. 그러나 이 도시들에 대해 우리가 아주 확실하게 알고 있는 사실은 그 도시들이 식량 수요를 전적으로 자국 내에서 충족시켰다는 것이다. 1600년경에 50만 명의 인구를 지닌 런던의 사정이 이 시기에는 분명하게 확인되고 있다[253] "런던은 노퍽, 서퍽, 에섹스, 켄트, 서섹스의 백작령을 번영시키고 있다. 이 지방들의 힘과

부는—잘 알려진 바와 같이—토양이 좋았다는 것보다는 런던에 인접했거나 런던과 가까웠다는 것에 기인한다."

18세기 전반 영국의 곡물 및 밀가루 무역 조직에 대해 우리가 갖고 있는 기록은 상당히 확실한 것 같다. 당시에는 런던으로의 식료품 공급이 항상 지방을 통해 이루어졌다고 한다. 곡물 상인들은 말을 타고 농가들을 돌아다니며 곡물을 산 다음 시장으로 운반하였다. 여기에서는 방앗간 주인들이 그 곡물을 샀는데, 이들은 다시 런던의 빵집 주인들과 직접 연결되어 있었다.[254]

이와 마찬가지로 파리의 식량 공급도 17세기와 18세기에는 국민경제의 틀 속에서 행해졌다.[255]

그런데 그 밖의 대도시들은 어디에서 생겨났는가? 동유럽에서 생겨났다. 이 도시들은 거의 고려되고 있지 않다. 17세기의 마드리드는 스페인산 곡물로 부양되었다. 암스테르담 자체는 18세기에는 더 커지지 않았기 때문에 암스테르담에 들어온 곡물량의 일부만을 먹어 치웠다. 암스테르담의 곡물 무역이 중계 무역이었다는 것도 우리는 알고 있다. 이탈리아 도시들도 그랬다. 나폴리가 상당히 성장했는데, 이 도시는 남부 이탈리아와 시칠리아에서 식량을 공급받았다. 북부 이탈리아 도시들은 모두 17세기와 18세기에 주민 수가 감소하였다. 곡물 수입의 감소가 물론 터키인들에 의한 콘스탄티노플 정복 때문에 일어났을지도 모른다. 사실 나는 국제적인 곡물 무역 증가가 부분적으로 대도시 인구 증가로 설명될 수 있다는 것을 결코 부정하고 싶지 않다. 다만 곡물 판매의 급속하면서도 강력한 증가가 오로지 또는 주로 저 인구 변동의 결과로 돌릴 수는 없는 것 같다. 오히려 나는 사람들이 다음과 같은 나의 가설을 받아들인다면 이 증가가 어려움 없이 설명될 수 있다고 생각한다: 군대의 수요 증가가 곡물 무역을 확대시킨 주요한 자극이 되었다.

나는 다음과 같은 증거의 순간들을 더 들고 싶다.

a) 우리가 알게 된 군대 수요의 거대함은 어쨌든 암스테르담의 수입 중 상당한 부분을 군대가 차지했을 가능성을 배제하지 않는다. 15만 명의 군대에 빵을 공급하는 것은 연간 약 3만 톤의 곡물을 필요로 하였다. 루이 14세는 이미 20만 명의 병사들을 이끌고 전쟁터에 나섰다. 프리드리히 대왕의 군대는 평시에 18만 명의 병력을 갖고 있었다. 단치히의 곡물 수출은 5만 톤 주위를 오르내렸다.

b) 모든 군사 국가의 곡물 무역 정책은 17세기와 18세기에는 강력하게 군국주의를 지향하였다. 에베르하르트 폰 단켈만*은 콜베르와 마찬가지로 곡물 무역 정책은 당연히 우선 군대 이익에 봉사해야 한다고 생각하였다.[256] 이것은 사람들이 군대에 식량, 특히 곡물을 공급하는 것을 하나의 문제로 매우 절실하게 느꼈다는 증거이다.

c) 암스테르담의 무역에 대한 분별력 있는 관찰자들은 곡물 판매가 주로 군대 수요에 의해 결정되었다고 단도직입적으로 말하였다. 영국의 유명한 수출입 총감독인 전문가 데이브넌트는 1701~1704년에 네덜란드 곡물 무역의 "유례없는 증가"를 확인하였다.[257] 그래서 그는 전쟁 시기에 세계 시장 암스테르담에서의 투기가 완전히 무절제한 성격을 지녔다고 생각하였다.

d) 우리는 일련의 경우에서 암스테르담 곡물 시장과 군수품 관리

---

* 에베르하르트 폰 단켈만Eberhard von Danckelmann(1643~1722): 브란덴부르크의 각료이자 프로이센의 수상(역자 주).

국 사이에 실제로 있었던 관계를 확인할 수 있다:

① 이미 1556년에 (암스테르담이 미처 번영하기도 전에) 오스트리아 상인들은 스페인 국왕에게 (따라서 군대를 위해) 바라는 양만큼의 호밀을 1라스트당 24플로린의 가격으로 네덜란드에 공급하겠다고 자청하였다.[258]

② 루이 14세가 1672년 네덜란드(!)를 침공하려고 군대를 무장시켰을 때, 암스테르담(!) 상인들은 필요한 곡물을 그에게 공급하였다.[259]

③ 스페인 계승 전쟁 때 피에몬테 군수품 관리국은 암스테르담 곡물 시장에 구매자로 나타났다. 이 경우 우리는 군대에의 식량 공급 필요성이 곡물 거래의 국제성을 형식적으로 강제했다는 것을 분명하게 추적할 수 있다: 피에몬테는 처음에는 자기 나라의 곡물을 사용하였다. 그 후 상인들은 롬바르디아, 에밀리아, 로마냐로 손을 내밀었다. 제노바는 피에몬테 정부가 돌보는 시장이었다. 그런데 그 후 정부는 베네치아에까지 대리인들을 파견하였다. 여기에서만 1709년에는 은행가의 중개를 통해 100만 리라 이상의 곡물이 구입되었다. 1706년부터는 네덜란드도 거명되었다: 거대한 양의 곡물이 바닷길을 통해 피에몬테로 운반되었다(그리고—아울러—네덜란드의 보조금으로 지불되었다).[260]

④ 프로이센의 왕 프리드리히 빌헬름 1세조차 자신의 군대에 필요한 곡물을 위해 암스테르담 상인들을 이용해야 한다고 생각했다. 1737년 5월 5일 이 왕은 총감독에게 암스테르담에서 10만 셰펠의 곡물을 1셰펠당 1탈레르의 가격으로 얻을 수 없는지에 대해서 은밀하게 조용히 정보를 얻으라고 명령하였다.[261]

요컨대, 내 가설이 옳다는 것이 증명된 것 같다. 완전한 확신을 얻으려면 그 당시 암스테르담 곡물 상사들의 거래 장부를 뒤져야 한다.

나의 견해를 확증하기 위해, 나는 우리가 17세기의 또 하나의 중요한 국제 곡물 시장인 바젤에 대해 정확하게 알고 있다고 언급한다. 그것은 바젤이 무엇보다도 군대에 식량을 공급하는 역할을 하였다는 사실이다. "바젤의 상인들은 30년 전쟁의 호경기를 항상 다시 곡물 투기에 이용할 줄 알았다. 그들은 곡물을 일부는 스위스의 오지에서 얻었지만, 주로는 전쟁과 상관없는 프랑스 땅에서 얻었을 것이다."[262]

"곡물 투기" 논의는 우리를 새로운 관점의 고찰로 계속 이끈다.

5. 폭넓은 자본주의 기반 위에서 발전한 최초의 상업 분야 중 하나가 본질적으로 새로운 군대 형성의 발전에 의해 번영했다는 것만으로는 충분하지 않다. 군대 급양이 상품 시장에 제기한 요구는 아주 새로운 형태의 상업을 이끌었다. 이 형태는 아주 가까운 장래에 상업에 독특한 특징을 갖도록 해주었다. 즉 내가 아는 한, 우리가 정기 인도 무역 또는 선물 거래라고 부르는 것은 군수품 관리국의 주문과 직접적으로 관련해서 생겨난 것이다. 사람들은 이 근대적인 무역 형태의 시작을 보통 17세기의 네덜란드로 잘못 보고는 (세간에서 널리 행해지는 것처럼) 무역 관계의 지리적 확대를 공급 무역 발생의 원인으로 생각하고 있다. 이에 반해 군수품 관리국과 개별 상인이나 상인들의 회사 간의 공급 계약이 이미 16세기의 프랑스와 영국에서는 빈번한 현상이라는 사실을 확인해야 한다. 이 두 나라 정부는 거의 동시에, 그때까지 국가기관의 의무였던 육군과 해군에의 식료품 공급을 상거래에 맡겼다. 생산자(또는 그 밖의 판매자)와 군수품 관리국 사이에 이

제는 공급자가 끼어들었다. 그는 프랑스에서는 청부업자 또는 군수품 납부업자라고 불리었으며, 영국에서는 계약자라고 불리었다.

공급 조직의 길에 첫 걸음을 내딛은 나라는—내가 아는 한—영국이었다. 이 나라에서는 함대에의 식량 공급이 빠르게 점점 더 곤란해졌다. 우리는 현재 오펜하임과 그 밖의 사람들에 의해 발굴된 자료에 의거해서, 영국에서 해군 급양이 진행된 과정을 아주 분명하게 추적할 수 있다.

15세기 그리고 16세기 전반에 함대 급양을 위탁받은 국왕의 관리들, 즉 왕실 식료품 조달관이 등장하였다. 이들은 징발을 통해 필요한 식료품을 공급하였다. 1550년에—우리가 이미 본 것처럼—급양 행정이 집중화되었으며, 식량 공급국이 창설되었다. 에드워드 베쉬가 "해군 식량 총감독"으로 임명되었다. 그렇지만 곧이어—1565년—징발 제도가 폐지되었다.

이때부터 베쉬는 항구 근무자에게는 매일 4.5펜스, 해상 근무자에게는 5펜스를 받았다(그 후 금액은 계속 올랐다). 그 대신 그는 일정한 식량을 제공하였다. 최초의 공급 업무는 이렇게 해서 완결되었다. 2,000명 이상에게 동시에 급식하게 되면서, 그는 강제적인 징수권을 요구하였다. 베쉬는 언제라도 1,000명의 1개월 치 식량을 저장해 놓을 의무가 있었다. 여기에서 오로지 사업가로만 등장한 베쉬와 국왕 간의 이 공급 계약—어그리먼트agreement—은 6개월의 고지 기간을 갖고 해약될 수 있었다.

이 제도는 존속되었다. 1596년에는 이 방식으로 13,000명, 1597년에는 "시기적절한 통지 후에" 9,200명이 식사를 제공받았다. 1614~1617년에 해군의 급식비로 40,861파운드 12실링 11펜스가

지불되었다.[263]

1622년 함대에의 식량 공급은 두 명의 사업가 알린 앱슬리 경과 샘슨(!) 대릭 경에 의해 이루어졌다. 이들은 평생 "국왕 폐하의 해군 식량 총조달관" 칭호를 지녔다. 이들이 공급할 의무가 있는 배급량은 다음과 같았다: 매일 1파운드의 비스킷, 1갤런의 맥주, 주 4회 2파운드의 소금에 절인 쇠고기 또는 2회 1파운드의 햄이나 돼지고기 그리고 1파운드의 완두콩. 1주일 중 나머지 3일은 1/4파운드의 대구포, 1/8파운드의 버터와 1/4파운드의 치즈였다. 사업가들은 (대가로) 타워 힐, 도버, 포츠머스, 로체스터에 있는 모든 왕립 양조장, 빵 공장, 제분소 등을 이용할 권리가 있다.[264]

1650년 프라이드 대령과 그 밖의 다섯 사람이 영국 국왕과 공급 계약을 맺었다. 이 계약으로 그들은 해상 근무자 1인당 8펜스, 항구 근무자 1인당 7펜스를 원칙으로 해서 함대에 식량을 공급할 의무가 있었다. 1653년에 해상 근무자의 경우는 8펜스에서 9펜스로 늘어났다.

1654년 계약자들은 해약하였다. 그 결과 로메오 올던 대위를 국장으로 하는 급식국이 설치되었다. 찰스 2세*는 함선 급양을 다시 한 계약자 즉 데니스 고든에게 맡겼는데, 1668년 국왕은 두 명의 책임자를 그에게 보조자로 붙였다. 1683년에는 사무관들과 식료품 징발관들을 데리고 있는 급양 국장직이 설치되었다. 그러나 이 새로운

---

* 찰스 2세 Charles Ⅱ(1630~1685. 재위 기간: 1660~1685): 영국 스튜어트 왕조의 왕. 올리버 크롬웰이 사망하고 호민관 정치가 붕괴하자 프랑스에서 귀국해 왕정복고를 실현하였다(역자 주).

감독 관료에도 불구하고 사적인 공급 계약 방식에 의한 식료품 조달 방식은 남아 있었다.[265]

프랑스에서는 군대에 식량을 공급하는 일을 앙리 3세* 시대까지는 왕의 관료인 상품 운반 전담원들이 맡았다. 이들은 징발 제도를 통해 필요한 식료품을 가져온 지방 관리들로부터의 공급을 수령하지 않으면 안 되었다. 이 자급자족 조달 방식 대신에 앙리 3세 치하에 새로운 조달 방식이 등장했다. 즉 상인들은 이렇게 해서 이러이러한 만큼의 여러 가지 수요품을 이런저런 가격으로 공급하는 일을 위임받았다. 1575년에는 뤼지냥을 포위했을 때 니오르, 아모리의 한 부유한 시민과 이런 종류의 첫 번째 계약을 맺었다.[266] 많은 경우 서로 연대해서 공급 회사를 만든 공급자들은 이미 언급한 것처럼 식량 보급 담당자라고 불리었다. 슈아죌**이 1765년에 육군에의 식량 공급을 다시 국가의 감독하에 놓을 때까지, 프랑스의 급양은 이 공급자들에게 의지하였다. 슈아죌은 이렇게 해서 (모든 곳에서와 마찬가지로) 여기에서도 군수품 공급자들이 얻은 "막대한 이익"을 국가에 돌아가게 하였다.[267]

그러나 이 개혁은 슈아죌의 많은 조치가 그랬던 것처럼 지속되지 못하였다. 공급자 제도는 단지 일시적으로만 폐지되었다. 어쨌든 이 제도는 혁명 전쟁 때 다시 나타났다. 그때 강력하고 부유한 공급자 무리가 생겨났다.

---

* 앙리 3세 Henry Ⅲ(1551~1589. 재위 기간: 1574~1589): 종교 소란을 가라앉히지 못하고 파리를 탈출했다가 한 수도사에게 살해당하였다(역자 주).

** 슈아죌 공작 Duc de Choiseul(1719~1785): 프랑스의 정치인(역자 주).

17세기와 18세기에는 아마도 모든 전쟁 수행 국가가 서서히 조달 방식으로 이행한 것 같다. 군수 조달 거래(이것은 무기, 탄약, 말, 피복 등의 공급에도 확대되었다)는 이익이 대단히 많은 거래의 아주 중요한 분야가 되었다. (이하에서 그 몇 가지 특징을 열거할 때, 나는 군대에의 모든 일용품 공급을 생각하고 있다).

6. 군대에 공급해서 많은 "이익을 얻었다"는 마지막 지적으로 나는 마찬가지로 주목하고 강조할 가치가 있는 한 가지 점을 건드렸다. 분명히 군수품 조달 거래 자체에 상당한 정도로 내재하는 재산 형성 능력을 나는 생각하고 있다.

어느 시대에나 군수품 조달은 아주 특별하게 이익이 있었다. 왜냐하면, 군수품을 조달하는 경우 국가 전체의 어려운 처지가 이용되었기 때문이다. 예를 들면, 14세기에는 영국의 상인들이 군수품 조달로 빨리 부자가 되었다고 우리는 알고 있는데,[268] 15, 16세기 또 17, 18세기에도 사정은 똑같았다.[269] 게다가 그 이전 시대에도 수공업자들이 공급자로서 등장한 것 같다. 따라서 군수품 조달 거래는 경제생활의 일차적인 재산 형성 분야에 속하였다(이것은 이 군수품 조달 거래에 특별한 의의를 주었다).

중세에 대해서는 이것을 아무런 문제없이 받아들여도 좋을 것이다. 이 사실은 초기 자본주의 시대에 디포우처럼 매우 뛰어난 관찰자에 의해 확인되었기 때문이다. 이에 대해서 디포우는 다음과 같이 보고한다[270]:

"매우 많은 가문이 최근 전쟁에서의 위대한 업적과 위대한 해외활동으로 수년 내에 흥하였는데, 이것은 영국 신사 계급의 명예가 되었다. 그런데 같은 시기에 얼마나 많은 상인 가문들이 전쟁에 편승해 막대한 재산을 모았는가? 이는 육군과 해군 모두에게 피복, 급료, 식료품, 장비 등을 제공했기 때문이다 … 상인들은 단순한 소매상 출신이라 하더라도 10파운드의 소득을 4만 파운드의 소득으로 늘려 재산을 가족에게 분배하였는데, 이러한 모습은 흔히 볼 수 있다."

프랑스에서는 예전부터 군수품 조달로 부자가 되는 현상이 큰 역할을 하였다. 이곳에서는 18세기에도, 이 방식을 통해 종종 거대한 재산이 무일푼에서 생겨났다는 것을 분명하게 확인할 수 있다. 혁명전쟁 때에는 "계약을 맺고 싶어 한 많은 상인들이 몰려들었다. 그런데 이들은 어떤 사람들이었는가? 내가 이미 앞에서 말한 것처럼, 그들은 재산이 없는 사람들이었다. 부자는 자신의 돈을 숨겼다. 따라서 그 당시 프랑스의 권력자들은 공급자들과 교섭하지 않으면 안 되었다. 권력자들은 이들에게 막대한 금액을 미리 지불했거나 대부를 마련해 주었다. 고다르, 가이야르 등 여러 회사들은 이런 방식으로 생겨났는데,"[271] 이 회사들은 대부분 거대한 부를 얻었다. 이 회사들 중에서 가장 유명한 (그리고 가장 악명 높은) 회사는 고다르 회사였다. 이 회사는 정부에 대해서 연간 1,300만 프랑의 채권을 갖고 있었다고 한다.

군수품 조달에 대한 근본적인 연구는 매력적이며 확실히 시사하는 바가 많은 학문 과제일 것이다. 이 연구의 틀을 깨지 않는다면 나는 당연히 지금까지의 연관에서는 이 과제를 해결할 수 없다. 나는 여기에서 특별히 주목할 가치가 있어 보이는 한 가지 점만은 지적하고 싶다(이렇게 해서 군대 급양과 근대 자본주의 간의 중요한 관계가 다시 드러나는 것 같다).

7. 그 한 가지 점이란 군대 조달과 유대인 간에 어느 시대에나 있었던 밀접한 결합이다. 중세 이후 유대인들의 경제적인 발전을 추적한 사람이라면, 다음과 같은 사실이 눈에 띄지 않을 수 없다: 군대에 필요한 모든 물자를 공급한 사람들은 빈번히 유대인이다.

유대인들이 스페인에서 경제 생활을 지배하는 동안, 당연히 그들은 또한 군수품 공급자로서도 탁월한 역할을 하였다. 그러나 스페인에서 추방된 후 활동한 나라들에서도 그들은 곧 모든 업종 중에서 이익이 가장 많은 이 일을 특별한 관심을 갖고 행하였다. 17세기와 18세기에 영국에서 그들은 예상대로 특성을 발휘하였다. 공화국 시대에 가장 중요한 군수품 공급자는 "위대한 유대인" 카르바할*이었다. 그는 1630년과 1635년 사이에 런던으로 이주해 왔으며, 곧 이 나라의 주요 상인 중 한 사람이 되었다. 1649년에 그는 추밀원이 군대에의 곡물 공급을 맡긴 런던의 다섯 상인 중 한 명이 되었다.[272] 그 다음 시기에는, 특히 빌헬름 3세의 전쟁 때 "대大계약자"로서 무엇보다도 "유대인 메디나" 솔로몬 메디나 경**이 등장하였다. 이 때문에 그는 귀족 신분으로 출세하였다.[273]

이와 마찬가지로 스페인 계승 전쟁 때 적측敵側 군대에 필요한 물자를 공급한 것도 유대인이다: "프랑스는 전쟁 때 기병을 출정시키기 위해 항상 유대인의 도움을 이용하였다."[274] 1716년 스트라스부르의 유대인들은 정보 제공과 식량 공급으로 루이 14세의 군대를 도

---

* 안토니오 페르난데즈 카르바할Antonio Fernandez Carvajal(1590~1659): 포르투갈 태생의 유대인 상인으로 나중에는 영국에 귀화하였다(역자 주).

** 솔로몬 메디나 경Sir Solomon Medina(1650(?)~1730): 영국에서 유대인으로는 최초로 나이트 작위를 받았다(역자 주).

와주었다.[275] 야콥 웜스는 루이 14세의 주요 군수품 공급자였다.[276] 그 후 18세기에 그들은 프랑스에서 이러한 특성으로 한층 더 지위가 높아졌다. 1727년에 메스의 유대인들은 식용으로는 2,000마리의 말, 군마로는 5,000마리 이상의 말을 6주 동안 메스로 끌고 갔다.[277] 퐁트네의 승자 작센의 모리츠 원수는 자신의 군대가 유대인에게 부탁할 때보다 식량을 더 잘 공급받은 적이 결코 없었다고 실토하였다.[278] 루이 왕조의 마지막 두 프랑스 왕 시대에 공급자로서 탁월한 수완을 발휘한 인물은 세르 베에르*였다. 그의 귀화 허가장에는 다음과 같이 쓰여 있다: "지난 전쟁과 그리고 1770년과 1771년에 알사스를 덮친 기근 때 그는 직무와 국가에 열정적으로 헌신하는 모습을 보여주었다."[279] 18세기에 제1급의 세계적인 상사는 보르도의 그라디스 가문이다. 아브라함 그라디스는 퀘벡에 큰 창고를 지어, 미국에서 싸우는 프랑스 부대에 식량을 공급하였다.[280] 프랑스의 유대인들은 혁명과 집정관 시대에 그리고 나폴레옹 전쟁 때에도 공급자로서의 탁월한 역할을 하였다.[281]

독일에서도 일찍부터 또 종종 유대인은 전적으로 군수품 공급자 지위에 있었다. 추기경 알브레히트는 1537년 할베르슈타트에 온 이삭 마이어에게 시국의 위험을 고려해 "신학교를 좋은 대포, 갑옷, 투구로 무장시킬 것"을 요청하였다. 또한 요셉 폰 로스하임은 1548년 신성 로마 제국 황제의 통행증을 받았다. 그는 프랑스 왕에게는 돈을 주었으며 군대에는 식량을 공급했기 때문이다. 1546년에는 보

---

* 세르 베에르Cerf Beer (1726~1793): 유력한 궁정 출입 유대인으로 여러 철 제련소를 운영하였다(역자 주).

헤미아의 유대인들이 군대에 이불과 외투를 공급하였다.[282] 17세기(1633)에는 보헤미아의 유대인 라자루스가 "무적함대가 대단히 신경 쓰는 소식과 정보를" 직접 수집하거나 돈을 써서 다른 사람에게 수집하게 했다는 증언이 있다. 그는 언제나 "무적함대에 갖가지 종류의 피복과 군수 필요품을 공급"하려고 애썼다.[283] 대선제후는 라이만 곰페르츠와 살로몬 엘리아스를 이용해 "군사 작전 때 많은 이득을 얻었다. 왜냐하면, 이들은 군이 필요로 하는 대포, 소총, 화약, 조립 기구의 부품 등을 많이 공급했기 때문이다."[284] "내가 새로운 중대에 대해 제시한 상론"에서 대선제후는 다음과 같이 썼다: 말을 조달했기 때문에 유대인 레빈 마이어에게 1719년 6월 말까지 13,483라이히스탈레르(총 23,408라이히스탈레르 13그로셴 9페니 중에서)를 지불하라.[285] 또한 사무엘 율리우스라는 인물이 있다. 그는 작센의 선제후 프리드리히 아우구스트 치하 때 황실 및 왕실의 (군마를 보충하는) 말 공급자였다. 또한 모델 가家는 안스바하 제후국(17, 18세기)의 궁정 및 군대 공급자였다.[286] "유대인 리몬타"는 말을 특히 싸게 공급하였다고 한다.[287] 《필란더 폰 지테발트의 표정》에서 모셰로쉬는 "따라서 모든 군수품 공급자는 유대인이며, 모든 유대인은 군수품 공급자이다"라고 확실하게 말한다.[288]

레오폴트 황제*치하 때 추방(1670) 후 다시 비니에 거주하는 것을 허락받은 최초의 유대인 부자 오펜하이머, 베르트하이머, 마이어 헤셸 등은 모두 또한 군수품 공급자였다. 사무엘 오펜하이머는 공식적으로 "황제 폐하의 군사 국장이자 유대인"으로 불리었으며 본인 자

---

* 레오폴트 1세 Leopold I(1640~1705. 재위 기간: 1658~1705): 신성 로마 제국의 황제(역자 주).

신도 공문서에 그렇게 서명하곤 했는데, 그는 특히 오이겐 왕자의 출정 때 "거의 모든 식량과 탄약을 공급하였다."[289] 군수품 공급자로서 18세기에도 계속된 활동에 대한 수많은 증거가 오스트리아 전역에 있다.[290]

마지막으로는 혁명 전쟁 때 (마찬가지로 나중에 남북 전쟁 때에도) 아메리카 군대에 유대인 공급자가 식량을 공급했다는 사실도 언급해야 할 것이다.[291]

우리는 이 연구의 과정에서 이미 한 번 유대인들을 발견하였다. 즉 우리가 전쟁 목적을 위한 자금 조달을 연구했을 때였다. 이 방면에서 유대인들은 자금 제공자로서, 무엇보다도 채무 관계의 객관화(증권 거래소 방식으로 거래된 일부 사채권의 형성)를 통해 국가에 많이 융자해 줄 수 있는 자금 제공자로서 등장하였다. 그들은 전쟁으로 부자가 되었는데, 또 다시 전쟁으로(즉, 다른 국민들이 서로 벌인 전쟁으로) 부자가 되었다. 그들의 고유한 사회적 지위와 소질 덕분에, 유대인들은 기독교인보다 역할을 더 잘 수행하였다. 따라서 그들은 바로 전쟁으로 부와 명예(궁정 출입 유대인!)를 얻었다. 전쟁을 통해 그들은 지금까지 암시한 방법으로 여러 곳에서 처음으로 각국의 국민 경제의 원천에 도달할 수 있는 통로를 열었다. 유럽과 아메리카에서 유대인의 경제 지배는 특히 전쟁의 산물이었다. 그러나 이것이 무엇을 의미하는지를, 그것이 무엇보다도 자본주의 경제 체제의 형성에 대해서 무엇을 의미하는지를 나는 여기에서 상술할 필요가 없다. 나의 책 《유대인과 경제 생활》은 이 문제를 연구 대상으로 삼았기 때문이다.

* * *

군대에의 식량 공급이 공업 생산 영역 내에서 행하는 영향은 당연히 적다. 그 영향은 여기에도 존재한다. 제빵업 분야에서 최초의 대경영은 군용 제빵업이다.[292] 산업이 주로 여전히 수공업적인 틀 속에서 운영되었던 프로이센 같은 나라에서는, 이 군용 제빵업이 강력하게 혁명적인 영향을 미쳤음에 틀림없다.

* * *

부록: 군대에의 식량 공급과 마찬가지로 말의 공급도 조직적으로 행해졌다: 말의 공급은 부유한—대부분 유대인인—상인들의 수중에 있었다. 그것도 또한—때때로 우리에게 보고된 것처럼—빨리 부자가 되는 것의 원천을 이루었다. 군마 조달에 대해 정확한 정보를 줄 수 있는 자료는 아직도 기록 보관소에서 잠자고 있다. 지금까지 이 대상에 대해 이루어진 학문적 연구는 결코 문제점을 충분히 해명하지 못했다. 이 대상은 멘첼의 《프로이센군의 군마 보충—그 역사적 발전과 현황》(두 권, 1845~71)에서 아주 상세하게 서술되었다. 몇몇 적절한 지적은 여기저기에 흩어져 있다. 예를 들면, 비교적 자주 언급되는 프라토의 책이 아주 유용한데, 이 책은 스페인 계승 전쟁 때 피에몬테의 비용에 관한 것이다. 이 책이 우리에게 전해주는 것은, 예를 들면 토리노전투*에서 기병의 말 2,024마리를 잃었으며, 외국

* 토리노 전투: 1706년 9월 7일 스페인 왕위 계승 전쟁 중 이탈리아 토리노 시의 서부에

에서 산 말의 값은 평균적으로 18루이스도르였는데 반해, 국내에서 산 말의 값은 100~150파운드였다는 것이다. 조달이 대규모로 행해졌다는 것도 우리는 알고 있다. 예를 들면, 1704년에는 1,300마리의 군마 공급에 대하여 룰린 & 니콜라스 은행과 계약을 맺었다.[293]

서 벌어진 전투. 이 전투에서 프랑스 군은 패해 북부 이탈리아에서 퇴각하기 시작했다 (역자 주).

제5장

군대의 피복

Ⅰ. 피복 공급 조직

여기에서도 처음에는 모든 병사가 스스로 피복을 준비하였다. 보병 용병은 자신이 좋다고 생각하는 의복을 지참하였다. 그러나 용담왕 샤를의 직속 중대이면서(1471) 실제로는 이미 일종의 "상비군"임에도 불구하고, 병사는 스스로 (무기와 마찬가지로) 피복을 준비해야 했다.[294] 엘리자베스 여왕 시대의 영국 함대에서도 똑같은 상태를 볼 수 있다.[295]

상급 기관이 피복 공급 조직에 관심을 갖기 시작했을 때에도, 이것은 급식의 경우에서 이미 알게 된 것과 비슷하게 때때로 간접적인 배려 형식으로 행해졌다. 각 병사에게 자기 마음대로 또 자신의 비용으로 장비를 갖추도록 내버려 두었지만, 기관은 병사가 좋은 제품을 적당한 가격에 구입할 수 있게끔 배려하였다.

영국 정부는 17세기에 자신들의 함대에 대해서도 똑같은 방식을 취하였다. 1623년에는 수병에게 급양장으로부터 "수병용 옷"을 사게 했다. 어떤 이유에서 그랬는지도 우리는 알고 있다. 수병들이 너무 더러운 모습을 하고 있고, 배에서는 아주 심한 냄새가 나며, 이러한 더러움으로 인해 전염병이 발생할 위험이 있기 때문이다: "한 벌의 옷을 계속 입는 것에서 생기는 구역질날 정도의 더러움과 몸의 질병 그리고 모든 배에서의 엄청난 악취를 피하기 위해 … "[296] 그러나 그러한 수병용 옷의 구입은 의무가 아니었기 때문에, 또 옷 가격이 수병들에게는 너무 비싸다고 생각되었기 때문에, 구입자가 아무도 없었다. 수병들은 "수병용 옷을 거의 사지 않았으며, 오히려 누더기 옷을 입고 싶어 했다."

그러나 정부는 계속해서 값싼 피복을 조달하였다. 1655년에는 어떤 재봉사도 해군 위원회의 허가가 없으면 함선 승무원에게 피복을 공급해서는 안 된다고 명령을 내렸다. 1656년에는 수병용 옷의 가격이 고정되어 캔버스 재킷은 1실링 10페니였다. 그러나 해군 위원회는 피복 재료의 품질에 대해 어떤 보증도 하지 않았다. 만일 수병이 그의 "옷 한 벌"을 잃어버린다면, 그는 그것을 다시 사기 위해 국고에서 소액을 받았다.[297]

그러나 개별적인 부대들이 안정되어 통일된 군대로 결집되면서, 집단적인 수요 충족이 개별적인 준비를 대신하였다. 부대 전체에 피복을 공급하는 것은 이전 시대에는 아주 익숙한 생각이었다: 징집병과 민병은 그들이 시민 생활에서 소속해 있었던 공동체로부터 종종 제복을 받았다. 도시에서 병역 의무가 있는 병력은 대부분의 경우 도시로부터 피복을 공급받았다. 그러나 프랑스의 샤를 8세가 소집한 "궁수 의용군들"은 자치 공동체로부터 완전한 피복 한 벌을 받았다. 나중에는 국왕과 자치 공동체가 18세기까지 끊임없이 동원된 이 민병대의 피복 공급을 분담하였다. 국왕은 무기, 대형 장비, 특히 피복을 공급하였으며 복무하는 동안에는 식량을 제공하였다. 그렇지만 작은 장비, 모자, 조끼, 셔츠, 신발을 가져오는 것은 자치 공동체의 책임이었다.[298]

특히 16세기와 17세기에 군사 경영자 정신이 군대를 지배하면서, 각 병사의 개별 조달은 없어지고 연대장이나 중대장이 군대의 피복을 담당하는 기관의 최고 책임자가 되는 일이 벌어졌다.

연대 또는 중대의 이 피복 공급 조직은 아마도 모든 군사 국가에서는 근대 군대의 초기부터 18세기 중반까지 지배했을 것이다. 영국에서는[299] 이미 16세기 초에 이 관례가 법에 의해 폐지되었다(헨리 6세의 치세 18년, 에드워드 4세의 치세 2년과 3년). 프랑스에서도[300] 브란덴부르크-프로이센에서도[301] 마찬가지였다.

그러나 일찍부터 국가는 군대의 무장에 직접 관여할 때 피복 조직에도 개입하였다. 우선 다른 기관들과 함께 국가는 일부의 부대에 완전히 군복을 제공했거나, 아니면 모든 부대에의 피복 공급 일부를 자신이 떠맡았다.

이 경우 국가는 연대장이나 중대장에게 피복 재료, 특히 군복용 직물을 적절한 대금을 받고 제공하였다. 이것은 예를 들면 브란덴부르크-프로이센에서 일어났다:

1611년 5월 2일 에른스트 후작은 선제후에게 다음과 같이 보고하였다. 즉 두 명의 연대장 필립 폰 졸름스와 크락트에게 그들이 이미 받은 군대의 급료, 직물 외에도 71,033라이히스탈레르의 채무가 있다.[302] 그러나 18세기에도 이 혼합된 방식이 프로이센에서 실시되었다. 연대장에게는 피복 급여의 책임이 있었다. 그러나 국방부는 직물 구입을 배려했으며, 대량의 직물을 각 연대에 내어 주었다.[303]

또는 제후가 병사의 피복 일부를, 장교는 또 다른 일부를 제공하였다.

예를 들면, 안할트 보병 연대에의 피복 공급에 대해서는 1681년 1월 23일 다음과 같은 계약이 체결되었다[304]:

안할트 제후는 지금 바꾸어야 할 군복을 제공하였다. 그는 "장교들 및—실제로 중대를 지휘하는 입장에 있는—중대장들과 다음과 같은 계약을 맺었다":

① 안할트 제후는 "질기고 긴 파란 직물 망토" 1,000벌을 곧 공급한다.

② 안할트 제후는 장교들에게 10개월 치의 피복비를 제공한다(2개월 치는 안할트 제후가 망토 비용으로 남겨 놓는다).

③ 장교들은 "각 병사가 소속된 중대에 아주 좋고 흠잡을 데 없는 군복을 공급해야 하며 또 그렇게 할 용의가 있다"고 약속한다 … 게다가 3년 후에는 모든 피복 조달품이 갱신된다는 것도 그들은 약속한다.

군대의 피복 제공을 위해 제후가 걸어간 또 다른 길은 군대의 일부에게 완전히 공급하는 것이었다. 따라서 이 경우 군대는 국가에서 군복을 제공받은 연대와 그렇지 않은 연대로 나누어졌다.

처음부터 제후는 아마도 자신의 호위병 장비에 대해서는 신경을 썼을 것이다. 그 후 이들이 상당히 확대되어 예를 들면 프랑스에서는 "근위군"이 되었을 때도, 그들에게는 비싼 장비를 충분히 주려고 제후는 많이 애썼다. 이와 병행해서 제후는 다른 군대에도 그 군대의 수요에 따라 또 제후 자신의 능력에 따라 군복을 주었다.

영국에서는 이미 에드워드 3세가 (1337년) 남북 웨일즈의 시종장들에게 충분한 양의 직물을 조달해 소집병 1,000명 전원에게 군복을 만들어 주라고 지시하였다.[305]

해	군복 형태	부대원 수	군복을 제공받은 병사 수	비용(파운드)
엘리자베스 치세				
41년	하복	12,000	7,500	17,818
	동복	12,000	—	29,806
42년	하복	7,000	—	10,393
	동복	12,000	6,300	29,806
43년	하복	12,000	8,030	17,818
	동복	12,000	6,850	29,806
44년	하복	10,000	8,500	14,846
45년	하복	10,000	8,500	15,330
제임스 1세 치세				
1년	동복	7,000	3,040	17,864
2년	하복	5,000	1,460	7,656
	동복	3,000	1,500	7,656
3년	하복	3,000	316	4,508
	동복	1,370	250	3,456

16세기 말과 17세기 초에는 아일랜드 보병 전체의 병력과 국비로 군복을 제공받은 병사의 수 그리고 이를 위해 쓴 비용에 대한 기록

이 남아 있다.[306]

합계 237,387파운드

(오늘날의 화폐로는 8년 내에 약 130만 파운드, 즉 약 2,600만 마르크가 된다)

프랑스에서도 마찬가지로 때때로 국가 보조가 있었다. 1630년 리슐리외는 특정한 연대에 군복을 제공하였다. 1645년에는 카탈로니아에 있는 육군에 군복과 군화를 보냈다.[307]

그 후 18세기에 모든 군사 국가에서는 피복 공급 조직의 국영화가 완성되었다. 그렇지만 이것은 이제 일반적으로 피복 생산이나 단지 피복 공급만이라도 국가에 의해 직접 이루어진다는 것을 의미하지 않는다. 예를 들면, 국영화가 1747년에 원칙적으로 실시된 프랑스에서도 그때부터 두 가지 방식이 그대로 행해져 왔다. 하나는 "국가 관리"이며, 또 하나는 "부대의 직접 관리"(중대 관리)이다. 그렇지만 이 후자도 마찬가지로 국가의 지도하에 있었다.[308]

군대의 피복 공급 조직에 모범이 된 것은 1768년에 설치된 오스트리아 군복 위원회였다. 그 목적은 "전시뿐만 아니라 평시에도 육군의 모든 부대원에게 필요한 군복, 비품, 가죽 제품, 군마 장비를 위한 물품, 그리고 전장에 필요한 모든 종류의 물품을 공급하는 것"이었으며, 또한 동시에 병원용 기구와 침구의 공급을 준비하는 것이었다.[309]

그러나 자세한 것은 여기에서 논하지 않겠다. 수 세기에 걸쳐 개인이 준비하는 상태에서 완전히 국가가 관리하는 쪽으로 이행하는 경향을 우리가 확인할 수 있었던 것으로 충분하다. 한 마디로 말하면, 군대의 이 분야에서도 수요의 집적集積 경향을 볼 수 있었다. 이제는 이 경향에 대해서 좀 더 분명하게 알아야 한다.

Ⅱ. 군복

피복 공급 조직의 변화와 가장 밀접하게 관계있는 것은 경제 문제에서 특별히 중요한 변화, 즉 피복 형태가 겪는 변화이다.

각 병사가 자기 마음대로 능력에 따라 자신의 피복을 스스로 준비해야 했을 때에는, 무기 조달에서 볼 수 있었던 것과 비슷하게 군대 전체가 알록달록한 모습을 나타내는 큰 집단이었다. 용병 무리는 각자가 특이한 취향을 의복에 표현하였다(보충적으로 말하면, 용병은 사치와 방탕 속에서 자유롭게 섹스하며 생활을 즐겼다. 즉, 내적으로나 외적으로나 규율에 의해 구속받지 않았다).

그러나 이 피복의 다양성은 17세기에도 계속되었다. 구스타브 아돌프의 스웨덴군은 기이한 모습을 하였음에 틀림없다. 피복 공급 조직에 관한 명령, 즉 1621년의 명령은 다음과 같이 규정하였다: "병사들은 전시에 어울리는 편리한 복장을 갖추어야 한다. 이때 문제되는 것은 옷감의 소재가 아니라 그 옷이 잘 만들어졌는가이다." 그렇지만 프로이센 전쟁 때도 스웨덴 병사들은 복장 때문에 초라한 농노라고 불리었다. 그리고 1623년에야 비로소 양의 모피는 특별 모피세 때문에 폐지되었다.[310] 그러나 대선제후의 군대도 그의 통치 말기에는—적어도 많은 연대에서는—오늘날 통일된 군복을 착용한 군대와는 아주 거리가 멀었다.

쇠닝 장군과 바르푸스 장군의 1683년 징병 검사 통지서에는 근위병(!) 군복에 대해 다음과 같이 쓰여 있다:

> "군복은 5년 3개월 전에 처음 지급되었다. 그러나 특히 제2근위 중대의 군복은 너무 열악하다. 상의와 외투는 심하게 닳았으며, 보기 흉했다. 몇몇 사람은 모직물 바지를 입었고, 또 어떤 사람들은 가죽 바지를 입었다. 일부는 둥근 단추를, 또 일부는 황동 단추를 달았다. 그리고 일부는 밝은 빛깔의 치마를, 또 일부는 검은 청색의 치마를 입고 있었다…."[311]

따라서 17세기의 군대는 그래도 언제나 식별 표시를 지녔다. 다음과 같은 것들이 그런 것으로 사용되었다: 우두머리의 장교 견대와 모자 깃털, 완장과 부대 깃발, 특히 소위 야전 표시, 말하자면 모자에 꽂은 배지.[312]

군복은 언제 통용되었는가? 그것은 어디에서 생겨났는가? 사람들은 유럽 군대의 근대적인 군복을 중세에도 특별한 기회에 착용한 동일한 복장과 관련시키려고 하였다. 그렇지만 이 둘은 똑같은 것이 아니었다. 왜냐하면, 그것들은 다른 정신에서 생겨났기 때문이다. 그 당시에는 존중하는 "색色"의 옷을 입었다. 그리고 많은 사람들이 한 가지 색을 존중하기 위해 모였다. 축제, 공식 환영, 제후의 입성, 즉 갖가지 종류의 충성 맹세 때에는 당연히 같은 색 또는 같은 모양의 옷을 입은 사람들이 많이 나타났다. 그러나 그들의 복장은 ① (서로) 똑같지 않고 제각각이었을 뿐이라고 한다(색에서는 일정하였다). 그러므로 그들의 복장은 ② 결코 똑같지 않았다. 말하자면 이 예복은 이

제 몇몇 경우에는 다른 종류의 복장으로 이행하였다. 이 복장은 원래 아마도 똑같은 목적(충성 맹세)에서 생겨났겠지만, 나중에는 다른 사상 복합체(즉 봉사 관계)에 적응하거나 종속되었다. 궁정에서 일하는 자는 일찍부터 색이 있는 제후의 궁정복을 착용하였다. 처음에는 일정한 복장의 착용이 착용자의 자유로운 결정에 따랐지만, 이제는 궁정 신하의 복장이 주군에 의해 강제되었다. 그는 색의 획일성으로 국민의 가능한 한 최대의 예속성과 그 자신의 권위를 표현하고 싶어했기 때문이다.

점차 "하인 복장"이 된 이 "궁정 복장"은 아마도 적어도 외적으로는 군대의 근대적인 군복이 생겨난 하나의 근원일 것이다: 근위병들은 주군을 상징하는 색의 옷을 입었다.

이러한 제후 근위병들의 통일된 의복은 이미 15세기에 모든 곳에서 볼 수 있었다. 알브레히트 아킬레스의 치하에서는 1476년 다음과 같이 정해졌다: "상의는 반은 흑색이고 반은 회색이어야 하며, 문자는 흰색의 천에 검은 기름으로 써야 한다."[313] 영국 왕의 군대가 진홍색 군복을 입은 것은 아마도 헨리 7세 이후부터일 것이다.[314] 프랑스 군함의 승무원들이 왕실 색의 옷을 입게 된 것은 루이 11세*부터이다. 그는 가론 강의 특정한 선박 승무원들에게도 왕실 색의 옷을 입는 것을 허락하였다. 1514년 상 말로에 있는 로슐레즈 호의 수병 60명은 왕실 색인 파란색과 빨간색의 상의를 입은 반면에, 스페인의 수병들은 빨간색과 노란색의 상의를 입었다.[315]

---

* 루이 11세Louis XI(1423~1483. 재위 기간: 1461~1483): 발루아 왕조의 여섯 번째 왕으로 왕권을 중심으로 강력하게 통합된 프랑스 왕국을 구축하였다(역자 주).

후세의 군대 군복이 이처럼 하인 관계에서 나왔다는 것은 17세기까지, 사실은 그 이후에도 군복에 주어진 이름으로 알 수 있다: 제복(이것은 독일어, 불어, 영어로 각각 Livree,* livrée royale, royal livery로 표현된다). 군복Uniform이라는 표현은 독일어(!)로는 프리드리히 대왕 시대에 처음 통용되었다.

1605년 브라운슈바이크의 공작 하인리히 율리우스가 16,000명의 보병과 1,500명의 기병을 사열했을 때, 모든 병사는 "제복"을 착용했으며 그 색은 공작의 색이었다.[316]

임명장 기록 문서에 따르면, 크락트 대령이 1620년 5월 1일에 모집한 600명의 머스킷 총병은 "파란색 표시가 있는 회색 직물의 제복"을 착용하였다[317](이에 반해 400명의 창병에게는 분명히 어떠한 군복도 제공되지 않았다).

1679년 11월 25일 함부르크 시정부는 시 병사들에게 "일정한 제복"을 공급하기로, 즉 그들에게 똑같이 제복을 입히기로 결정했다.[318]

18세기 초만 하더라도 다음과 같은 문장이 있었다: "비싼 선제후 제복을 입은 … 선제후 호위병들이 말을 타고 갔다 …."[319]

그러나 근대의 군복을 단순히 하인 복장의 연장이나 확대로 본다면, 이는 그 본질을 완전히 오해하는 것이다. 오히려 근대의 군복이 고유한 기원에서 생겨났다는 것을 깨달아야 한다. 즉 근대의 군복이 그 정신과 마침내는 그 구체화에 따라서 제복과는 근본적으로 전혀 다른 인간적인 관심사 분야에 속하였다는 것을 우리는 깨

---

* 원문에는 Liverey로 되어 있는데, 이것은 Livree의 오식인 것 같다(역자 주).

달아야 한다.

중요한 사실은 근대의 군복이 철저하게 합리적으로 만들어졌다는 것이다: 그것은 아주 집중적이고 섬세한 일련의 합목적적인 고려에서 생겨났는데, 이 합목적적인 고려는 우선 군사적인 성질을 지녔다.

순전히 외적인 이유가 있었다. 즉, 한 군대의 군복을 쉽게 알아볼 수 있고, 또 다른 군대와 쉽게 구분할 수 있었다는 것이다. 그러나 이 외적인 이유에 중요한 내적인 이유가 추가되었다. 이 내적인 이유가 군대의 군복 통일화를 촉진시켰다: 군복은 그 착용자들에게 연대감을 준다고 사람들은 말한다. 그 착용자들은 똑같은 복장이 없으면 연대감을 지닐 수 없다. 오랜 소집병 부대 관념이 아직 완전히 퇴색하지 않고 국민의 일반적인 병역 의무 사상으로 변할 때, 이러한 고려는 아주 일찍부터 이미 행해졌다. 그 당시(16세기)에 일반적인 병역 의무 원칙을 자신의 저작에서 옹호한 요한 폰 나사우 백작*은 국가 제복이 자의식의 강화에 미치는 영향도 강조하였다. 그는 헤센의 방백** 모리츠와 함께, 조끼는 흔히 비단으로 만들어졌기 때문에 양모제 바지의 색깔로 각 부대를 구분할 것을 바랐다.[320]

이러한 사고와 똑같지는 않지만 비슷한 또 다른 생각이 나중에 거대한 군대 조직가들에 의해 받아들여졌다. 그들은 군복이 군대 규율을 잘 유지시킬 것이라고 생각하였다. 이때 군복 제정으로부터 기대한 것은 말하자면 개개의 병사가 전체의 목적을 위해 타율적으로 복

---

* 요한 폰 나사우 백작Graf Johann von Nassau(1561~1623): 독일 나사우 지겐 지방의 영주(역자 주).

** 방백Landgraf: 백작과 공작 사이의 귀족 칭호(역자 주)

종하는 것이었다. 반면에 나사우 백작은 군복 제정을 통해 병사가 자발적으로 충성하기를 바랐다. 군복이 없으면 규율도 없다: 프리드리히 대왕은 일찍이 대선제후의 군대 상태를 기술하면서 이러한 생각을 말하였다.[321] "그의 기병대는 전체가 여전히 구식 갑옷을 입고 있었다. 그들은 결코 규율이 있을 수 없었다. 각 기병은 말, 복장, 무기를 스스로 갖출 수 없기 때문이었다. 이로 인해 부대 전체가 이상할 정도로 잡다한 무리가 되었다."

이미 반복해서 확인할 수 있었던 바와 같이, 근대 군대의 규율은 "피조물 특유의" 인간성을 없애기 위해 섭리가 불러냈을 것 같은 저 힘들 중의 하나이다. 군국주의와 퓨리터니즘이 쌍둥이 형제라는 것을 우리는 보았다. 이 때문에 통일된 군복을 입은 최초의 군대 중 하나도 크롬웰의 지휘하에 있는 "성자들"이었다.

그런데 내가 이름붙인 것처럼 목적 합리성에 입각한 이 군국주의적인 고려에 경제 이성이라는 강력한 근거가 보조자로 추가되었다. 이것도 마찬가지로 군복의 통일을 촉진시켰기 때문이다. 군복의 획일성은 대량 구입과 대량 생산의 가능성을 만들어 낸다. 그리고 이것은 수많은 이익을 보증하는데, 그중에서 가장 중요한 것은 싼 가격이다. 이렇게 해서 우리는 피복 문제의 경제적인 고찰 분야에 이미 한 걸음 내디뎠다. 그렇다면 우리는 이 문제를 좀 더 많이 살펴보고 싶다. 그렇지만 나는 독자에게 잠시 참아줄 것을 부탁한다. 왜냐하면, 이것을 다루기 전에, 근대 군복의 외적인 역사가 어떻게 형성되었는지를 적어도 몇 마디는 말하고 싶기 때문이다.

이 역사는 하나의 짧은 문장으로 요약될 수 있다: 군복은 피복 공급 조직의 국영화와 같은 정도로 또 같은 속도로 확대되었다. 우선 그것은—이것은 우리가 이미 보았다—근위대에서 나타났다. 그 다음에는 도시들이 그들의 군대에 거의 규칙적으로 군복 또는 적어도 군복의 일부를 공급한 것 같다.

군복이 마찬가지로 일찍부터 존재한 또 다른 곳은 소집병 군대이다. 1613년의 작센 국방군 명령은 회색 천 상의, 붉은 옷깃, 짧은 천 바지, 붉은 양말을 보병의 복장으로 정했다. 게다가 기사단은 군복 상의와 옷 가장자리 장식띠의 색에 따라 구분되었다.[322]

16세기와 17세기의 용병 부대에서는 종종 개개 연대의 군복 착용이 나타났다: 연대장들은 자신들의 부대를 매우 돋보이게 하려고 이들에게 단결력과 규율이 있다는 겉모습을 주기 위해 노력하였다. 나중에는 용병 연대의 군복 착용이 임명 계약에서 분명하게 정해졌다. 하나의 예가 헤센의 용기병 연대 설치에 관한 1688년 10월 19일자의 협정이다.[323]

이제는 제후가 군대에 대체로 피복을 제공한 정도에 따라서, 그는 군복도 제정하였다. 따라서 우리는 16, 17, 18세기에 국가에 의한 피복 공급의 진전을 군복 제정의 진전으로 추적할 수 있다. 이 두 원칙이 완전히 승리할 때까지 말이다.

프랑스 군대는 16세기에도 여전히 고유한 군복이 없었다. 그렇지만 몇몇 부대는 이미 다른 부대와 구분되는 군복을 착용하였다: 보병은 "군복 상의"를 착용했으며, 몇몇 지방의 궁술 부대는 각 지방의 상의와 문장을 지녔다(이 군복은 다른 기원, 즉 "수비대"의 무장에서 유래하였다). 그러나 루이 14세 시대까지는 대부분의 연대들이 단지 연대장의 장식띠 색으로만 구분되었다: 루이 14세는 국왕 연대의 군복 색을 청색, 왕비 연대의 군복 색을 붉은색, 황태자 연대의 군복 색을 녹색으로 정하였다. 일반적으로 자신의 연대 병사들에게 어떻게 옷을 입힐 것인가는 연대장의 판단에 맡겨져 있었다. 프랑스 군대 전체 군복의 실제적인 통일은 1729년 3월 10일 자, 1736년 4월 20일 자, 1749년 1월 19일 자의 칙령에 따라 이 세기의 중반 경에 처음으로 실현되었다. 이 마지막 칙령에 의해서야 비로소 군복 통일 원칙이 완전히 승리하였다. 왜냐하면, 그 칙령은 다음과 같이 말했기 때문이다: "앞으로 프랑스 보병 연대는 그들의 제복을 모두 또는 일부를 새 것으로 바꾸어야 한다고 국왕 폐하는 명령을 내렸으며, 또 지금도 명령하고 있다. 프랑스 보병 연대는 다음과 같은 내용을 지닌 규정을 정확하게 따라야 한다 …. " 따라서 군복의 착용은 언제나 엄하게 지시될 수밖에 없었다.[324]

영국의 육군 전체도 1645년에 처음으로 똑같이 (붉은색) 군복을 착용하였다.[325] 해군의 경우 영국에서는 군복 착용 원칙이 나중에야 비로소 도입되었다. 장교 군복에 대한 최초 규정은 1748년에 공포되었다.[326]

브란덴부르크-프로이센에서는 국가에 의한 원칙적인 군복 착용이 17세기 초에 시작되었다. 잘 알려져 있는 것은 게오르그 빌헬름의 군대 "청색 상의"가 프로이센을 향해 행진할 때 준 인상에 대한 쾨니히의 묘사이다[327]: "1,000명으로 이루어진 부르크스도르프의 5개 중대와 150명의 기병을 이끌고 1632년 선제후 게오르그 빌헬름은 폴란드 왕의 선출을 위해 프로이센으로 향하였다. 뤼첸 전투* 후

* 뤼첸 전투Schlacht bei Lützen: 30년 전쟁 중기인 1632년 11월 16일 독일 라이프치히 남서쪽 뤼첸 근교에서 개신교 측 군대와 가톨릭 동맹 군대가 벌인 전투. 이 전투에서 스

그는 다시 이 부대를 이끌고 마르크로 되돌아갔다 …. 이 부대는 프로이센에서는 전원이 똑같은 청색 제복을 입고 있었다. 이것은 당시에는 이례적인 일이었으며 많은 관심을 끌었다. 따라서 그들은 청색 상의라는 이름을 얻었다.

게다가 야니는 피복 방식의 역사에서 오랫동안 중요한 원천으로 간주되어온 쾨니히의 이 보고가 거짓이었다는 것을 증명하였다.[328] 브란덴부르크에는 이미 1620년 이후부터 "청색 상의"가 있었으며 또 이들은 다른 독일 부대에도 있었기 때문이다. 어쨌든 완전히 통일된 군복을 입은 연대의 모습이 그 당시 큰 반향을 일으켰다고 추측해도 좋을 것이다. 그러나 이것은 시작에 지나지 않았다. 대선제후 시대에도 우리가 말하는 의미에서 개별적으로 확실하게 정해진 군복 착용은 알려져 있지 않았다. 그렇지만 여러 자료에서 드러난 사실은—특히 출정이 임박하면—병사들에게 가능한 한 똑같이 군복을 공급하고 무기를 제공하려고 했다는 것이다. 그런데 그러한 일은 연대장이 준비해야 했다. 기병 부대의 경우 연대장(또는 그의 위임을 받은 중대장)은 40탈레르의 모집 비용으로 완전히 그리고 가능한 한 똑같이 기병을 무장시키고 군복을 입히고 군마를 준비하지 않으면 안 되었다. 더욱이 그는 병사들이 규칙적인 간격을 두고 새로 피복을 바꾸도록 배려하였다. 이 때문에 그는 (우리가 아는 것처럼) 그 비용을 기병의 급료나 "봉급"에서의 공제를 통해 지불하였다.[329]

그 밖에 그 당시의 피복 형태는 매우 다양할 정도로—때로는 연대마다 그리고 한 연대에서도 5년마다—상이하였다. 따라서 군대 피

웨덴 왕 구스타브 2세 아돌프가 전사하였다(역자 주).

복의 역사는 사실상 없고, 개개 연대에서의 피복 역사만 있을 뿐이다. 종종 인용되어온 표준적인 저작은 지금에야 비로소 판단에 필요한 자료를 가져왔다. 그리고 브란덴부르크-프로이센 군대의 피복이 17세기에도 얼마나 알록달록했는지를 이제 비로소 알 수 있다. 수백 년 전의 옛날 군대에 대해 아주 잘 아는 사람은 다음과 같이 판단하였다[330]: 브란덴부르크-프로이센에서 보병은 이미 대선제후의 통치 초에 군복을 착용했지만, 기병은 말기에 군복을 착용하였다. 그렇지만 현재 공개된 자료에 의하면, 적어도 이 판단의 처음 부분은 결코 고집할 수 없다. 오히려 우리는 이렇게 말해야 한다. 즉 대선제후의 군복 착용 원칙은 그가 통치할 때 거의 완전히 실현되었다. 어쨌든 프로이센 군대의 제복은 18세기 초에 일반적으로 통일되었다. 17세기 후반에는 군대의 대부분이 군복을 착용하였다.

Ⅲ. 군복 수요의 증대, 집적 및 군복 통일이 경제 생활에서 지닌 의의

전술한 것처럼 군복의 일련의 발전에서 주목해야 할 경제적인 요점을 어떻게 찾아내야 하는가에 대해서는 우리는 이미 배웠다.

군대의 피복은 우선 다음과 같은 사실을 의미한다. 즉 필요한 물품을 자체적으로 생산할 가능성은 도외시하기 때문에, 피복과 피복 재료에 대한 매우 많은 수요는 이제 시장에서 발생한다는 것이다. 이 자체 생산을 이제는 더 이상 좋아하지 않았다. 새로운 경제 질서의 형성에서 결정적인 기간으로 여겨지는 수세기 내내 병사들의 군복은 시장에서 구입하였다.

따라서 근대 군대의 피복 필요로 생겨난 수요가 얼마나 컸는지는 누구나 쉽게 계산해 낼 수 있다. 즉 내가 군대 병력에 대해 앞에서 전한 숫자에 개개의 병사가 필요로 한 피복 재료, 부속품 등의 양을 곱한다면, 또한 의복, 외투, 모자, 장화 등등에 관해서는 인원수를 이들이 필요로 하는 물품 수로 간주한다면, 누구나 쉽게 계산해 낼 수 있다.

17, 18세기에 병사에게 군복을 제공하는 데 필요한 것은 다음의 개관에서 알 수 있다: (병사 193명의 피복에 필요한 물품표)

965엘레*의 런던제 직물(바지와 양말용으로 각각 5엘레),

965엘레의 안감(각각 5엘레),

2,316엘레의 가공하지 않아 뻣뻣한 백색과 검정색의 아마포(각각 12엘레),

1,158다스의 양복 깃 장식(각각 6다스의 바지와 양말),

193로트의 명주실(각각 1로트),

579다스의 철 단추(각각 5다스),

50엘레의 품질이 낮은 철사(군복 장식용),

193개의 모자.[331]

1679~1681년 전시 회계에서의 발췌[332]

200개의 모자, 각 15그로셴	125탈레르
500엘레의 예복, 각 3.25그로셴	67탈레르 17그로셴
300엘레의 파란 천 혁대, 각 1그로셴	12탈레르 12그로셴

* 엘레Elle: 옛날 길이의 단위. 약 55~85cm(역자 주).

40벌의 파란 외투, 각 3.75라이히스탈레르	150탈레르
200개의 목도리, 각 5그로센	41탈레르 16그로센
300엘레의 붉은 혁대, 각 8페니히	8탈레르 8그로센
30엘레의 포장용 천, 각 18페니히	1탈레르 21그로센
250벌의 파란 외투, 각 3.75라이히스탈레르	937탈레르 12그로센
250개의 모자, 각 15그로센	156탈레르 6그로센
625엘레의 예복, 각 3.25그로센	84탈레르 11그로센
375엘레의 모자에 꽂는 파란 리본, 각 1그로센	15탈레르 15그로센
합계	10,699탈레르 3그로센

18세기 초 각 보병의 필수품[333]

5엘레의 직물, 각 15그로센	3탈레르 3그로센
7엘레의 거친 모직물, 각 4그로센	1탈레르 4그로센
1엘레의 진홍색 커프스	14그로센
20개의 황동색 단추, 1다스에 4그로센	6그로센 8페니히
1로트의 낙타털	3그로센
낙타털로 만든 두 짝의 리본	6그로센
노란 테 모자 1개	12그로센
합계	6탈레르 8그로센 8페니히

안장, 재갈을 포함해 한 기병에게 완전히 군복을 공급하고 무기를 제공하는 데 프리드리히 빌헬름 1세 시대에는 73탈레르 2그로센이 필요했다.[334]

18세기 초 사보이 기병대와 피에몬테 기병대의 각 병사는 131.16리브르, 제노바 기병대의 각 병사는 110.14리브르, 그리고 포병은 68.16리브르의 비용이 들었다. 기병의 군마 장비를 준비하는 데에는 75.5리브르가 들었으며, 용기병의 군마 장비를 준비하는 데에는 67.4리브르가 들었다.[335] 영국 병사의 한 연대에 군복을 공급하는 데에는 (1730년) 1,570파운드 165실링 2.5페니가 필요했다.[336]

직물에 대해서만 계산해 보자: 10만 명의 군대에 군복을 조달하려면, 50만 엘레의 직물 또는 2만 개의 직물 조각이 필요하다. 만일 2년마다 군복을 바꾼다면, 1년에 1만 개의 소비가 이루어질 것이다. 슈몰러는 18세기 초 브란덴부르크 주민의 전체 직물 소비량을 5만 조각으로 계산하였다.[337] 프리드리히 대왕은《브란덴부르크 회상록》에서 쿠르마르크와 노이마르크에서의 직물 수출량이 대략 44,000조각이라고 말하였다.[338]

영국의 웨스트 라이딩 지방의 연간 직물 생산량은 같은 기간에 약 25,000조각에 달하였다.[339]

사람들은 이러한 숫자들을 고려해 병사용 직물 수요가 한 나라의 직물 산업을 매우 진흥시켰음에 틀림없다고 추론하는 경향이 있다. 그러나 이 일반적인 경향은 개개의 경우에도 사건의 진행을 통해 확인된다.

러시아에서는 직물 산업이 주로 군복 산업으로 등장하였다는 사실이 잘 알려져 있다.

그러나 브란덴부르크의 직물 산업도 군대의 주문에 의해 매우 상당히 진흥되었다. 특히 18세기에 브란덴부르크의 직물 산업에는 베를린의 러시아 중대를 위해 공급한 시기(1725~1738)가 현저한 비약을 의미하였다. 러시아 중대는 이 시기에 연간 2만 조각의 직물을 러시아로 운반하였다. 그것은 모두 러시아 육군의 피복을 위한 병사용 직물이었다. 이 양은 앞에서 제시한 총생산량 숫자를 보면 "엄청나게 중요했음에 틀림없다."[340] 프리드리히 빌헬름 1세는 산업 번영과 군대 발전 간의 이 연관을 충분히 인식하였다. 그는 바로 산업을 고려하면서 군을 정비하였다. 1713년 6월 30일자의 군복에 관한 규정은 "군대를 위해서 뿐만 아니라 국내에 세워진 매뉴팩처들을 육성하기 위해서도" 공포되었다. 판단력 있는 관찰자들은 군대 수요가 국가의 직물 산업에 대해 지닌 큰 의의를 강조하고 있다: "육군은 언제나 국가의 직조업에 주요한 판로 중 하나였던 것 같다."[341]

영국의 거대한 직물 산업에서조차 군대에의 공급은 분명히 중요하였다(그 주요 판매는 다른 곳을 향해 있었지만 말이다). 영국의 직물 산업은 프로이센이 경쟁 상대가 될 때까지, 마찬가지로 거대한 양의 군복용 직물을 러시아에 공급하였다. 우리가 아는 것처럼, 영국 (그리고 네덜란드) 상인들은 프로이센 침입자들과 격렬한 싸움을 하였다. 1772년 영국에서 러시아로 향한 양모 제품의 수출액은 5만 파운드로 평가되었다.[342]

특히 7년 전쟁* 때 군대 수요가 국가의 직물 산업에 미친 자극적인 영향은 예민한 관찰자에게는 곧바로 눈에 띄었다. 아서 영**은 이렇

---

* 7년 전쟁: 제3차 슐레지엔 전쟁이라고도 한다. 오스트리아 왕위 계승 전쟁에서 패배한 오스트리아는 프로이센에게 비옥한 슐레지엔 지방(중부 유럽의 오데르강 상류 및 중류지역)을 빼앗겼는데 이를 되찾기 위해 벌인 전쟁(1756~1763)(역자 주).

** 아서 영Arthur Young (1741-1820): 영국의 농학자. 18세기 말 농업 혁명기에 영국과 프랑스 각지의 농업 사정을 시찰하고 여행기 등의 저서를 출판하여 명성을 얻었다(역자 주).

게 보고하였다: 그 수년 간 전쟁이 많은 직물 수요를 불러일으켰기 때문에, 그 만큼을 생산할 수 있는 "노동력"을 충분히 구할 수 없었다.[343]

영국 양모 산업의 총생산 중 어느 정도가 군대 목적을 위해 사용되었는지는 결코 숫자로 확정할 수 없다. 우리가 아는 것은 단지 다음과 같은 사실뿐이다. 즉, 예를 들면 군사 조달에 대한 17세기 독일의 계산서에는 대부분의 경우 병사용 직물이 런던제 직물이라고 표기되어 있다는 것이다.

프랑스에서는 군대를 위해 일한 직물 산업이 콜베르 시대 이후부터 큰 의의를 지녔다. 17세기에는 랑그독과 베리에 그런 직물 산업이 있었다. 그 당시 오비니에서는 2,000명, 샤토루에서는 1만 명이 직물 산업에 종사하였다. 18세기에는 메스, 로데브(8,000명), 로모랑탱 등,[344] 그리고 비레, 발로뉴, 셰르부르에 직물 산업이 있었다. 몽페이루에서는 로데브와 함께 160만 리브르의 병사용 직물이 매년 팔렸다.[345]

직물 산업과 마찬가지로 군대에 피복을 공급한 그 밖의 산업(아마포 산업, 모자 산업, 의복 산업, 장화 산업, 양말 산업, 단추 산업, 레이스 산업 등)을 고려한다면, 게다가 또한 말에 "옷을 입히는"(편자, 안장) 공업도 생각한다면, 마지막으로 식량 등의 수송을 돌보는 공업(수레 제작소 등)도 생각한다면, 한 나라의 공업이 순전히 양적으로 발전함에 있어서 이 시장이 아주 높은 가치가 있었다는 것을 알 수 있다.

그러나 이 순전히 양적인 영향은 결코 경제적으로 가장 중요한 것이 아니다. 훨씬 더 중요한 것은, 예를 들면 경제 생활의 형식에 군대의 피복 수요 충족이 미친 영향이다. 특히 자본주의 경제 체제 형성에서 그것이 차지하는 몫이다. 우리는 이 몫을 기꺼이 확인하고 싶다. 질적으로 명백한 이러한 영향은 증명될 수 있는가?

이 질문에 대답하려면, 우리는 우선 군대에서의 피복 수요 방식을 분명하게 알아야 한다. 그리고 피복 공급 조직의 국유화와 군복의 통일화가 진전됨에 따라 군대에서의 피복 수요가 같은 모양의 물품에 대한 대량 수요가 되었다는 것도 우리는 명백하게 설명해야 한다. 과장하지 않고도 자신 있게 말할 수 있는 것은 이미 17세기에 거대한 군대에의 조달에서 볼 수 있는 이러한 수요의 집중화가 당시에는 전대미문의 일이었다는 사실이다. 여러 사람들, 특히 상인들에게도 눈을 돌려야 한다. 그들에게 단 한 번의 계약에서 5,000벌의 완전한 군복의 즉각적인 공급을 요구했기 때문이다. 실제로 1603년에는 영국 정부가 어리 배빙턴 및 로버트 브롬리와 계약을 맺었다.[346]

또는 예를 들어 발렌슈타인의 주문에서 나타난 숫자들을 읽어보면, 깜짝 놀랄 것이다. 거기에는 다음과 같이 쓰여 있다:

"나는 또한 병사들을 위해 1만 켤레의 구두를 주문한다. 그것들을 나중에 각 연대의 병사들에게 분배하기 위해서다. … 이를 위해 가죽을 준비해 주기를 바란다. 나는 또한 곧 수천 켤레의 장화도 주문할 것이다. 천도 주문할 것이다. 아마도 피복이 필요할 것이다."

아셔스레벤, 1626년 6월 13일: "(나의 사촌 막스는) … 또한 병사들을 위해 4,000벌의 피복을 만들라는 명령을 받았습니다. 그 내역은 아마포로 안감을 댄 치마, 모직물로 만든 바지, 모직물로 만든 양말입니다."[347]

"군대 재정관이 기친에 와서 13,000라이히스탈레르 어치의 군화,

양말, 피복을 군대용으로 만들어달라고 주문하였습니다(나중에 편지에서는 40,000라이히스탈레르 어치의 주문을 추가하였습니다). 아무튼 신속하게 그를 도왔습니다. 올해 4,000벌의 피복을 만들어 주었습니다. 그가 비용을 지불하는 즉시 주문한 것을 보냈습니다."[348]

1647년 9월 26일 콘라드 폰 부르그스도르프는 모직물과 거친 모직물의 공급에 관해 함부르크의 상인 에버하르트 슐레프와 다음과 같은 계약을 맺었다. "상인은 선제후의 육군 장교에게 견본이 보여주는 1,512브라반트 엘레의 파란 천을 제공해야 한다. 1엘레는 현장에서는 5라이히스탈레르로 계산된다. 또한 병사들에게는 2만 브라반트 엘레의 파란 천을 견본대로 제공해야 한다. 이때 1엘레는 1라이히스탈레르로 정한다. … 게다가 거친 모직물 21,512브라반트 엘레를 단가 6실링으로 공급해야 한다. 납품 기한은 성 마틴제* 후 3주 이내이다."[349]

이러한 대량 계약이 어떤 세계에서 행해졌는지를 주목해야 한다: 상인들은 위에서 언급한 965(!)엘레 어치의 런던제 직물을 조달하기 위해 애썼다. 이러한 상황에 대해 다음과 같은 주석이 있다: "보충으로서, 그 상인들은 이에 대해 다음과 같이 보고하였다. 즉 그들은 기꺼이 상품을 공급하였으며, 또 그렇게 하려고 노력하였다. 예를 들면, 프로이센에서는 적당한 대책을 마련하지 못해 물품이 부족한 경우에도 가능한 한 많이 조달하기를 바라고 있다 …."

---

* 성 마틴제Martini: 기독교의 성인 마르티노를 기념하는 로마 가톨릭교의 축일. 11월 11일(역자 주).

이것은 모든 종류의 피복과 피복 재료에서 아주 큰 거래가 행해졌음에 틀림없다는 것을 의미하였다. 군수품 관리국은 수천 명의 영세 수공업자들과 직접 거래를 할 수 없었으며, 또 그것을 바라지도 않았다. 군수품 관리국은 또한 큰 장이나 시장에서 물품을 구입할 수도 없었으며, 또 그렇게 하려고 하지도 않았다. 따라서 이 분야에서도 폭넓은 자본주의 기반 위에서 안정된 거래가 형성될 수 있는 중요한 기회가 있었다. 때때로 제후는 또한 생산자와 군대 간의 연결고리로서의 조달자를 필요로 하였다. 조달자만이 그에게—매우 자주!—필요한 신용을 보장해 주었기 때문이다.

내적인 감동 없이는 이런 종류의 동향 보도를 들을 수 없다.[350] 1678년 대선제후는 연대장들에게 다음과 같은 편지를 썼다: "우리는 필요에 따라서 연대들이 좋은 직물로 만든 피복을 공급받고 아무런 부족함 없이 전장으로 나가는 것을 진실로 보고 싶다. 그리고 우리는 각 보병 연대의 신병에게는 피복비로 3,000라이히스탈레르를 지급할 생각이다. … 1678년 2월 28일, 슈프레강의 게오르그 쾰른." 대선제후가 3,000탈레르의 현금을 동원하지 못하면, 연대장이 그에게 이 액수를 빌려주어야 한다. 그렇지만 연대장도 그 정도의 돈은 없었다. 그의 급료는 1676년부터 여전히 13,168라이히스탈레르였다! 그러나 마그데부르크의 몇몇 상인은 이 금액의 직물을 신용으로 제공하겠다고 나섰다: "이렇게 해서 나는 이미 200매의 직물을 샀다"라고 연대장 폰 보른스토르트는 쓰고 있다.

부유한 상인들은 피복 조달의 거래에 몰려들었다. 이를 통해 그들은 재산을 빠르게 늘려나갔다. 네덜란드(!) 직물 상인 헤르만 마이어는 8만 리브르 어치의 영국제 직물을 페테르스부르크에 보관하였다. 베를린에 있는 러시아 상사는 10만 탈레르의 자본금으로 일하였는데, 첫 해에 22,878탈레르를 벌어들였다.[351] 영국에서 육군과 해군에 피복을 공급하는 "계약자들"은 매우 자본력이 있는 사람들이었다.[352]

그러나 군대의 대규모 피복 수요와 직물 수요가 초래한 판매 관계의 이러한 본질적인 변화는 산업 형태에도 영향을 미쳤음에 틀림없다. 우선 상인과 생산자들 간의 관계가 내적으로 바뀌지 않을 수 없었다. 수공업자는 본의 아니게 점점 더 밀려나 가내공업 노동자 역할을 하였다. 상인은 중매인이 되었다. 우리는 이 변화 과정을 다시 브란덴부르크의 직물 공업에서 아주 분명하게 추적할 수 있다: 상인들은 주도권을 둘러싸고 바로 자영 직물업자와 싸웠다. 그들은 모든 가능한 강제 수단을 사용해 영세 수공업자들의 노동을 자신들의 목적에 예속시키려고 시도하였다. 이 목적이란 대량의 동질적인 직물을 신속하게 공급하는 것이었다. 자영 수공업자층은 결국 이 수요 목적에서 발생하는 요구, 즉 많은 양의 생산, 신속한 생산, 동질적인 생산에 대한 요구를 충족시킬 수 없었다. 여기에서 자본주의 조직에 의한 생산의 통일화를 강제한 것은 판로의 지리적 확대, 생산 기술의 변화, 수공업자들 사이에서의 재산 분화, 또한 판매의 필요가 아니라 상인이 참고 견디지 않으면 안 되었던 판매상의 어려운 문제들이었다. 추밀고문관 쉰들러는 불만을 늘어놓았다. 그는 베를린의 왕립 방적 공장을 일시적으로 떠맡았는데, 1723년 12월 27일 총지배인에게 보낸 보고문에서 수공업적인 직물 생산의 불충분함에 대해 의견을 말하였다.[353] 직물은 균등하게 좋아야 하며 질기고 색이 선명해야 한다고 그는 설명하였다. 이것을 달성하기 위해 그러한 경우(대량 조달이 행해지는 경우)에는 흔히 직물공의 조합이나 대형 직물 상인과 약정을 맺었다. 그러나 여기—러시아 군대에의 공급—에서는 그것만으로는 충분하지 않았다. 조합도 직물 상인들도 올바른 설비나 배열을 돌볼 수 없었으며, 또한 무두질, 조정, 염색을 통제할 수 없었다. 검사할 때는 대부분의 염색을 통과시켰다. 담당 검사관들은 결점을 찾아내기에는 너무 무지했기 때문이다. 따라서 쌓아놓은 직물을 보면, 어떤 것은 성글게 짜였고 또 어떤 것은 촘촘하게 짜였다. 어떤 것은 실이 가늘었고, 또 어떤 것은 실이 굵었으며, 어떤 것은 그 폭이 넓었고, 또 어떤 것은 그 폭이 좁았다. 어떤 것은 색이 선명하지 못했고, 또 어떤 것은 올바르게 염색되지 않았다. 이렇게 서술한 다음 그는 "창고"[354]에서의 생산, 즉 매뉴팩처적인 또는 공장제적인 노동 조직이 어떤 이득을 주는지 말하였다: "창고에서는 모든 노동이나 모든 수공업이 직물을 만드는 데 집중되며 특별한 설비가 만들어진다. 이렇게 해서 전술한 모든 주된 결함을 피한다 …. 그런데 확실한 사실은 창고에서 연간 수천 매의 직물이 만들어지지만, 결함 상품이 조금밖에 나오지 않았다는 것이다 …."

대규모 군수품 조달은 이렇게 해서 우선 수공업자를 상인의 명령권에 복종시켰으며, 통일과 질서, 정확성과 형식주의를 최대한 수공업 방식의 생산자들에게 강요하게 되었다. 그렇지만 가내공업적인 경영 형식은 노동을 충분히 기계화하기에는 적합하지 않다는 것이 드러났다. 조직은 한층 더 진전되어 대기업이 되었다. 따라서 이제는 자본주의 기업가 정신이 아주 자유롭게 발휘되었으며, 소비자들의 새로운 요구에 맞는 상품을 비로소 만들어 낼 수 있었다.

베를린에 있는 러시아 상사는 이러한 결과의 일부를 자신의 것으로 삼았다. 러시아 상사는 자신의 염색 공장을 두 개 건설하였다. "이래서 지금은 나무랄 데 없는 상품이 제공될 수 있다."[355]

군수품 관리국의 요구와 완전히 일치한 것은 아주 큰 병사용 직물 공장들이었다. 이 직물 공장들은 18세기에 러시아에서 생겨났는데, 거대한 무기 공장처럼 대기업 조직의 첫 번째 상징이 되었다: 모스크바의 시체골린 직물 공장은 730명의 노동자를 고용하였으며 130대의 직조기를 설치하였다(1729). 또한 카잔의 미클리아에프 직물 공장은 742명의 노동자를 고용하였다.[356]

이렇게 해서 이 분야에서도 근대 군대는 자본주의를 위한 교육자로서 등장하였다.

그리고 직물 공업에 해당되는 것은 확실히 군복 조달에 관여한 다른 모든 영업에도 해당된다.

따라서 기성복 제조의 자극도—그것이 사치 산업이 아닌 한—이러한 측면에서 유래하였다.

우리가 이미 들은 바와 같이, 1603년 영국 정부는 5,000벌의 피복 조달에 대해 계약을 맺었다. 이것은 해마다 두 번 반복되는 계약이었다. 조달을 위임받은 두 사람이 "런던의 상인—재단사들"로 표기되었다는 점은 언급할 만하다.[357] 런던에서 가장 일찍 자본주의적으로 경영된 업종 중의 하나가 사실은 재봉업이었다. 그러므로 사치 산업(이에 대해서는 본 연구의 제1권에서 말했기 때문에 여기서는 건너뛰겠다)이 아닌 자본주의적 재봉업 부문이 군수용 기성복 제조였다는 사실은 증명된 것으로 받아들여도 좋다.

육군과 마찬가지로 해군에게도 이미 17세기에 기성복이 생산되었다. 물론 마찬가지로 자본주의를 기반으로 해서 행해졌다. 1655년에는, 어떠한 재봉사도 해군 위원회의 허가 없이는 영국 군함에 피복을 공급해서는 안 된다는 명령이 내려졌다.[358]

18세기의 독일에 대해서는 다음과 같이 쓰여 있다[359]: "(말하자면, "값비싼" 의복의 거래와는) 다른 피복 거래는 상인이 장군이나 대령과 계약할 때, 이들에게 이러이러한 수의 연대나 중대에 필요한 피복을 제공해야 하는 계약이다."

모자 제조업에서는 군모 제조업만이 자본주의라는 큰 바다에서 자신을 구하였다. 예를 들면, 18세기 영국에서는 소수의 대기업가와 다수의 민중, 즉 부인들과 소녀들이 이 일에 종사하였다.

내가 여기에서 제시한 연관을 자세하게 또 수많은 예에서 추적하는 일은 나중의 연구에 맡긴다.

나는 하나의 가능성만을 지적하는 것으로 마무리 짓겠다. 그것은 즉 카르텔 사상—일정한 통일 가격의 약속과 자유로운 생산자들 간의 공동 판매 협정—이 군대를 위해 생산하는 산업 영역에서 처음으로 나타났다는 것이다. 공급의 획일성과 공급된 제품의 획일성이 이러한 사상을 시사한다. 그리고 우리는 실제로 내 가설이 옳다는 일종의 증거를 갖고 있다: 1740년에는 랑그독의 군복 납품업자들이 모여서 국왕에게 청원하였다. 즉 그들은 군대에 직물을 이제부터는 일정한 가격으로 창고에 공급하고 싶으며, 따라서 자기들끼리는 더 이상 경쟁하지 않겠다는 것이다. "그들은 국왕에게 몽펠리에 시에 창고를 세워달라고 부탁하였다. 창고를 세우면 육군 장관의 명령에 따라 프랑스 육군이 피복에 필요한 고급 직물, 두터운 모직 및 그 밖의 옷감을 약정된 가격으로 공급하거나, 또는 조정된 가격으로 부대에 직접 납품하게 될 것이라고 그들은 말하였다."[360]

제6장

조선

Ⅰ. 경제 생활에서 조선의 의미

"조선은 모든 공업에서 가장 크다"라고 말했을 때, 콜베르는 자신이 한 말의 의미를 알고 있었다.

이때는 조선소에서의 선박 건조뿐만 아니라, 조선 재료를 생산하는 많은 산업, 즉 이 조선 재료의 공급을 돌보는 많은 상업 분야도 문제가 된다.[361]

조선이 경제 생활에 미치는 영향은 점점 더 커진다: ① 배를 많이 만들수록 커진다. 이에 대해서는 설명이 필요 없다. 그렇지만, ② 큰 배를 만들수록 또한 커진다. 크기가 영향을 미친다는 것은 다시 말할 필요도 없다. 척수가 똑같아도 배가 클수록 건조 재료에 대한 전체 수요, 노동력에 대한 수요 등은 당연히 늘어나기 때문이다. 그런데 선박의 크기는 그 자체만으로도 중요하다. 그것은 살아 있는 노동의 집중과 조선 설비 및 재료 수요의 급증을 일으킨다. 큰 배를 건조할 수 있으려면, 조선소가 커야 한다. 한 척을 만드는 데 필요한 목재, 밧줄, 철 등의 양도 늘어난다. 소위 "조립" 상품인 선박은 거대한 수요의 통일체를 만들어 내기 때문이다. 여기에서 선박의 크기가 그 자체로 미치는 영향은 조선 활동의 조직적인 결합에 의해서도 늘어난다. 따라서 다음과 같이 말할 수 있다: 조선이 경제 생활에 미치는 영향은 더욱더 크다. ③ 조선이 종합적으로 또 집중적으로, 밀도 있게 행해질수록 그렇다. 만일 100척의 배를 하나의 조선소에서 건조하게 되면, 100척의 배를 10개의 조선소에서 건조할 때보다 더 크고 종합적인 수요가 생겨난다. ④ 마지막으로 상기하지 않으면 안 되는 것은 배가 빨리 건조될수록 조선의 영향 범위는 더욱더 크다는 사실이다(당연히 다른 임의의 모든 공업에 대해서도 똑같이 말할 수 있다): 내가 100명의 노동자를 조선소에 집합시킨다면, 어느 정도 큰 배는—말하자면—1년 내에 완성된다. 이 배를 3개월 후에 진수하려면, 나는 열심히 일하는 노동자들을 그만큼 늘려야 한다. 조선 재료 조달의 경우도 마찬가지이다.

내가 왜 이 문맥에서 조선을 총괄적으로 언급하는지를 설명하기 위해서도 이러한 고려가 필요했다. 말하자면, 다음과 같은 반론을 나에게 제기할 수 있을 것이다: 확실히 조선은 근대 자본주의 발생에서 큰 의의가 있다(명제가 결코 이러한 일반적인 형식으로도 제시되지 않았지만 말이다: 경제사가에게는 근대 자본주의의 기원을 찾을 때 섬유 산업이 있는 것 같다). 그러나 이론의 여지가 없이 옳은 이 사실이 전쟁과 자본주의라는 주제와 어떤 관계가 있는가? 조선은 그 자체가 무역의 필요 때문에 존재하는 시민 산업이 아닌가? 당신은 조선이 군국주의에서 지닌 의의를 어떻게 이끌어 내는가? 이러한 반론에 대해 나는 다음과 같이 주장한다. 즉 실제로 조선의 발전에서 군사적 관심은 결정적으로 중요하였다. 군사적 관심이 큰 것만큼이나 매우 짧은 시간에 무역에의 관심이 조선을 발전시킨 적은 아마도 결코 없었을 것이다.

이 주장이 옳다는 것을 증명하기 위해—앞에서 시도한 것처럼—조선의 규모를 좌우하는 상황을 기술할 필요가 있었다. 전쟁에 대한 관심이 ① 선박의 양, ② 선박의 크기, ③ 조선의 촉진, ④ 조선의 집중에 본질적으로 영향을 미쳤다는 사실을 나는 이제부터 보여줄 것이다.

Ⅱ. 선박의 양

오늘날에도 군사 대국의 함대는 전체 선박 보유량 중에서 상당한 부분을 차지한다. 1912년 1월 1일 현재 독일의 전체 해양 함선(범선과 기선)은 등록 총 톤수로 4,711,998톤, 등록 순 톤수로 3,023,725톤의 용적을 지녔다. 반면에 독일 제국 해군 전함들의 배수량*은 1912년 4월 1일 현재 892,710톤이었다. 함부르크의 함대는 1911년 현재 1,687,945등록 톤의 용적(순 톤수)을 지닌 1,252척의 해양 함선으로 이루어져 있다. 함부르크의 기선들이 갖춘 기계는 1,234,000마력을 나타냈다. 독일 제국 해군의 함선은 1,515,340마력을 내는 증기기관을 갖추고 있었다. 따라서 이것은 보다시피 아주 상당한 숫자이

* 배수량排水量: 물에 뜬 배가 그 무게로 밀어내는 물의 분량(그 분량이 배의 중량이 된다)(역자 주).

다. 그러나 조선이 처음 발전하기 시작한 수세기 전으로 거슬러 올라가면, 전함과 상선의 관계에서 전자가 후자를 크게 능가하고 있었다. 함대가 얼마나 빨리 그 양을 늘렸는가를 나는 다른 곳에서 이미 보여주었다. 그러나 이 확대의 전체적인 의의를 알아낼 수 있으려면, 우선 전함 수를 같은 시기의 상선 수나 톤수와 비교해야 한다.

유감스럽게도 초기 상선대의 사정에 대해서는 신뢰할 만한 자료가 조금밖에 없다.

16세기에 대해 영국의 상선대 규모를 계산할 수 있는 근거는 다음과 같다. 1601년에 출간된 《상업론Treaties of Commerce》에서 휠러*는 60여 년 전 (국왕 함대의 선박을 제외하면) 템스 강의 항구에는 120톤 이상의 선박이 네 척밖에 없었다고 서술하였다. 이 판단이 옳다는 것은 다른 진술에 의해 확인되었다.

1544/45년에서 1553년까지 출항한 100톤 이상의 선박들은 다음과 같다:

런던 소속	17척	2,530톤
브리스톨 소속	13척	2,380톤
다른 항구 소속	5척	

1577년의 한 목록을 보면 다음과 같다:

100톤 및 그 이상의 톤수를 지닌 상선 135척 중

* 존 휠러John Wheeler(?~1617): 영국의 상인. 1601~1608년에는 국제적인 무역 회사인 〈영국의 상인 모험가회Merchants Adventurers of England〉의 서기관이었다(역자 주).

56척	100톤
11척	110톤
20척	120톤
7척	130톤
15척	140톤
5척	150톤

656척은 40톤과 100톤 사이.

1582년에는 100톤 이상의 상선이 177척이었다.

그러나 헨리 8세의 함대는 그의 치세 초기에 이미 8,460톤에 달했으며, 말기에는 10,550톤에 달하였다. 엘리자베스 여왕은 14,060톤의 전함을 남겼다.

17세기의 영국에 대해서는 다음과 같은 추산이 알려져 있다:

1628년 템스 강의 영국 상선대 구성을 보면,

7척의 인도행 운반	4,200톤
34척의 그 밖의 상선	7,850톤
22척의 뉴캐슬의 석탄 운반선	

1629년 영국 전체에 100톤 이상의 선박 350척이 있는 것으로 조사되었다. 따라서 용적은 35,000~40,000톤이 된다.

1642년 동인도 회사는 용적량이 15,000톤에 달하는 선박을 보유하고 있었다.[362]

1651년 글래스고우의 상인들은 모두 합쳐서 957톤의 화물 적재함을 지닌 12척의 선박을 갖고 있었다.

1692년 레이스 항에는 1702톤의 적재 능력을 지닌 29척의 선박이 소속되어 있었다.[363]

이 기간 중에는 영국 해군 함정의 용적량은 위에서 상술한 자료에 따르면 적어도 15,000~20,000톤에 달하였다(1618년에는 15,670톤. 1624년에는 19,339톤. 그런데 1660년에는 이미 62,594톤에 달하였다).

프랑스의 상선대는 공식 조사에 따르면[364] 1664년에는 2,368척의 선박으로 이루어져 있었다. 앞에 제시한 선박 크기의 표에 따르면 총 용적량은 약 18만 톤에 달한 것으로 추정된다. 한편 프랑스의 군함은 1661년에는 30척에 불과했는데, 콜베르가 죽었을 때는 우리가 본 것처럼 244척에 달하였다. 그 용적량은 확실히 8만 톤에서 10만 톤에 달한 것으로 추산할 수 있을 것이다.

18세기에 대해서는 1754년의 추산이 있다.[365] 이에 따르면 영국의 상선대는 용적량이 약 17만 톤이 되는 약 2,000척의 해양 항해선과 용적량이 약 15만 톤이 되는 약 2,000척의 연안 항해선으로 이루어졌다(모두 합치면 용적량이 약 32만 톤이 되고, 선박수는 약 4,000척이 된다).

그 당시 포스트리스웨이트 같은 뛰어난 전문가도 이 수치를 옳다고 보았다.[366]

이 수치가 실제로 현실과 대체로 일치했다는 것은 런던에만 소속된 선박들의—우리에게 잘 알려진—정확한 수에서도 추론할 수 있다. 1732년에는 (세관의 일반 기록에 따라 계산하면) 그 선박수가 1,417척, 용적량은 모두 합치면 178,557톤이었다.

18세기에는 해운 통계가 정확해지기 시작했다. 해운 통계는 선박 크기에 대해서도 우리에게 약간의 해명을 줄 수 있다. 그렇지만 저 시대에는, 예를 들면 영국 항구에 들어오는 선박들이 1년에 한두 번 항해했다고 추측하지 않으면 안 된다: 편도만의 항해를 두 번 하면, 그것은 왕복 항해를 한 번 한 것이 된다.[367] 그러나 1743년, 1747년, 1749년에는 평균적으로 영국의 전항구에 총 86,094톤의 적재량을 지닌 603척의 외국 선박들이 들어왔다.[368] 예를 들면, 영국 남부의 항구들에서 총 47,257톤의 선박 233척이 서인도로 향하였다(1786~1787). 또한 런던에서는 총 61,695톤의 적재량을 지닌 선박 218척, 영국 북부의 항구들에서는 총 14,629톤의 적재량을 지닌 선박 77척이 마찬가지로 서인도로 향하였다.[369] 1786~1787년 사이에 미국에 도착한 선박들의 총수는 509척이었으며 적재량은 35,546톤이었다. 한편 같은 기간에 그곳에서 출항한 선박들의 총수는 373척이었으며, 적재량은 36,145톤이었다.[369]

(비교하면: 1910년에 입항한 선박 톤수는 홀테나우에는 49,221등록톤, 노비스크룩에는 29,093등록톤, 파펜부르크에는 38,832등록톤으로 되어 있다. 이에 반해 슈톨프뮌데에는 75,336등록톤, 슈톨첸하겐(크라츠비크)에는 거의 253,342등록톤으로 되어 있다. 1910년에 독일 제국의 모든 항구에 들어온 해양 항해선은 111,797척이었으며, 등록톤은 29,930,553톤이었다.)

그 당시 영국의 상선대 전체가 32만 톤이었을 때, 전함대의 적재량은 228,215톤이었다. 말하자면, 전함대의 적재량은 해외 운항선의 적재량을 모두 합친 것보다 많았으며, 상선대의 총 선박의 2/3가 되었을 것이다.

이 숫자를 개관하면, 16세기 중엽에서 18세기 중엽에 이르는 200년간, 즉 자본주의 발전에서 결정적인 시기에 영국의 상선대가 전함대와 비교하면 느리게 발전한 것 같은 인상을 얻는다. 튜더 왕조 시대에는 상선대가 군함대보다 분명히 몇 배 더 컸지만, 18세기 중엽에는 전함대의 적재량이 상선대의 적재량에 거의 도달하였다. 국민의 힘이 이 18세기에는 거의 전적으로 전함대 발전에 이용되었다. 전함대를 번영시키기 위해 모든 수단이 사용되었다. 그러나 영국에 해당되는 것은 다른 모든 나라에도 (아마도 높은 정도로) 해당된다.

그러나 군사적 관심의 우세는 상선대와 국왕 함대 간의 비율 관계 변화에서 표현되는 것보다 더 컸다. 상선의 증대 자체도 상당 부분이 군비 확대 덕분이라는 것은 특히 전문가에게는 의심할 수 없는 사실이다. 상선을 전쟁 시기에는 비싼 전세료를 받고 정부가 사용할 수 있도록 해준다는 견해가 분명히 영향을 미쳤다. 게다가 정부는 특히 군사적인 이유에서 큰 배의 건조를 위해 보조금을 약속하였는데, 이 보조금이 조선업자에게는 상업 이익의 전망보다 훨씬 더 강한 자극으로 작용하였다. 항상 다시 관찰되는 것은 우선 이윤 추구, 즉 영리욕이 초기의 경제 생활에서는 오늘날과 같은 다이내믹한 영향을 거의 행사하지 못했다는 사실이다. 무엇보다도 왕년의 인간을 집중적으로 활동하도록 자극하려면 통상적인 상업 이익이나 생산 이익보다는 좀 더 빠르고 구체적인 이익이 그에게 약속되어야 했다는 사실이다. 사람들은 금을 찾기 위해, 적선을 나포하기 위해, 보조금을 받기 위해, 전세를 주기 위해 선박을 만들었다. 내가 여기에서 일반적으로 말한 것을 다시 우리의 예에 적용하면, 사람들이 러시아나 레반테와의 무역을 증진시키기 보다는 말이다. 일상생활에서는 관행이 우세하다. 모든 것은 예부터 친숙한 길을 간다. 여기에서 본질적인 혁신을 도입하려면 일찍이 강한 자극이 출현하지 않으면 안 된다. 조선에 대한 그러한 자극은 군사적인 관심에서 나왔다. 이 군사적인 관심이 우리가 여기에서 개관한 시기에는 상업적인 관심보다 아주 확실하게 강했기 때문이다. 이러한 인상은 우리 시대에서의 조선 유형의 발전을 추적한다면 확증될 것이다.

Ⅲ. 선박의 크기

우리는 위에서 이미 16, 17세기에서의 상선 크기에 대해 이해를 얻었다. 이 상황을 아주 분명하게 나타내기 위해 몇 개의 숫자를 제시하겠다.

이미 언급한 1664년의 프랑스 상선에 관한 공식 통계에서 2,368척의 배는 톤수 별로 다음과 같이 구분된다:

10~30톤	1,063척
0~40톤	345척
40~60톤	320척
80~100톤	133척
100~120톤	102척
120~150톤	72척
150~200톤	70척
200~250톤	39척
250~300톤	27척
300~400톤	19척
합계	2,368척

17세기에 함부르크 항구를 출범한 선박은 평균적으로 17~18라스트[1라스트는 2톤]의 크기였다. 예를 들면, 1625년에는 17.521라스트였다. 이 해에 가장 큰 선박은 베네치아로 향해 출범했는데, 그 적재량은 200라스트(따라서 400톤)였다. 1616년에는 150라스트, 1615년에는 130라스트, 그리고 1617년에는 120라스트였다.[370]

윌리엄 몬슨 경의 《해군 소책자Naval Tracts》 294쪽에 따르면, 영국에는 엘리자베스 여왕이 죽었을 때 (따라서 17세기 초) 각각 400톤의 적재 능력이 있는 상선은 4척도 없었다.[371] 이것이 실정이었을 것이다. 이 17세기 중엽에도 동인도 회사의 선박들(따라서 같은 나라에서는 가장 큰 선박들)은 300~600톤의 적재 능력을 지닌 것에 불과했기 때문이다.[372]

네덜란드 동인도 회사는 17세기 말에 평균적으로 300라스트의 선박을 이용하였다.[373]

프랑스 동인도 회사의 첫 번째 선대船隊는 각각 300톤의 선박 3척, 120톤의 선박 한 척으로 되었다. 그렇지만 두 번째 선대는 다음과 같이 구성되었다: 각각 500~600톤의 선박 2척, 각각 300톤의 선박 2척, 250톤의 선박 1척, 200톤의 선박 1척, 각각 60~80톤의 선박 4척. 1682년에는 700톤의 선박 1척, 800톤의 선박 1척이 출항하였다.[374]

선박의 크기는 18세기에도 변하지 않았다: 동인도의 대형 선박들은 300~500톤의 적재량을 지녔으며, 유럽 역내의 선박들은 100~300톤의 적재량을 지녔다.

1732년 런던에 소속된 이미 언급한 1~417척 중

130척은 적재량이 300~500톤,

83척은 적재량이 200~300톤이었다.

그 밖의 선박들은 작았다. 남해 회사의 유명한 선박은 적재량이 750톤이었다.

1737년 5월 1일 리버풀에는[375] 30톤이 넘는 선박 211척이 소속되어 있었다. 그중

400톤	1척
350톤	1척
340톤	2척
300톤	1척
250톤	1척
200톤	2척
190톤	2척
180톤	4척
160톤	7척
150톤	15척
140톤	10척
130톤	5척
120톤	13척
110톤	6척
100톤	16척
30~90톤	135척

1749년 영국 항구에 들어온 외국선박의 수와 크기는 다음과 같았다:

네덜란드	62척	6,287톤(평균 100톤)
덴마크	292척	47,382톤(평균 160톤)
스웨덴	71척	8,400톤(평균 120톤)
함부르크	40척	6,764톤(평균 170톤)
프랑스	24척	1,289톤(평균 50톤)
프로이센	26척	3,420톤(평균 130톤)
단치히	16척	2,748톤(평균 170톤)
포르투갈	26척	2,100톤(평균 80톤)
브레멘	16척	1,975톤(평균 125톤)
러시아	5척	440톤(평균 90톤)
스페인	16척	940톤(평균 60톤)
합계	594척	81,740톤(평균 약 140톤)

가장 큰 배는 적재량이 510톤인 덴마크 선박이다. 가장 작은 배는—분명히 칼레에서 도버로 항해하는—적재량이 4톤인 프랑스 하역선이다. 그러나 브레멘에서도 35톤의 선박, 단치히에서 44톤의 선박이 각각 한 척씩 왔다.[376]

18세기 말 보통의 네덜란드 상선은 적재 능력이 180~190라스트였다. 배의 밑바닥은 115피트, 선수재와 선미재는 모두 120피트, 폭은 34피트였다고 한다.[377]

기니아 무역 회사, 발트해 무역 회사, 그리고 그린란드 무역 회사를 합쳐 1781년에 만든 덴마크 왕립, 발트해 및 기니아 무역 회사의 재산 목록에[378] 37척의 선박이 있었다. 그중 상업 라스트(2,600kg)로 표시된 적재 능력은 다음과 같았다:

50~60라스트	10척
61~100라스트	2척
101~150라스트	21척
151~162.5라스트	4척
합계	37척

이 숫자들을 전함에 관한 숫자들과 비교해 보면, 전함이 아주 현저할 정도로 상선보다 훨씬 더 많았다는 것, 특히 대형 선박도 상선보다 전함에서 훨씬 더 자주 볼 수 있었다는 것을 우리는 매우 빨리 알 수 있다.

이미 15세기에 영국의 전함(타워형 전함이라고 불린다)에서 1,000톤짜리가 등장한다: 오펜하임이 헨리 7세* 시대에 대해서 작성한 목록에는 500~1,000톤의 선박 9척이 등장한다.

1548년 1월 5일(에드워드 6세 치세 1년)의 영국 해군 함정표에는 다음과 같이 그 크기가 나와 있다:

500~1,000톤	6척
300~450톤	11척
100~250톤	12척
100톤 이하	24척

1588년에 영국 함대를 형성한 선박들을 조사해 보면, 전함과 상선

---

* 헨리 7세Henry Ⅶ(1457~1509. 재위 기간: 1485~1509): 튜더 왕조를 연 군주. 영국 해군의 초기 모습을 갖추었으며, 대양 항해를 가능하게 하는 정책을 통해 영국이 미래에 제해권을 장악할 수 있는 기초를 마련했다(역자 주).

간의 크기 차이가 아주 명백하다.[379] 스페인 무적 함대를 이긴 함대는 34척의 전함과 163척의 상선으로 이루어졌다.

34척의 전함은 다음과 같은 크기를 나타냈다:

1척	1,100톤
1척	1,000톤
1척	900톤
2척	각 800톤
2척	각 600톤
5척	각 500톤
이상 12척은	500톤 이상이었다.

3척	각 400톤
5척	각200~360톤
이상 20척은	200톤 이상이었다.

이에 반해 상선의 경우 400톤을 넘는 선박은 하나도 없었다.

2척	각 400톤
4척	각 300톤
24척	각 200~250톤
이상 30척은	200톤 이상이었다.
130척은	각 200톤 이하였다.

17세기에는 전함이 급속하게 커졌다. 유명한 국왕의 함선 중 두

척은 규모가 다음과 같았다[380]:

로열 프린스 호(1610년)

배의 밑바닥 길이	115피트
깊이	18피트
총적재량	1187톤
대포 수	55대
승무원 수	500명

서버린 오브 더 시 호(1637년)

배의 밑바닥 길이	127피트
깊이	19.4피트
총적재량	1683톤
대포 수	100대
승무원 수	600명

비교하기 위해 나는 1666년 대포 100대를 가진 프랑스 전함 한 척의 규모를 여기에 덧붙인다[381]:

배의 밑바닥	135피트
선수재에서 선미재까지	160피트
폭	42피트
배의 밑바닥 높이	19피트
배의 밑바닥에 가장 낮은 갑판까지의 높이	13피트
두 갑판 사이의 높이	7피트
두 번째 갑판의 높이	7피트
뱃전의 높이	2피트

앞부분과 뒷부분의 장군 방의 높이	7.5피트
갑판 선실의 높이	6피트
선미루의 높이	4피트

17세기에만 하더라도 전함에서는 1,000톤 급이 거의 통상적인 것 같다. 1688년에는 1,000톤 급의 전함이 영국의 함대에 이미 41척이 있었으며, 그중 가장 큰 것은 1,739톤이었다. 이 큰 함선의 승무원 수는 400명에서 800명 사이에서 오르내렸으며, 대포 수는 70대에서 100대 사이였다.[382]

중요한 것은 우선 이것이다: 매우 큰 선박의 건조를 통해 전함이 선박 크기에 대한 종래의 모든 관념을 완전히 바꾸었으며, 이와 함께 전형적인 모습도 만들어 냈다. 스코틀랜드의 제임스 4세*가 1511년 "마이클" 호를 진수시켰을 때, 그리고 헨리 8세가 다음 해에 "리젠트" 호를 진수시켰을 때, 사람들은 모두 매혹되었다. 특히 "마이클" 호가 준 인상에 대해서는 동시대의 정확한 보고가 있다: 한 보고서는 "마이클 호를 괴물 같은 큰 배"라고 기술하고 있다. 그리고 피츠코티의 린제이**는 이 "괴물"[383]에 대해 다음과 같이 기술하고 있다: "스코틀랜드 국왕은 '대大마이클' 호라고 불리는 큰 선박을 진수시켰다. 이 배는 영국이나 프랑스에서 여태까지 항해한 것 중 가장 크고 가장 강한 선박이었다. 높이가 매우 높았으며, 아주 많은 양의 목

* 제임스 4세James Ⅳ(1473~1513. 재위 기간: 1488~1513): 스코틀랜드 건국 이래 왕국 최고의 번영기를 만들어 낸 왕(역자 주).

** 로버트 린제이Robert Lindsay(1532~1580): 스코틀랜드의 연대기 작가(1532~1580)(역자 주).

재를 사용했다. 파이프 숲의 모든 나무를 사용했으며, 노르웨이에서 가져온 목재도 썼다. 이 배는 아주 튼튼했으며, 그 길이와 폭도 매우 컸다(사실, 스코틀랜드의 모든 장인들과 많은 외국인 노동자들은 이 배를 만드는데 동원되었다. 이들은 국왕의 명령에 따라 열심히 일하였다, 등)"

그러나 또 다시 이것으로 경제 생활에 대한 군사적 관심의 영향을 다 다룬 것은 결코 아니다. 군사적 관심 자체가 상선대를 늘린 작용을 한 것처럼 선박 크기를 대형화하는 작용도 하였다. 우리는 항상 다음과 같은 사실을 염두에 두지 않으면 안 된다: 경제 주체들은 종래의 생산 방식이나 상업 방식의 변경을 초기 자본주의 시대에도 대부분의 경우 부담스럽게 느꼈으며, 따라서 그것을 가능한 한 피하려고 하였다. 경쟁이라는 채찍은 아직도 그들의 머리 위에서 움직이지 않았다. 따라서 개선에의 강제가 있지 않았다. 개선은 결국 이윤 추구에서만 생겨나기 때문이다. 그러나 내가 이미 말한 것처럼, 이 개선은 매우 자주 인위적인 수단에 의해서야 비로소 일어나거나 어쨌든 강화되지 않으면 안 되었다. 그런 인위적인 수단은 상여금이었다. 그러나 선박 건조에 주어진 상여금의 목적은 특히 조선소로 하여금 큰 선박을 건조하게 하는 것이었다. 즉 그러한 배는 전함으로도 쉽게 사용될 수 있기 때문이다.

1522년 브리스톨*의 "안토니" 호 건조에 1톤당 5파운드의 상여금이 주어졌다. 이는 그 선박의 적재량이 400톤이고 경우에 따라서는 전함으로 사용하는 데 적합했기 때문이다: "전쟁 때 사용하기에" 좋다. 그 후 모든 항해 민족에서는 선박 상여금 정책이 전쟁 관심의 관

---

* 브리스톨Bristol: 영국 서부의 항구(역자 주).

점에서 추진되었다. 따라서 대형 선박급의 발전에서도 자본주의적 관심보다 오히려 군사적 관심이 특히 효과적인 추진력이 되었다고 추측할 수 있는 좋은 근거가 있다.

Ⅳ. 조선의 속도

중세 생활, 특히 중세의 경제 생활은 "촉진"이라는 관념에 익숙하지 않다. 더 빠르다는 것이 더 좋다는 것을 의미하는 영역은 없다. 즉, 한 과정을 좀 더 빠르게 수행하는 것 자체가 가치 있는 것처럼 보이는 영역은 없다. 아마도 촉진 충동도 경제 자체의 분야에서는 결코 생겨나지 않았을 것이다. 이 충동은 외부에서의 자극에 의해서야 비로소 활성화되었을 것이다. 그러한 자극은 우리가 이미 수많은 사례에서 확인할 수 있었던 것처럼, 전쟁 관심에서 나왔다.

이것은 특히 조선의 발전에 다시 해당된다. 해군 측의 요구가 활발해질 때까지, 조선은 완만히 또 희미하게 성장했으며, 전통주의의 일상성 속에 안주하고 있었다. 추측컨대, 상선대를 구성하는 선박 수를 수년 또는 수십 년 내에 두 배로 늘리는 것은 중세 선주의 감각에서는 아주 허황된 생각이었을 것이다. 무엇 때문에? 그러한 생각은 사실 아주 무의미했을 것이다. 도대체 어디에서 두 배의 화물량이 오겠는가? 이에 반해 군사적 관심은 적을 선제공격하기 위해 줄곧 전투력을 증대시키라고, 그것도 신속하게 증대시키라고 독촉하였다.

전함 건조가 주요 과제가 된 이래로 조선이 얼마나 신속하게 또 종종 비약적으로 발전했는지를 알려면, 전함대의 증대를 나타내는 숫자를 제시하는 것으로 충분하다. 나는 그것을 이미 보고한 바 있는데, 독자들에게 그것에 대해 주의를 환기시킨다. 실정을 생동감 있게 보여주기 위해 나는 선박 건조의 역사에서 특히 눈에 띄는 두 개의 예를 들겠다. 이 예들을 보면 그 시대에는 전대미문의 속도로 전함이 건조되었다는 것을 알 수 있다.

1172년 베네치아에서 비탈 미켈레스 2세 총독이 다스릴 때 100척의 갈레 선과 20척의 큰 배가 건조되는데 100일이 걸렸다고 한다.[384] 이것은 물론 터무니없는 생각이며, 연대기 작가의 공상이다. 실제로는 10척의 갈레 선과 2척의 큰 선박이 만들어졌을 것이다.

그러나 이 전해지는 말이 우리에게 가르쳐주는 것은 ① 베네치아 정부가 매우 짧은 기간에 많은 수의 선박을 만들게 했다는 것은 의심할 바 없이 올바른 사실이다. ② 동시대인들이 이 이례적인 행동을 보고 놀랐다는 것이다.

그 이전이나 그 조금 후의 시대에 대해서는 우리에게 베네치아의 전함 건조에 관한 신뢰할 만한 증거가 있다. 이 증거에 나오는 숫자들의 크기는 우리를 놀라게 한다. 우리가 아는 바에 따르면, 제네바 공화국은 다음과 같이 주문하였다[385]:

1171년: 8척의 뗏목 배와 8척의 갈레 선

1204년: 8척의 갈레 선

1205년: 8척의 갈레 선

1206년: 8척의 갈레 선

1207년: 22척의 갈레 선과 4척의 타리드 선, 그리고 사보나와 놀리에 각각 1척의 갈레 선

1216년: 10척의 갈레 선

1241년: 52척의 갈레 선과 타리드 선

1242년: 40척의 갈레 선

1282년: 제노바는 12척의 갈레 선 밖에 갖고 있지 않아, 이 해에 50척의 갈레 선을 만들었다.

16세기에 북방의 해양 강국[영국] 해군 본부도 이처럼 강력한 요구를 하지 않았다. 이러한 요구는 진실로 아주 엄청난 것이었다.

영국에서는 ("주문을 받아") 건조된 전함이 1554년에는 29척, 1555~1556년에는 38척, 1557년에는 24척이었다. 그리고 1557년 12월에는 8척이 추가되었다. 그러나 선박 건조의 속도는 점점 더 빨라졌다. 시사한 바가 아주 많은 다음과 같은 표에는 이에 대한 증거가 있다.[386]

22년 동안 주문받아 건조된 전함은 다음과 같았다.

	1559~1580년	1581~1602년
600톤 이상	2척	28척
400~600톤	17척	100척
200~400톤	42척	73척
100~200톤	38척	55척
50~100톤	39척	40척
50톤 이하	4척	66척
합계	142척	362척

이 숫자에서 알 수 있는 사실은, ① 이 표의 후반기에는 전반기보

다 2.5배의 함선이 건조되었다는 것이다. ② 후반기의 함선들은 전반기보다 훨씬 더 컸다는 것이다. ③ 생산의 증가가 세 배 이상 일어났다는 것이다: 개개의 함선 유형을 그 등급의 평균치로 간주한다면, 전반기의 22년 동안에는 약 31,000톤의 건조량이 있었는데 반해, 후반기의 22년 동안에는 103,000톤 이상의 건조량이 있었다.

그 후 대약진이 마침내 17세기에 일어났다. 모든 군사적 관심이 17세기에 비로소 엄청나게(기이할 정도라고도 말할 수 있다) 커졌기 때문이다. 공화국 시대[1649~1660]에는 영국에서 11년 동안 207척이 건조되었다. 즉, 매년 거의 20척이 건조되었다. 1690~1695년 사이의 5년간 영국에서는 45척의 건조를 위해 1,011,576파운드 8실링 11펜스의 경비가 허가되었다.[387]

콜베르 시대에 프랑스 전함대가 늘어난 속도도 마찬가지로 발작에 가깝다. 우리가 본 것처럼, 콜베르가 정부에 들어갔을 때(1661) 30척의 전함이 있었다. 그렇지만 그는 그 후 20년 만에 244척을 만들었다. 이 함선들은 대부분 그 크기가 아주 컸다. 매년 평균적으로는 10~12척의 전함이 진수되었다.

V. 조선의 조직

이렇게 해서 우리가 알게 된 것은 생산은 그것이 지배한 시기에 따라 매우 상이한 성격을 지녔으며, 경제 제도에 여러 요구를 제기했다는 사실이다. 수공업자들도 그들에게 시간만 있었다면 결국은 중세에 대성당을 건축할 수 있었을 것이다. 그러나 만일 그들에게 일정한 기한 내에 끝마치기를 요구했다면, 그들의 능력으로는 결코 할 수 없었을 것이다. 수공업자들도 필요한 경우에는 단기간에 소량의 생산물을 제공할 수 있었다. 요구된 생산량이 늘어나면, 주문은 다시 수공업자의 능력보다 더 많았다. 일정한 크기의 조립된 상품 생산에 몰두하는 단계에 이르면, 수공업자는 맡은 일을 제대로 이행하지 못하였다.

조선은 군사적 관심에 의해 모두 세 방향으로 발전하였다: 더 많은 함선, 더 큰 함선이 요구되었으며, 그리고 특히 보다 짧은 기간 내의 완성이 요구되었다. 수 세기 동안은 상선대의 수요라면 수공업적인 조선소도 만족시킬 수 있었을 것이다. 그런데 전함의 수요 증가로 인해 수공업은 조선에 부적합해졌다. 수공업이 처음에는 전함 자체의 건조에 부적합했지만, 나중에는 상선대가 발전하면서 전함대를 뒤쫓아가기 시작함에 따라 수공업은 상선의 건조에도 부적합해졌다.

조선업의 경제사는 물론 없지만, 그래도 기술할 가치는 있을 것이다. 우리가 자료의 연구에서 얻는 모습은 대체로 이렇다:

보통 모든 해안 도시에서 똑같이 발전한 수공업적인 조선소의 뒤를 이은 것은 처음에는 결코 자본주의적인 조직이 아니었다. 그 뒤를 이은 것은 군사적 관심의 압력 하에 있는 공동 경제적이며 국가적인 조선업 조직이었다. 이 조직은 자본주의에 사로잡히기 훨씬 전에 분명하게 대기업 내지는 아주 큰 기업 형태를 취하고 있었다.

이미 이탈리아의 해양 국가들에서는 일찍부터 거대한 국영 조선소가 발달하였다. 특히 14세기 베네치아의 조선에 관해서는 생산 과정 전체에 대해 지금까지 남아 있는 동시대인의 자세한 기술을 통해 우리는 아주 잘 알고 있다.[388] 이 보고에 따르면 이미 중세에 이 (단 하나의) 공업에서는 아주 거대한 경영 조직이 지배적이었다고 한다. 저자가 우리에게 보고한 바에 따르면, 길이 126피트의 갈레 선을 건조하는 데 (물론 전함만 문제 삼고 있다) 필요한 인원을 다음과 같이 서술하고 있다:

갈레 선에 톱 작업을 하는 장인	500명
목수	1,000명
배의 수리공	1,300명 (수리 외에 선체에 타르를 칠하는 작업을 위해)

이것은 물론 노동력을 의미하지 않는다. 우리는 오히려 이 각서의 편집자와 마찬가지로, 숫자는 필요한 노동일을 의미한다고 받아들여야 한다. 그렇다면 노동자 대중은 정말 믿을 수 없을 정도로 많았을 것이다. 즉, 예를 들면 다음과 같이 계산하지 않으면 안 된다: 갈레 선 40척이 1년 내에 새로 건조될 것이다(12, 13세기에 제노바에서 건조된 선박 수에 대해 우리가 갖고 있는 정확한 보고에 따르면, 이것은 결코 너무 많이 계산한 것이 아니다). 앞에서 제시한 문장에 따르면, 갈레 선 1척에서 28명의 노동자가 일했다. 따라서 조선소에서는 1,120명의 수리공, 톱장이, 목수가 조선 작업에 종사했을 것이다. 이미 취역하고 있는 60척의 갈레 선 중 1/4은 다소 개선되었다. 30척은 가벼운 수리를 하였다. 이 일은 확실히 1,000명 노동자의 고용을 보장하였다. 그 외에도 밧줄 꼬는 사람, 돛을 만들거나 수리하는 사람, 돛대 만드는 사람, 잠금쇠 만드는 사람, 대장장이 등이 있었다. 이들 중의 대부분 역시

마찬가지로 국영 조선소에서 일하였다. 만일 이 조선소에서 이 노동자들과 같은 수의 목재 노동자가 일했다고 한다면, 총 노동자 수는 2,000~3,000명에 달했을 것이다. 이미 말한 것처럼, 중세 상황 치고는 엄청난 숫자였다.

그러나 아마도 실제로는 여기에서 최초의 거대한 기업 내지는 대기업이 생겨났을 것이다. 이러한 기업에서 유럽인들은 수공업의 개별화에서 벗어나 공동의 작업 수행을 위해 모였다. 여기에서 한 기업에 모인 노동자가 200~3,000명이라고는 믿을 수 없고, 단지 2~300명에 지나지 않았다고 해도(이처럼 이른 시대에!), 어쨌든 우리는 노동의 역사에서 조선이 차지하는 획기적인 의의를 인정하지 않으면 안 된다(조선이 유럽 중세에 처음 시작되었다고 생각하는 한 그렇다).

16세기에 베네치아의 조선소가 매우 큰 기업이었다는 것은 우리가 확실한 자료를 통해 알고 있다. 그러나 15, 14세기는 물론 그 이전에도 이것이 킬 조선소 정도의 규모였다는 사실을 알았을 때만큼 놀라운 일은 없다. 16세기 베네치아 공화국의 조선소 또는 "무기고" 상태에 대하여 안드레아스 리프는 그의 여행기에서[389] 다음과 같이 기술하고 있다:

"밧줄 창고."

"밧줄을 넣어둔 무기고는 엄청나게 크다. 그 안이 넓어 말이 달릴 수 있을 정도다. 이 건물에서는 많은 사람들이 일하고 있다. 또한 마와 아마가 대량으로 저장되어 있다."

"돛 창고."

"여기에서는 여자들이 돛을 꿰매고 있다. 큰 창고에는 모든 종류의 돛이 저장되어 있으며, 또한 다량의 무명천과 돛으로 쓰는 천이 있다."

"대장장이."

"건물 안에는 8개의 방이 있는데, 거기에서 매일 각양각색의 쇠장식이 만들어지고 있다."

영국에서도 일찍부터 왕실 자체가 조선에 관심을 두었다는 것을 우리는 볼 수 있다. 이미 13세기에 국영 조선소가 아주 확실하게 있었다는 것을 보여주는 일련의 증거가 있다.

1225년 사우샘프턴의 지방 행정관들은 포츠머스에 있는 국왕의 "거함"을 위해 밧줄을 구입하거나 가능한 한 빨리 제작하라고 지시하였다. 또한 세 개의 좋은 닻줄을 만들라고 지시했으며, 아울러 돛을 수리하기 위해 네 다스의 "텔도룬"이라는 돛천과 200엘레의 돛천을 준비시켰다.[390] 1226년 포체스터의 장관은 프리아 토마스에게 국왕의 배를 위해 보트 3척분의 장작을 준비하라고 시켰다. 돛의 천을 사 국왕 배의 "갑판 천막"을 만들라고 그에게 22.5마르크가 주어졌다.[391] 이렇게 해서 그는 국왕을 위한 배를 주문받아 건조하였다.

그 후 국왕의 함대가 본격적으로 발달하기 시작한 16세기에 왕실의 조선 활동은 빠르게 커졌다. (무기 외에) 조선용 재료를 저장한 해군의 무기고가 울위치(1512), 뎁포드(1517), 에리스(1513. 일시적으로)에 세워졌다. 그때까지는 포츠머스에만 무기고와 조선소가 있었다.

영국 왕실은 분명히 처음에는 남의 도움 없이 조선소를 지었다. 이러한 사실은 〈헨리 그레이스 아 디유〉 호의 건조 과정에서 분명하게 볼 수 있다. 이 호화선은 포츠머스의 조선대에 있었다. 거기에서 일한 노동자들과 수공업자들은 주위 지역에서 모집되었다.[392] 이들 중의 일부는 자기 집에서 출퇴근하였다. 또 일부는 포츠머스에 거주했으며 그곳에서 급식도 제공받았다. 때로는 (그러나 예외적으로) 의복도 지급받았다. 우리가 아는 바에 따르면, 141명의 목수들에게는 양복이 공급되었다. 이 숫자는 조선소 크기를 추측할 수 있는 근거를 제공한다.

국가는 또한 선박 수리도 자신의 비용으로 행하였다. 매우 흥미로운 문서가 있다[393]: 그것은 헨리 8세가 통치한 지 6년째가 되는 해의 11월 2일부터 4월 20일까지의 경비 계산서이다. 이것은 국왕의 위원이 파운드 단위로 수공업자에게서 각각의 재료를 구입한 금액, 배를 수리하기 위해 목수 등에게 급식비와 임금으로 지급한 금액을 우리에게 보여주고 있다.

조선소의 꼭대기에는 조선소장이 있다. 그는 헨리 8세 이후에는 "영국 해군의 우두머리 조선공"이라고 불렸다. 윌리엄 본드가 첫 번째 인물로 임명되었다.[394]

이 왕립 조선소장은 그 후 시간이 흐르면서—우리가 영국에서 자주 본 것처럼—조선을 자신의 부담으로 수행한 일종의 사기업가가 되었다. 1578년 이후, 즉 호킨스 등장 이후 계약 건조Building by contracts[395]가 시작되었다(영국 해군사를 편찬할 때 많은 노력을 했음에도 불구하고, 정확한 연대는 아직 알려지지 않은 것 같다). 이 계약 건조란 왕실이 조선소장에게 재료를 공급하거나 또는 조선소장을 통해서 재료를 왕실 재산으로 구입하도록 하고, 계약이 이루어지면 그에게 톤당 균일 가격으로 일을 맡기는 방식이었다. 예를 들면, 제임스 1세 치하에서는 톤당 7파운드 10실링 8펜스였다.

따라서(예를 들면, 1588년의) 계산서에는 다음과 같은 보고가 있다.[396]:

국왕 폐하의 배 목수 피터 페트에게는 채텀에 있는 폐하 함선용의

6피트 오크나무 8로드에 대해서 로드당 20실링의 비율로 지불한다.

뎁포드 스트랜드의 리차드 채프먼에게는 그가 공급한 두 개의 닻 대금을 지불한다. 런던이 헨리 홀스워스에게는 14개의 깃발 등에 대해서 지불한다.

그 외에 9개의 나침반, 하얗고 가는 대마로 만든 세 벌의 새 끈, (런던의 한 도배공이 만든) 두 개의 실크 깃발, 46척의 새 보트의 펄럭이는 장식(같은 사람이 만들었음), 102야드의 깃발용 옥양목, 127필의 밀더넥스제 돛 천(이것은 여러 종류의 돛을 만드는 데 쓰인다), 12개의 여러 길이의 닻줄, (런던의 한 상인이 만든) 14개의 여러 길이의 돛대.

조선소들은 물론 대기업이었다. 우리가 아는 바에 따르면,[397] 16세기에 엘리자베스 여왕이 즉위했을 때 다음과 같이 조업하고 있었다:

뎁포드	5척	228명
울위치	8척	175명
포츠머스	9척	154명

영국과 아주 비슷하게 프랑스에서도 전함의 건조가 조직화되었다. 여기에서도 조선소나 개개의 조선 공장은 조선소장의 지휘 하에 있었다. 조선소장들은 프랑스에서 "조선 기사"라고 불리었다. 그들은 조선도 또한 도급으로 떠맡은 것 같다. 그 모습은 다음과 같다고 추측할 수 있다[398]: "조선소장들은 (이들은 바로 기업가들이기 때문에) 배를 건조할 뿐만 아니라, 일감이 없을 때도 외국 조선업에 관심을 가질 필요가 반드시 있다. 그리고 그들은 조선에 적합한 장소, 목재, 노동력의 소재를 알아야 한다. 이러한 지식은 결코 쓸데없는 것이 아닐

것이다." 물론 자신의 비용으로 조선업에 종사하는 자에게는 이 마지막 말이 중요하다. 그러나 같은 곳에 다음과 같이 쓰여 있다: 우리는 기업가들을 경쟁하도록 자극하기 위해 한 척은 툴롱에, 또 한 척은 브레스트에 주문한다. "경쟁을 통해 기업가들로 하여금 배를 잘 만들도록 자극하기 위해서다."

여하튼 프랑스에서도 17세기의 국영 조선소는 대규모 기업 조직의 모습을 나타냈다. 리슐리외는 브루아주, 르아브르, 브레스트에 국영 조선소를 짓게 하였다. 브레스트에 대해 한 동시대인이 보고한 바에 따르면, 그곳에서는 노동자, 대장장이, 금속공, 선반공, 통장이, 가구공, 조각가, 칠장이, 함석공 등 "모든 사람"이 왕립 조선소장, 즉 "국왕의 조선 기사" 샤를 모리앙과 탁월한 기술장 로랑 위박의 통일성을 갖춘 지휘하에서 일하고 있었다.[399]

국가 함선의 건조를 균일가격으로 민간업자에게 맡긴 경우에는 이미 자본주의 원칙이 관철되었다. 따라서 자본주의는 전함 건조를 통해 직접적으로 분명하게 촉진되었다. 그러나 왕립 조선소에서의 경영이 순수한 국영이었다 하더라도 또 그런 한에서, 그 경영은 조선업에서의 자본주의 발전에서 의미가 있었다. 이는 무엇보다도 이 경영이 그 이전의 조선의 수공업적 제약을 타파하는 데 모범이 되었기 때문이다.

그러나 그 후 민영 조선업도 직접적으로는 전함의 신속한 확대에 의해 그 조직이 영향을 받았다. 따라서 민영 조선업은 자본주의와 대기업으로의 발전 방향으로 전진하였다. 때때로 국가의 주문이 국영 조선소에 쌓일 때, 예를 들어 공화국 시대의 영국에서 11년 안에 207척의 배를 진수시켜야 했을 때, 국영 조선소만으로는 수행할 수 없었기 때문에 그 주문의 일부를 민영 조선소들이 맡았다.[400] 이렇게 해서 민영 조선업도 전함의 공급을 통해 계속 확대되었다.

상선 건조의 경우 국가는 민간 조선업자들의 활동을 자극하기 위해 이들에게 좋은 조건으로 국가의 무기고에서 재료를 공급하는 식으로 개입하였다. 콜베르도 이러한 조치를 취했다: 그는 왕립 창고에 언제나 물품들을 충분히 저장해 두었다. 이는 또한 "상인들에게 그것들을 공급해 선박을 건조하게 하고 항해와 무역을 확대하도록 자극하기 위해서다."[401]

그렇지만 전함의 건조가 자본주의 형성에서 지닌 전체적인 의의는 우리가 다음과 같이 할 때 비로소 추측할 수 있다. 즉, 전함의 건조가 수많은 다른 산업이나 수많은 상업 분야—전함의 건조에 필요한 재료를 공급하기 때문에 그것에 의존하고 있는 모든 상업 분야—에 미치는 영향을 우리가 의식할 때 비로소 그 전체적인 의의를 추측할 수 있다. 이 연관에 대해서는 다음 절에서 분명히 할 것이다.

VI. 조선 재료의 조달

점점 더 많이 점점 더 크게 또 점점 더 빨리 건조하는 쪽으로의 전함의 발전은 또 다시 경제 생활에 혁명적인 영향을 미쳤음에 틀림없다. 왜냐하면, 우선 전함의 건조는 대부분의 경우 신속하게 충족되어야 하는 조선 재료의 수요 증대를 일으켰기 때문이다. 그리고 이러한 수요는 선박 유형의 확대와 조선 조직의 통일화를 통해, 더 잘 표현하면, 소수 대기업으로의 집중을 통해 다시 점점 더 획일적인 대량 수요가 되지 않을 수 없었다.

물론 (전함) 조선의 확대와 (조선 재료의 공급에 관여하는) 경제 생활 분야의 발달 간의 관계를 직접적으로 또 일반적으로 밝혀낼 수 있는 방법은 없다. 전자가 후자에 영향을 미쳤다는 것을 확실하게 알 수 있는 경우는 우리가 우선 조선의 지속적인 확대 때 생겨난 수요량을 산출하려고 노력할 때뿐이다.

이 수요량은 우선 전함 건조에 필요한 비용으로 표시될 수 있다. 그러한 금액은 어느 것이나—그것이 조선소에서의 노임으로 지출되지 않은 한—조선 재료의 수요를 의미하였다.

중간 크기의 영국 전함은 16세기에 3,000~4,000파운드의 비용이 들었으며, 제임스 1세 치하에는 7,000~8,000파운드, 찰스 1세 치하에는 1만~1만 5,000파운드, 18세기 초에는 1만 5,000~2만 파운드의 비용이 들었다. 이는 다음과 같은 보고가 증명하고 있다:

"승리"호(16세기)는 3,788파운드의 비용이 들었다.[402]

해피 엔트런스 호 콘스탄트 리포메이션 호	각 8,850파운드
빅토리 호 갈랜드 호	각 7,640파운드

제임스 1세 치하에서는 파이프 오피스 어카운트에 따르면[403]

돛대, 활대, 조각품, 그림 모두를 포함,

스위프트슈어 호
보나벤처 호 } 9,969파운드

그 밖에 돛, 닻, 무장의 비용으로 1,169파운드가 추가된다.

세인트 조지 호
세인트 앤드류 호 } 9,632파운드

여기에 부속품 비용으로 1,306파운드가 추가된다.

트라이엄프 호
메리 로즈 호 } 8,106파운드

찰스 1세 치하에서는

찰스 호
헨리에타 마리아 호 } 10,849파운드

제임스 호
유니콘 호 } 12,632파운드

여기에 삭구, 진수대, 비품 그리고 이것들을 울위치 및 뎁포드에서 채텀으로 운반하는 비용 4,076파운드가 추가된다.

18세기 초[404]:

100대의 대포를 갖춘 함선 1척 30,553파운드

90대의 대포를 갖춘 함선 1척 29,886파운드

80대의 대포를 갖춘 함선 1척 23,638파운드

70대의 대포를 갖춘 함선 1척 17,785파운드

60대의 대포를 갖춘 함선 1척 14,197파운드

50대의 대포를 갖춘 함선 1척 10,606파운드

40대의 대포를 갖춘 함선 1척 7,558파운드

30대의 대포를 갖춘 함선 1척 5,846파운드

20대의 대포를 갖춘 함선 1척 3,710파운드

1734년에는 함대가 209척으로 구성되었으며, 그 건조에는 2,591,337파운드의 비용이 들었다.

1740년 툴롱에서 건조된 프랑스 전함 "제이슨" 호는 50대의 대포를 갖추었으며, 287,148리브르 10실링의 비용이 들었다.[405] 이것은 앞에서 제시한 동시대의 같은 크기의 영국 전함의 비용과 거의 같을 것이다.

아주 큰 함선들, 말하자면 사람들이 자랑하고 싶어 한 국가 소유의 함선이나 호화선은 언제나 훨씬 더 많은 비용이 들었다. 그래서 이미 16세기에 유명한 "헨리 그레이스 아 디유" 호는 8,708파운드 5실링 3펜스의 비용이 들었다. "로열 프린스" 호(1610)의 건조비는 2만 파운드였다. 이어서 이 전함을 취항시키기 위해 다시 6,000파운드가 지출되었다. 그리고 "서버린 오브 더 시" 호(1637)의 건조비는 40,833파운드 8실링 1.5펜스였다.[406]

18세기 영국에 대해서는 여러 등급의 함선에 각각 얼마의 비용이 들었는지에 대한 매우 정확한 기록이 남아 있다.[407] 완전함을 위해 나는 몇 개의 숫자를 제시한다(표 속에 있는 첫 번째 해와 마지막 해).

건조 및 완전한 의장艤裝을 위한 비용의 견적. 이때 각 등급의 함선에 대해서 돛대, 활대, 돛, 삭구, 정박 용구 그리고 그 밖의 배 비품, 또 배 목수의 비축 식량 등도 8개월 치만 가산한다. 해군 위원회의 명령에 의해 정해진 규정에 따라, 1706년, 1719년, 1733년, 1741년 등 계속해서 늘어나고 있다.

1706년

등급	대포 수	비용		합계
		선체, 돛대, 활대	삭구, 비축 식량	
1	100	31,994	6,587	38,581
2	90	25,591	5,428	31,019
3	80	20,528	4,590	25,018
	70	17,767	3,741	19,508
4	60	18,024	3,199	16,223
	50	9,152	2,464	11,616
5	40	5,310	1,863	7,178
6	20	2,176	962	3,138

(단위: 파운드)

1741년

등급	대포 수	비용		합계
		선체, 돛대, 활대	삭구, 비축 식량	
1	100	33,110	8,050	41,151
2	90	28,543	7,135	35,678
3	80	23,920	6,256	30,176
	70	19,687	5,488	25,175

4	60	16,564	4,786	21,350
	50	13,064	4,117	17,185
5	40	7,554	3,003	10,557
6	20	4,282	2,117	6,309

(단위: 파운드)

이 표는 우리의 사고를 한 구간 더 전진시킨다. 구분은 우선 아주 거칠지만, 이 표에는 지출 전체의 사용 방식이 분명하게 표시되어 있기 때문이다.

이 숫자들이 우리에게 무엇인가를 말해주는 경우는 언제나 우리가 그 이용을 개별적으로 추구할 때뿐이다. 즉 그 각각의 지출 목적이 진실로 무엇이었는지를 우리가 확인할 때뿐이다. 이러한 상론이 어떻게 가능한지를 살펴보자.

주로 조선에서 고려되는 재료는 다음과 같았다:

1. 목재. 우리가 곧 보게 되는 바와 같이, 목재는 이전의 모든 시대에 조선에서 압도적으로 큰 의의를 지녔다.
2. 삭구 또는 그 원재료: 삼, 아마 등.
3. 돛천 또는 그 반제품이나 원재료.
4. 철제품: 닻, 쇠사슬, 못, 철사.
5. 타르와 역청.
6. 놋쇠, 구리, 함석, 주석.

신뢰할 수 있는 숫자로서 입수한 것을 제시하겠다. 함선이 여러 시대에 필요로 한 이 구성 요소들을 위한 지출이나 그 양은 이 숫자에 근거해서 추측할 수 있다.

이용할 수 있는 가장 오래된 자료는 이미 언급한 것으로서 얄Jal이 제시한 14세기의 소책자이다.[408] 갈레 선 건조에 사용된 재료의 양에 관한 보고는 소책자 전체의 여기저기에서 볼 수 있다. 이것들을 합산하면 다음과 같은 숫자가 된다:

모양을 낸 철 수요	8,000개(각각 10첸트너)
타르와 역청 수요	3,000파운드
닻 수요	600파운드
밧줄 수요	8,351.5파운드

목재 수요에 대해서는 유감스럽게도 정보가 없다.

그러나 함선 유형이 확대됨에 따라 모든 재료의 수요는 분명하게 늘어났다.

16세기에는 (“헨리 그레이스 아 디유” 호의 경우)[409] 이미 56톤의 철, 즉 112,000톤이 사용되었지만, 이 배에 사용된 목재는 3,739톤에 달하였다. 놀랄 정도로 적은 것은 뱃밥[배에 물이 새어들지 못하게 틈을 메우는 물건]과 아마의 양이다. 즉 그 양은 565스톤(마 1스톤은 32파운드)과 1,711파운드에 불과하다. 뒤의 숫자가 “쉽파운드”(2.5첸트너)를 의미한다고 우리가 추측하지 않더라도 말이다.

16세기에 한 척의 배에서 삭구가 보통 어느 정도 사용되었는지는 다른 방면에서 확실한 정보가 주어지고 있다.[410] 1565년에 건조된 배에는 삭구가 1,140첸트너 또는 456쉽파운드, 따라서 114,000파운드가 사용되었다. 마찬가지로 16세기에 건조된 "승리"호에 사용된 목재의 비용은 1,200파운드였다(총지출은 3,788파운드였다).

다음 보고는 17세기의 것이다. 1618년 10척의 새로운 영국 전함의 비용 견적은 다음과 같다[411](그 내역은 650톤 6척, 450톤 3척, 350톤 1척):

선체의 건조	43,425파운드
도르래, 중간 돛대	513파운드 6실링 8펜스
보트(마무리 보트와 중형 보트)	320파운드 10실링
삭구	6,716파운드 1실링 6펜스
돛	2,740파운드 15실링 6펜스
닻	2,287파운드 4실링
	합계 56,002파운드 17실링 8펜스

23척의 군함, 돛이 하나인 소형 범선 2척, 거룻배 등의 수리를 위한 비용 견적(17세기 초)[412]:

뎃포드의 드라이 독에서 두 척의 수리	5,379파운드 11실링 3펜스
항구에 있는 그 밖의 함선 수리 (돛대, 활대, 돛의 조정밧줄 등)	4,541파운드

장비:

93톤 이상의 삭구의 보충	3,287파운드 11실링
182개의 돛	2,000파운드

드라이 독 안의 창고 재고품을 보충하기 위해 다른 때에 다음과 같은 것을 필요로 하였다(제임스 1세 치하)[413]:

삭구 139톤	10,170파운드
큰 돛대	1,200파운드
닻	1,000파운드
돛에 쓸 아마포	3,138파운드 16실링
바람에 말린 널빤지와 들보(이것들은 항상 창고에 있어야 한다), 2,000로드(각 40실링)	4,000파운드
긴 보트, 중형 보트 등	840파운드
	합계 20,348파운드 16실링

승무원 3,000명의 영불해협 취항선이 밧줄을 바꾸는 데에는 매년 1,700파운드의 비용이 들었다.[414] (찰스 1세 치하의) "제임스" 호와 "유니콘" 호에는 165톤의 밧줄이 설치되었다. 1톤당 35파운드, 따라서 5,775파운드의 비용이 들었다. 이 두 함선의 닻 무게는 214첸트너였으며, 1첸트너에 2파운드가 들었다. 또한 이 두 함선에 사용된 돛의 "한 벌" 비용은 225파운드였다(이 "한 벌"의 돛이 많이 있었지만 얼마나 있었는지는 모른다).[415]

마지막으로 나는 18세기에 대한 한 쌍의 보고를 제시하겠다. 이 보고에 따르면, 이 시대에 모든 재료에 대한 수요가 이상할 정도로 다시 아주 커졌다는 것을 알 수 있다.

100~120대의 대포를 갖춘 영국의 전함은 3,600엘레의 돛베[범포]가 필요했다.

100~120대의 대포를 갖춘 프랑스 전함은 길이가 170~180피트, 폭이 50피트였는데, 이 전함을 건조하는 데에는 다음과 같은 것이 필요했다:

4,000개의 튼튼한 떡갈나무 재목, 300,000파운드의 철, 219,000파운드의 역청을 칠한 삭구.[416]

이미 언급한 바 있는 전함, 즉 50대의 대포로 무장했으며 1740년 툴롱에서 건조된 "제이슨" 호에 대해서는 매우 상세한 비교 보고서가 남아 있다. 나는 그것을 여기서 제시할 것이다. 그것은 배의 각각의 부분에 대한 지출과 그 크기를 분명하게 알려주기 때문이다. 이것은 내가 발굴한 사료로[417] 누구의 눈에도 띄지 않았다.

떡갈나무 재목	29,636리브르 6수
선체를 덮는 널빤지	16,290리브르 5수
그 밖의 목재와 널빤지	14,185리브르 5수
철과 못	21,385리브르 3수
물품	3,591리브르 8수
창문과 자물쇠	900리브르
주방과 난로	780리브르
돛대	2,264리브르 17수
활대	1,077리브르 2수
도르래와 4각 가로돛	2,212리브르 1수
노임과 일당	34,010리브르
삭구	16,308리브르 12수

보충의 삭구	1,639리브르 8수
닻과 부속품	4,227리브르 10수
보충의 돛대와 활대	327리브르 14수
보충의 겪쇠와 도르래	435리브르
돛과 부속품	4,744리브르 16수
조타관의 도구	2,580리브르 13수
포수의 도구	106,058리브르 6수
소총	2,406리브르 14수
무기 제조공의 도구	30리브르 9수
대목수의 도구	1,552리브르 10수
못	104리브르 8수
배의 밑바닥 부품	1,353리브르 7수
주방 기구	137리브르 12수
작은 보트	632리브르 2수
기도실의 장식	300리브르 10수
약품	934리브르 7수
	합계 287,148리브르 10수

이러한 숫자를 보면, 전함대의 수요가 (그리고 그 다음에는, 우리가 본 것처럼 이에 따른 상선대의 수요 역시) 상업과 공업의 많은 중요한 분야에서 지닌 대단히 큰 의의가 눈에 들어올 것이라고 나는 생각한다.

국왕이 국가를 돌아다니며 조선 재료를 사면 그 가격이 올라갔다. 그 후 그가 팔면, 그 가격이 떨어졌다: "일반적으로 국왕 폐하가 살

때마다 재료는 모두 부족해져서 가격이 상승한다. 또한 폐하가 팔 때마다 재료는 넉넉해서 가격이 하락한다"라고 추밀원은 당연히 재정 이익의 관점에서 불만을 털어놓았다.[418] 이런 강력한 구매자는 국민 경제에서 어떤 가치를 지녔는가!

맨 먼저 목재 매매가 있었다. 이 목재 매매는 그런 강력한 구매자에 의해서야 비로소 큰 거래가 되었으며, 특히 해군에의 납품 덕분에 자본주의 조직으로 이행하였다: "콜베르는 상인들에게 프로방스와 도피네에 있는 모든 숲을 매점하라고 독려하였다."[419] 콜베르 자신도 가능한 한 모든 목재, 모든 삼, "그 밖의 물자"를—당장 필요하든 필요하지 않든 간에—왕립 창고를 위해 구입하였다. 그는 자신이 무리한다는 두려움도 없었다: "그는 지나치게 많은 부담을 맡는 것을 두려워하지 않았다."[420] 그는 많은 양의 목재 등을 쌓아놓았다. 이렇게 해서 언제나 10~20척의 함선을 만들기에 충분한 재료를 저장하였다. 1683년에는 무기 창고에만도 16피트에서 30피트 길이의 돛대 1,442개가 있었다.

물론 국가는[421] 대상인들,[422] 특히 큰 상업 회사들을 우대하였다. 왜냐하면, 그들은 국가의 늘어난 수요를 쉽게 충족시킬 수 있기 때문이었다. 따라서 영국에서는 매우 상당한 양의 조선용 목재, 못 등의 조달에 대하여 동인도 회사가 왕실과 계약을 맺었다. 이것은 1618년의 서한이 보여주고 있다.[423] 이 서한은 2척의 함선을 새로 건조하는데 필요한 물자의 조달에 관한 것이다.

"동인도 회사에 쓴 편지. 정당한 업무 수행을 위해, 각각 650톤과 450톤의 함선 2척을 내년에 건조할 것을 고시한다. 이에 필요한 재료는 다음과 같다[로드 load는 수레로 나르는 짐의 부피 단위].

목재로 가공해야 할 구부러진 입목	600로드
가공되지 않은 곧은 입목	700로드
모든 종류의 널빤지	360로드
굽은 나무	140로드
건조해야 할 전나무 널빤지	300로드
모든 종류의 나무못	80,000로드

이 중 일부는 화이트 윌크 등의 조달에 의해서 이미 여러 곳에 저장되었다.

1609년	18,173파운드 8실링 8펜스
1610년	8,476파운드 9실링 8펜스
1611년	4,888파운드 6실링 1펜스
1612년	11,506파운드 4실링 5펜스
1613년	6,623파운드 3실링 7펜스
1614년	9,439파운드 3실링 7펜스
1615년	9,208파운드 10실링
1616년	13,353파운드 2실링 10펜스
1617년	12,093파운드 18실링 8펜스
1618년	10,008파운드 3실링 10펜스

러시아 회사 같은 다른 무역 회사들은 대부분 해군에 조달하는 일로 먹고 살았다. 해군 당국이 모스크바 회사[러시아 회사의 별칭]에 1609년부터 1618년에 걸쳐 삭구에 대해서만 지불한 금액의 정확한

보고가 남아 있다.[424]

합계 103,770파운드 11실링 3펜스

그 당시 이 회사는 64,687파운드의 자본으로 일하였는데, 이 자본이 1년에 한 번 이상 자주 바뀐 경우는 전혀 없다. 따라서 삭구의 조달만으로 연간 매상의 약 1/6을 차지하고 있었다. 이 상품 거래는 실제로 특히 많은 이익을 가져다주는 것으로 여겨졌다. 그래서 이 회사는 또한 러시아에 삭구 공장을 세웠다. 삭구 외에도 특히 건조 목적을 위해서는 역청, 타르, 목재도 마찬가지로 필요하였다. 1617년에는 이 회사가 42%의 배당금을 나누어 주었다.[425]

그러나 국내에서도 조선 재료를 대량으로 생산하는 수많은 공업이 발달하였다. 바로 이 공업을 특별히 배려한 자는 여전히 콜베르였다.[426] 그는 도피네에는 타르 공장, 도피네와 브레스트에는 기중기 공장, 부르고뉴에는 놋쇠와 철의 공장, 로슈포르에는 (돛을 만드는 데 쓸) 아마포 공장을 세웠다. 구리 공업, 아연 공업, 철 공업의 운명이 육군에의 무기 공급에 달려 있었다는 것을 우리는 이미 보았는데, 이런 공업들이 또한 해군에 의해서도 크게 촉진되었다는 사실은 특별히 강조할 필요가 없을 것이다. 그러나 오로지 선박 건조 때문에 번영하였고, 또 초기 자본주의 시대에—자본의 크기와 경영의 크기에 관해서는—가장 발전한 공업 중의 하나가 삭구 공장과 돛베 공장이다.

밧줄 제조업자들과 돛 제조업자들은 18세기의 런던에서는 자본주의 기업가에 속하였다. 최소한의 자본금은 2,000파운드, 보통의 자본금은 5,000~10,000파운드로 추정되었다.[427] 모스크바에 있는 (국영) 돛베 공장은 1729년에 이미 1162명의 노동자를 고용하고 있었다.[428]

* * *

내가 지금까지 상론한 것에 따라서, 조선이 근대의 경제 생활 형성에서 그리고 특히 자본주의 발전에서 지닌 높은 의의는 이미 증명된 것 같다. 그렇지만 나는 결론으로서 조선과 자본주의라는 두 현상 간에, 넓은 의미에서는 전쟁과 자본주의 간에 존재하는 연관을 지적하고 싶다. 이 연관은 아마도 그 군사 활동의 전체적인 거대한 작용을 보여줄 것이다. 제철 공업이 특히 무기 수요에 의해 그리고 조선이 전함 수요에 의해 한층 더 높은 형태로 변형되었다면, 따라서 제철 공업과 조선이 결국 전쟁이 낳은 아이들이라면, 전쟁은 이로 인해 다시 파괴자가 되었다. 즉, 유럽 삼림의 파괴자가 되었다. 왜냐하면, 이 두 공업은 무엇보다도 목재 생산에의 높은 요구를 만들어 냈기 때문이다. 그런데 목재 생산에의 이 높은 요구는 이미 16세기 이래로 점점 늘어나는 목재 부족에 대해서 아주 강렬한 불만의 원인이 되었다. 그러나 다시 파괴에서 새로운 창조 정신이 대두하였다: 목재 부족과 일상생활의 필요가 목재를 대신하는 물자의 발견 또는 발명을 독촉하였고, 연료로서의 석탄 이용을 재촉하였으며, 철을 만들 때의 코크스 처리 방식을 발명하게 하였다. 그러나 이것이 19세기에 비로소 자본주의의 전체적인 큰 발전을 가능하게 했다는 것은 모든 전문가에게는 의심할 바 없다.

따라서 여기에서도 즉 이 결정적인 점에서도, 눈에 보이지 않는 실들이 상업적 이익과 군사적 이익을 서로 밀접하게 연결시킨 것 같다.

참고문헌

Ⅰ. 군사학 문헌의 소개

이 책의 많은 독자는 군인이나 군사 저술가가 아니기 때문에, 여기에서 다룬 문제를 논하거나 적어도 피상적으로 언급한 군사학 문헌에 대해서는 정확한 지식이 없을 것이다. 따라서 나는 가장 중요한 저작들에 대해 간단히 개관할 것이다. 그렇지만 당연히 내적인 군대 조직, 특히 군대의 유지를 연구하는 데 어떤 문맥에서든 문제가 되는 저작들만을 고려하였다. 그래서 순전히 전쟁사만 다룬 저작들, 전략이나 전술만을 논한 문헌과 연대기적인 "연대 역사서"는 제외하였다. 그러나 해당 저작들 중에서도 나는 당연히 산더미 같은 자료에서 올바른 방향을 찾는 데 제일 먼저 도움이 되는 일반적인 저작만을 언급하겠다. 그 다음에는 독자가 전문적인 저작들에 쉽게 스스로 도달할 수 있을 것이다.

1. 관계 서적 목록, 참고 서적 등

군사학의 보조 자료는 좋은 상태에 있다. 이 보조 자료는 (괴테에 따르면) 교제하는 사람들 중에서는 가장 유쾌하고 지나칠 정도로 단정하며, 교양도 상당히 갖춘 프로이센 장교 같은 모습을 하고 있다. 따라서 군사학 및 전쟁 과학 문헌의 적절한 분위기 속에 잠시 머무르는 것도 즐거운 일이다.

서지학상의 보조 수단으로 언급할 수 있는 것은 폴러의 《역사 및 군사 서지학(1880년까지)》 4권(카셀과 라이프치히 1886~1899)이다. 특히 주목할 만한 것은 폰 샤르페노르트의 《1740~1910년 시기의 전쟁 과학의 문헌학》(베를린, 1910)이다. 그 다음에는 육군 대학과 참모 본부의 도서관에 있는 (최근에 새로 출간된) 도서 목록도 유익하다.

군사학의 사전으로는 B. 포텐의 《군사학 역사 사전》(9권, 1877~1880), E. 하르트만의 《육해군에 관해 짧게 요약한 군사 사전》(1896), 그리고 H. 프로베니우스의 《군사 사전》이 있다. 그렇지만 이것들은 역사 자료를 거의 제공하지 못하고 있다.

사실 관계에 대해서도 많은 정보를 제공하는 군사학의 포괄적인 역사서는 얜스의 학문적인 저작 《전쟁학의 역사, 특히 독일에 대해서》(3부, 뮌헨, 1889~1891)이다.

2. 일반적인 군대 조직의 역사

a) 전체적인 서술

여기에서는 우선 두 저작을 들 수 있다. 두 저작 모두 그 나름대로 뛰어난 저작이지만, 우리의 관심이 막 활발해지기 시작되는 곳(근대 군대의 창설)에서 중단된다는 결함을 갖고 있다. 그런데 그 두 저작이란 M. 앤스의《군사 조직의 역사 교본》(지도 수록)(베를린, 1878~1880)(르네상스 시대까지 다룬다), 그리고 H. 델브뤽의《정치사 관점에서 본 전술사》이다. 이 책에서는 제3부《중세》(베를린, 1906)만이 중요하다. 앤스의 저작은 오래된 자료가 풍부하게 있다는 점에 특색이 있다. 이에 반해 델브뤽의 저작은 사실을 독창적으로 해석하고 훌륭하게 서술한다는 점에 특색이 있다. 이 책의 저자는 특히 경제 문제를 다룰 때 부분적으로는 아주 기괴한 실수를 저질렀지만, 그것이 이 책을 읽는 즐거움을 망치지는 않는다.

군사 조직에 대한 이전의 기록에서는 "전쟁"이라는 표제어로 50~53권에 들어 있는 크뤼니츠의《백과사전》이 언급될 가치가 있다.

군대 조직과 군대 행정 전체를 체계화하는 시도가 들어 있는 것은 로렌츠 폰 슈타인의 저작《군사 제도론. 국가학의 일부로서》(슈투트가르트, 1872)이다.

일반 대중용이지만 가치가 없지 않은 것은 최근에 간행된 오토 노이슐러의 책《상비군 도입 이후 군대 조직의 발전》제1권《19세기 말까지의 역사적 발전》(라이프치히, 1911)이다.

b) 개개의 국가에 대해

독일: 옛 (전거) 문헌으로는 폰 플레밍의《완전한 독일 병사》(1726)(본문에는 많은 규정 등이 있다)와 J. A. 호프만의《과거와 현재의 군사 국가에 대한 보고서》(2권, Lemgo, 1769).

30년 전쟁 시대: J. 하일만,《30년 전쟁 시대의 황제군과 스웨덴군의 군사 조직》(1850), G. 드로이센,《독일 군사 조직 역사에의 기여》. 이것은《문화사 잡지》제4권에 실려 있다. V. 뢰베,《발렌슈타인 군대의 조직과 관리》(프라이부르크, 1895).

브란덴부르크-프로이센: 특히 L. W. 헨네르트, 《프리드리히 3세 치하의 브란덴부르크-프로이센 전쟁사》(베를린, 슈테틴, 1790). A. v. 크로우사츠《1640년에서 1865년까지 브란덴부르크-프로이센 군대의 조직》(베를린, 1865). G. v. 슈몰러, 《프로이센 군대의 발생》. 이 논문은 처음에는《도이체 룬트샤우》 제3권 제11호에 발표되었다. 그 후 다시《개요》(1897)에 수록되었다. 야니, 《옛 군대의 기원》, 참모본부 편 《프로이센군의 역사에 관한 문서 및 조사》 제1호(베를린, 1901)(이것은 아주 뛰어나며 대단히 교훈적인 연구이다). 마찬가지로 야니, 《1655~1740년의 옛 군대》, 같은 잡지의 제7호(베를린, 1905). G. 레만, 《대선제후 치하 브란덴부르크의 군사력》(브란덴부르크와 프로이센의 역사 연구, 제1권). F. 슈뢰터 남작, 《대선제후 치하 브란덴부르크-프로이센의 군사 제도》(라이프치히, 1892).

통속적인 서술로는 게오르그 리베의 책《과거 독일의 병사》(1899)가 있는데, 이 책은 흥미로운 그림이 많이 들어 있어 특히 가치가 있다. 이 책은 유명한《독일 문화사 연구》의 1권을 이루고 있다. 그 다음에는 베커의 저작《독일과 오스트리아 상비군의 창설기》(칼스루헤, 1877)가 있다. 그런데 여기에는 교육적인 자료가 많이 있다.

프랑스: M. 기욤. 《부르고뉴 공작 치하의 군대 조직의 역사》(1847). M. F. 시카르, 《프랑스 군사 제도의 역사》 4권(1834). E. 부타릭, 《프랑스의 군사 제도》(1863)(이것은 오늘날에도 뛰어난 아주 훌륭한 저작이다. 다른 나라에도 이것에 필적하는 저작은 보이지 않는다). 부타릭은 루이 14세 시대까지만 개략적으로 다루었기 때문에, 그 일종의 속편이 되는 것은 망시옹의《루이 14세의 구체제부터 프랑스 혁명까지

의 군대》(1900)이다. 역사적으로 특히 중요한 프랑스 군대의 기원에 대한 새로운 문헌으로 무엇보다도 중요한 것은 G. 롤로프의 《샤를 7세 치하의 프랑스 군대》이다. 이것은 《역사 잡지》 제93권에 실려 있다. 또한 매우 상세한 기술이 보이는 것은 E. 코스너의 《리슈몽 원수》(1886)이다.

영국: 영국 육군의 역사 연구는 현재 포트스큐의 방대한 저작 《영국 육군의 역사》(런던, 1903년 이후)에 의해 크게 전진되었다. 이 저작은 우선은 외적인 (전쟁의) 역사를 다루지만, 몇몇 장章에서는 내적인 (조직의) 역사도 기술하고 있다.

포트스큐의 저작 이 외에도 몇몇 오래된 연구들은 가치를 유지하고 있다. 그중에서 눈에 띄는 것은 F. 그로스의 《군대의 구습》(2권, London, 1812)이다. 이 책은 매우 흥미로운 자료로 가득 찬 보고이다.

3. 무장 군비의 역사

문헌은 거의 전적으로 기술적인 성질을 지녔다. 무기 기술의 발전에 대해서는 다음과 같은 저작들을 참고할 수 있다: v. 데커, 《대포 부대의 역사 시론》(베를린, 1819); R. 슈미트, 《휴대용 화기》(바젤, 1875~1878)(연대순으로). 게르만 국립 박물관 편, 《화기 역사에 대한 문헌》(라이프치히, 1872-1877). M. 티에르바흐, 《휴대용 무기의 역사적 발전》(드레스덴, 1888~1899). A. 데민, 《전쟁 무기의 역사적 발전》(4판. 라이프치히, 1893). W. 뵈하임, 《병기학 교본》(라이프치히, 1890).

다음의 책들은 조직 문제도 다룬다: D. 호세 아란테기, 《스페인 포병대에 대한 역사적 개관》(1891)(나는 이 책을 두로의 《스페인 무적함대》에서의 발췌문을 통해 알았다). J. 라이첸슈타인 남작, 《1365년부터 현대까지 브라운슈바이크와 하노버 지방에서의 대포 부대와 포병》(1896~1897)(흥미로운 자료가 많이 들어 있다).

무기의 역사(조직도 다루고 있다)에 대한 많은 보고가 L. 벡의 저작 《철의 역사》 속 여기저기에 흩어져 있다. 특히 제2권과 제3권이 중요하다. 전쟁의 역사에 대한 일반적인 저작들에도—특히 앤스의 저작—부분적으로는 무장 군비의 역사에 대한 아주 상세한 기술이 들어 있다.

더 오래된 (전거) 문헌에 대해서는 유명한 프론스페르거의 책《대포, 화기, 요새》(1557)를 언급하겠다. 그 밖에《신설된 무기고》(함부르크, 1710)도 있다. 이 책의 제4부에서는 무기의 제조와 보존을 다루고 있다.

4. 군대 급양 조직의 역사

이 주제를 일반적으로 다룬 최근의 학문적 연구 중 옛 시대를 논한 것은 잘 알려져 있지 않다. O. 마익스너의《육군 급양의 역사적 회고》(빈, 1895년 이후)는 뛰어난 연구이지만 19세기의 전쟁에 한정되어 있다.

이 주제를 잠깐 언급하고 지나가는 것은《악타 보루시카》가 곡물 무역 정책을 다룬 부분이다. 또한《1740년까지 브란덴부르크-프로이센의 곡물 무역 정책과 군용 창고 관리》(베를린, 1901).

그 다음으로는 일련의 유용한 특수 연구가 있다: A. v. 민크비츠 남작,《1680년부터 금세기까지 쿠르작센 기병대의 경제 제도, 특히 급양 사정》,《작센 역사의 새로운 문고》 제2권. F. 슈바르츠,《7년 전쟁에서 프로이센 지방 민병의 조직과 급양》(라이프치히, 1888).

그러나 본질적으로 우리는 아직도 옛 (전거) 문헌에 의지하고 있다. 그 문헌은 특히 프랑스어로 쓰인 뛰어난 몇몇 저작들을 제시한다. 이 저작들은 때때로 다른 나라들에 대해서도 조망하지만, 본질적으로는 프랑스의 사정을 기술하는 것에 한정되어 있다. 매우 중요한 것은 뒤프레 돌네이의 책《군대 급양 개론》(2권, 제4판, 1744)이다. 저자는 "군사 위원회 위원이자 급양 관계의 사무국장"으로 "기업가가 되고 싶은 사람들에게 안내자 역할을 하기 위해:" 이 책을 썼다고 한다. 이 저작은 2부로 이루어져 있다. 제1부는 "식량, 군마의 사료, 정육, 병원, 군수품 및 대포의 관리에 대한 일반적인 이해"를 서술하고 있다. 제2부는 ① 임금, ② 각 부대에서 예상되는 수요의 계산, ③ 신청의 모델, ④ 조달 계약의 모델, ⑤ 행정 관리의 모델, ⑥ 관료를 위한 훈령 등으로 되어 있다. 이 책에는 조달자들을 위한 완전한 지침이 들어 있다: 그들이 매매 가격을 어떻게 제시해야 하는가, 그들이 자신들을 어떻게 조직해야 하는가, 그들이 어떻게 구입해야 하는가 등.

마찬가지로 가르쳐주는 바가 많은 것은 셰느비에르의 저작《모든 장교에게, 주로 군사 위원회에게 필요한 군사 상론》(2권, 파리, 1750. 추가 1768)과 Xav. 앙두앵의 저작《군사 행정의 역사》(3권, 1811)이다.

독일어로 쓰인 것으로 이 저작들에 필적하는 것은《장교들을 위한 참고 도서》(1839) 제5권에 있는 v. 리히트호펜 남작의《군대의 예산》이다.

군사 위원회의 위원에 대해서는 특히 K. G. 바이제의 저작《야전 군사 위원회 위원》(울름, 1794)이 있다. 저자는 프로이센 국왕이 파견한 야전 군사 위원회의 서기로 전적으로 프로이센의 사정을 다루고 있다. 또한 《프로이센군, 오스트리아군, 노이프랑켄군의 군사 위원회에 의한 강탈, 약탈의 폭로》(1799), 42쪽과 43쪽. 이 책은 거의 프랑스군의 군사 위원회 위원과 공급자의 사기만을 다루고 있다. 저자는 자신의 "다년간에 걸친 조달 업무"와 "공급자들과의 지속적인 교제"를 자랑하고 있다.

5. 군대 피복의 역사

여기에서는 우리 목적에 알맞은 문헌이 특히 부족하다. 형식적으로는 군복의 역사에 관한 자료가 풍부하다. 그러나 이것들은 모두 의복 이야기이다. 군복의 형태, 재단, 색 등을 (대부분의 경우 그림을 넣어) 서술한 것에 지나지 않기 때문이다. 이런 종류의 저작으로는 다음과 같은 것들이 있다: R. 크뇌텔, 《군복학 교본》(라이프치히, 1896). G. v. 수트너, 《기병 연구. 16세기와 17세기의 우수한 기병 부대의 역사와 무장에 대한 논문》(빈, 1880). J. 루아드, 《영국 병사 군복의 역사》(런던, 1832). 마르보와 누아르몽(공저), 《프랑스군의 군복》(3권, 1846). 카레 드 베르뇌일, 《프랑스 군대의 피복과 최초의 군복》(파리, 1877).

이에 반해 군대 피복 문제의 경제적 및 조직적 측면 연구에도 이용할 수 있는 완전히 새로운 유형의 문헌으로는 뛰어난 연구들이 있다. 이 연구들은 당국의 주문으로 최근 《프로이센 국왕 군대의 피복과 무장의 역사》(바이마르, 1906년과 다음 해 이후)라는 제목으로 출간되었다. 이 저작들에서 이 분야의 베를린 기록 보관소에 있는 풍부한 자료가 아주 훌륭한 전문가들에 의해 처음 이용되었다. 지금은 2부까지 출간되었다.

6. 해군과 조선의 역사

이 분야의 문헌은 오래된 것과 새로운 것을 포함해 뛰어난 것들이 많다.

해군 조직과 조선 일반에 대해서는, 다른 어떤 곳에서도 간행되지 않은 자료 때문에 아직도 여전히 가치가 있는 일련의 저작들이 일찍부터 있었다. 그것들은 다음과 같다: J. 차녹,《해군 건축의 역사》(3권, 런던, 1800~1082). A. 잘,《해군의 고고학》(2권, 파리, 1840). 이미 이 분야에는 많은 저작이 있다. 해군 조직과 조선에 관한 17세기의 (특히 중요한) 문헌에 대한 개관은 그 안에 흥미로운 자료가 풍부하게 있는 논문《열린 해항》(2부, 함부르크, 1715)에서 볼 수 있다.

A. 뒤 생의 저작《모든 국민의 해군 역사》(2권, 파리, 1863~1879)는 거의 순전히 전쟁사이다.

그러나 개개 국가의 해군 사정에 대한 부분적으로 매우 훌륭하고 아주 상세한 논의는 수많은 저작들에 있다. 나는 이 저작들 중에서 가장 중요하고 특히 최신의 것만을 언급할 것이다.

네덜란드: J. C. 데 욘헤,《네덜란드 해군의 역사》(10권, 하렘, 1858) 부록에는 함대와 조선의 내적 조직의 역사를 위한 가치 있는 자료가 있다.

스페인: C. F 두로,《스페인 무적함대》(9권, 마드리드, 1895~1903). 이 책은 본질적으로는 해전의 역사이지만, 행정사에 대해서도 몇 개의 장章을 할애하고 있다.

무적함대의 무장 등에 대해서는 풍부한 자료가 제시되어 있다. 1884년에 출간된 같은 저자의 무적함대에 대한 저작이 있다.

이탈리아: C. 만프로니,《이탈리아 해군사》(2권, 로마, 1897년과 다음

해). 이 책은 거의 순전히 정치적인 내용을 담고 있다. 반면에 중세 제노바 해군의 역사에 대해서는 뛰어난 편찬자가 있다. Ed. 하이크, 《제네바와 그 해군》(1886).

프랑스: Ch. 드 라 롱시에르, 《프랑스 해군의 역사》(4권, 파리, 1899년과 다음 해). 이 책은 본질적으로 전쟁사이다. 따라서 프랑스 함대의 내부 역사에 대해서는 이전의 연구에 의지할 수밖에 없다. 그 하나가 E. 슈의 《프랑스 해군의 역사》(4권, 파리, 1837)이다. 오늘날 저술가가 언급될 때는 거의 언제나 악평을 받지만(게다가 평가된 대상에 대해서 비평가는 자신이 직접 검토하는 수고를 하지 않고 다른 사람의 평가를 그대로 받아들이는 경향이 분명히 있다), 이 저작에는 매우 유용한 문서 자료가 들어 있다. 물론 이 자료는 때때로 약간 황당무계한 형태로 정리되어 있다(《파리의 비밀》처럼 말이다!).

영국: 당연히 이 나라에는 자신들의 함대, 그 발전 및 행동에 대한 역사적인 기록이 특히 풍부하다. 그렇지만 이전의 모든 일반적인 연구들은 현재 W. 레어드 클라우스(그리고 다른 사람들)의 뛰어난 저작 《영국 해군》(5권, 런던, 1897년과 다음 해)에 의해 능가되었다. 제1권은 1603년까지, 제2권은 1714년까지, 제3권은 1783년까지 다루고 있다. 이 저작에서는 "시민의 역사"가 매우 많은 분량을 차지하고 있다(그 안에는 많은 삽화가 들어 있다). 그럼에도 불구하고 이 책은 자료를 아주 많이 모아 놓은 표준적인 저작이다. 이 자료는 저자 자신이 기술할 때 아주 자주 그 기초로 이용되었다. 그리고 M. 오펜하임의 가치 있는 책 《영국 해군 행정의 역사》(런던, 1896)를 간과해서는 안 된다. 이 책은 잉글랜드 공화국 시대까지 다루었으며, 바로 이 연구에서 논의된 문제에 대해서도 많은 사실 자료를 제시하고 있다.

주

서문 : 전쟁의 두 얼굴

1 Robert Hoeniger, 《Der Dreißigjährige Krieg und die deutsche Kultur》, Preuß. Jahrbüchern, 제138호(1909) 402쪽 이하.

2 L. Einaudi, 《La finanza sabauda all'aprirsi del secolo XⅧ》(1908) 373쪽.

3 Arnould, 《De la Balance du commerce etc.》 도표 3.

4 Ranke, 《Fürsten und Völker Südeuropas》 제1권 제3장 455쪽.

5 G. C. Klerk de Reus, 《Geschichtlicher Überblick der Niederländisch-ostindischen Kompagnie》(1894) 193쪽; 191쪽을 참조하라.

6 Biringuccio, 《Pirotecnica》 제1권 제2장.

7 P. Kaeppelin, 《La Compagnie des Indes orientales》 (1908) 647쪽.

8 R. Ehrenberg, 《Das Zeitalter der Fugger》 제2권(1896) 205쪽 이하. Ranke, 《Fürsten und Völker》 제1권 421쪽 이하를 참조하라.

9 Postlethwayt, 《Dict. of Commerce》 제2권(1758년) 285쪽의 항목 〈금융업〉; 같은 책, 764쪽의 항목 〈주식 매매〉.

10 Mercier, 《Tableau de Paris》(1784년) 제1권 229쪽; 제3권 190쪽.

11 Et. Laspeyres, 《Gesch. der volksw. Anschauungen der Niederländer》(1863년)

254쪽.

12 H. Sieveking, 《Genueser Finanzwesen》 제1권(1898년) 174쪽.

13 Ehrenberg, a. a. O. 제2권 107쪽.

14 H. Sieveking, 〈Die kapitalistische Entwicklung in den italienischen Städten des Mittelalters〉, 계간 《Soc. - und W. - Gesch.》 제7호 84쪽. 같은 저자의 《Genueser Finanzwesen》 제1권 100쪽, 110쪽, 160쪽을 참조하라.

15 Pagnini, 《Della decima》 제1권(1765) 33쪽.

16 H. Sieveking, 《Genueser Finanzwesen》 제1권 161쪽.

17 Forbonnais, 《Recherches et considérations sur les finances de France depuis l'année 1595 jusqu'a l'année 1721》 제1권(1758) 28쪽.

18 다브낭Davenant의 말. 다음에 있다. Forbonnais, l. c. 제1권 제2장 296쪽.

19 Levasseur, 《Histoire des classes ouvrières etc.》 제2권(1900) 353쪽.

20 P. Boiteau, 《Fortune publique et finances de la France》 제2권(1866) 14쪽.

21 M. Block, 《Statistique de la France》 제1권(1875) 481쪽.

22 De Witt, 《Interests of Holland》. 이것은 Anderson, 《Origins of the Commerce etc.》 제2권 413쪽에 인용되어 있다.

23 J. Sinclair, 《Hist. of the Publ. Revenue》 제1권(1803) 220쪽, 288쪽, 426쪽, 439쪽, 451쪽, 460쪽, 472쪽. 그리고 마지막 숫자는 Porter, 《The Progress of the Nation》 3판(1851) 474쪽을 보라.

24 Postlethwayt, l. c. 제1권 제2장 310쪽.

25 하이드의 책은 그 대부분이 이러한 조약들의 나열로 채워져 있다.

26 P. Kaeppelin, 《La Comp. des Indes Orient》(1908) 322쪽.

27 P. Kaeppelin, l. c. 제1장 63쪽.

28 나포된 영국 배의 목록은 Postlethwayt, 《Dict. of Commerce》 제1권 927쪽에 있다.

29 Postlethwayt, 《Dict. of Commerce》 제1권 725쪽 (영국 항목). 똑같은 것이 728쪽과 그 다음 쪽에도 있다. 이것은 아프리카 해안에 있는 요새의 상황, 무장 상태, 탄약, 주둔군 등에 대한 개관이다.

제1장 근대 군대의 발생

30 H. Delbrück, 《Gesch. d. Kriegskunst》 제3권(1907) 197쪽.

31 H. Delbrück, a. a. O. 217쪽.

32 Guadet(ed.), 《Richer》 제2권 266쪽. Boutaric, 《Inst. mil. de la France》(1863) 240쪽에 있다.

33 《Sax. Chron.》 420쪽. Laird Clowes, 《Royal Navy》 제1권 45쪽에 있다.

34 이것은 특히 다음 연구에 의해 증명되었다. J. H. Round, 《The Introduction of Knight service into England》. 이 연구는 《Feudal England》(1909) 225~314쪽에 재수록되었다.

35 《Bibl. de l'Ec. des chartes Ⅲ serie》 제3권. Boutaric, l. c. 246쪽에 있다.

36 H. Delbrück, a. a. O. 323쪽.

37 Delbrück, a. a. O. 459쪽에 있는 독일 도시에 대한 문헌을 보라.

38 J. W. Fortescue, 《A Hist. of the British Army》 제1권(1889) 23쪽 이하와 112쪽.

39 Jany, 〈Die Anfänge der alten Armee〉, 《Urk. Beiträgen und Forsch. Z. Gesch. d. preuß. Heeres》 제1호(1901) 22쪽 이하. 쿠르작센에서의 완전히 비슷한 상태를 다루는 것은 야니가 인용한 쉼프의 저작이다. v. Schimff, 《Die ersten. kursächsischen Leibwachsen, aus dem Nachlaß des Oberhof meisters von Minckwitz》(1894).

40 Ranke, 《Franz. Gesch.》 제1권(1877), 55쪽 이하.

41 병사들의 약탈과 학대를 방지하기 위한 샤를 7세의 편지(1439년 11월 2일). 《프랑스 국왕의 칙령집》 제8권. 306쪽 다음에 있다. Ranke, a. a. O.

42 전거는 J. W. Fortescue, l. c. 204쪽 이하에 있다.

43 Gneist, 《Engl. Verw. Recht》 제2권(1867) 952쪽 이하.

44 Jany, 《Die Anfänge der alten Armee》 118~119쪽.

45 Jähns, 《Gesch. d. kr. Wiss》 제2권 1554쪽에서 처음으로 이용되었다.

46 v. Schmoller, 《Die Entstehung des preuß. Heeres in seinen "Umrißen" usw.》 267쪽.

47 C. F. Duro, 《Armada Española》 제1권(1895) 331쪽 이하.

48 《Matt. of West》에 따른다. Laird Clowes, a. a. O. 제1권 41쪽에 있다.

49 Ed. Heyck, 《Genua und seine Marine》(1886) 116쪽.

50 Laird Clowes, a. a. O. 제1권 150쪽.

51 Anderson, 《Orig. of Comm.》 1512쪽; Gneist, 《Eng. Verwaltungsrecht》 1069쪽.

52 H. Delbrück, 《Gesch. d. Kriegskunst》 제3권 476쪽. 그 밖의 숫자는 같은 책 153쪽, 229쪽, 344쪽, 348쪽, 363쪽, 404쪽에 있다.

53 가장 정확하고 신뢰할 수 있는 보고가 있다. Boutaric, a. a. O. 제5권 제8장.

54 Jany, 《Die Anf. d. alt. Armee》 57쪽.

55 Jany, a. a. O. 76쪽.

56 C. F. Duro, 《La Armada Invincible》(1884) 기록 110항; Laird Clowes, 제1권 제8장에 인용되어 있다.

57 직원 목록에 따라; E. Sue, 제4권 170쪽.

58 J. C. de Jonge, 《Geschiedes van het Nederlandsche Zeewegen》 제1권의 부록, 제12호.

59 영국 해군 기록 협회의 출판물 부록 제15호(1899). 표트르 대제 치하의 러시아에 대해서는 《History of the Russian Fleet during the Reign of Peter the Great》를 참조하라. 이것은 동시대의 영국인이 쓴 것(1724)으로, 부제독 사이프리안 A. G. 브리지가 편집한 간행물에 들어 있다.

60 Cotton Mss. Otho. E. 제9권 47쪽. John Charnock, 《A History of Marine Architecture》 제2권(1801) 91쪽 이하에 인용되어 있다.

61 M. Oppenheim, 《History of the Administration of the Royal Navy》(1896) 52쪽.

62 《Report of the Commissioners appointed to enquire into the State of the Navy etc.》(1618). J. Charnock, 제2권 246쪽.

63 여러 해에 걸쳐 해군 차관을 지낸 버체트 씨의 연구에 따른다. 그 일부를 다음 연구가 전하고 있다. Anderson, 《Orig. of Comm.》 제2권 139쪽 이하.

64 《State Papers relat. to the defeat of the Spanish Armada》 제2권 323~341쪽,

376~387쪽. Laird Clowes, 제2권 18쪽에 인용되어 있다.

65 의회 조사 위원회의 보고에 따른다. S. P. Dom. CLVI, 12쪽. Laird Clowes, 제2권 18쪽에 인용되어 있다.

66 완전한 목록은 다음에 있다. Oppenheim, a. a. O. 330~338쪽.

67 Laird Clowes, a. a. O. 제2권 267쪽.

68 다브낭과 콜리베르에 따른다. Anderson, 제2권 579쪽.

69 다음에 있는 전거를 보라. Anderson, 제2권 579쪽.

70 《Bishop Gibson's Continuation of Cambdens Britania》 제1권. Anderson, 제2권 608쪽에서 인용하였다.

71 1749년의 한 저작에 따른다. Anderson, 제3권 274쪽.

제2장 군대의 유지

72 A. Gottlob, 《Die päpstlichen Kreuzzugsstenern des 13. Jahrhunderts》 (1892) 48쪽과 다음 쪽.

73 이 계약은 A. Jal, 《Archit. nav.》 제2권 333쪽 이하에 수록되어 있다.

74 그 증거는 Pagnini, 《Della decima》 제1권 33쪽에 있다.

75 《Chron. deutsch. Städte》 제1권 188쪽.

76 R. Ehrenberg, 《Zeitalter der Fugger》 제1권(1896) 10쪽.

77 P. Sitta, 《Saggio sulle istituzioni finanziarie del ducato estense nei secoli ⅩⅤ e ⅩⅥ》(1891).

78 G. Prato, 《Il costo della guerra di successione spagnuola e le spese pubbliche in Piemonte dal 1700 al 1713》(1907) 259~260쪽. L. Einaudi, 《La finanza sabauda all' aprirsi del sec. ⅩⅧ》(1908) 350쪽 이하를 참조하라.

79 G. Prato, 《Il costo della Guerra》(1907) 402~403쪽. Tav. ⅩⅩⅩⅠ. L. Einaudi, 《La fin. sabauda》(1908) 360쪽 이하를 참조하라.

80 《Coll. de docum. ineditos》 제3권 545쪽, 561쪽. B. Carey, 《La cour et la ville de Madrid》(1876) 부록 주 C에 있다.

81 외교 사절 마테오 단돌로의 보고. Alberi, 시리즈 Ⅰ 제4권 42쪽에 있다.

82 다음에 있는 전쟁의 특별 계산서. Poirson, 《Histoire de Henry Ⅳ》 제2권 350쪽.

83 Forbonnais, 《Recherches》 제1권 242쪽 그리고 제2권 101쪽.

84 M. Necker, 《De l'administration des Finances en France〉 제2권(1784) 384쪽 이하.

85 브란덴부르크-프로이센에 대한 진술은 모두 다음의 저작에서 인용한 것이다. Ad. Friedr. Riedel, 《Der brandenburgisch-preußische Haushalt in den beiden letzten Jahrhunderten》(1866).

86 Laird Clowes, 《The Royal Navy》 제1권 345쪽.

87 Oppenheim, 295쪽 368쪽에 따른다.

88 Thurloes, 《State Papers》 제2권 64쪽. Anderson, 《Origin of Commerce》 제2권 430쪽에 인용되어 있다.

89 Sinclair, 《History of the Public revenue》 제2권(1803) 57쪽, 61쪽, 73쪽, 109쪽.

90 Anderson, 제4권 399쪽.

91 Riedel, a. a. O. 34쪽, 47쪽, 93쪽.

92 G. R. Porter, 《The Progress of the Nation》(1851) 507쪽.

93 H. Thirion, 《La vie privée des Financiers au ⅩⅧ siècle》(1895) 19~20쪽에 전하고 있다.

94 Charles Normand, 《La Bourgeoisie française au ⅩⅦ siècle》 (1908).

95 《Les caquets de l'accouchée》 Coll. Jannet-Picard, 제2권 50~51쪽.

96 Norman, 160.

97 그 전문이 D'Argenville, 《Vie privée de Louis ⅩⅤ》 신판, Vol. Ⅰ(1783) 231~256쪽에 수록되어 있다.

98 Ch. Wilson, 《De l'influence des capitaux anglais sur l'industrie européene depuis la révolution de 1688 jusqu'en 1846》(1847) 45쪽.

99 앞의 주에서 언급된 주목할 가치가 있는 책의 저자에 의해서.

제3장 군대의 무장

100 M. Guillaume, 《Hist. de l'organisation sous les ducs de Bourgogne》 (1847) 57쪽.

101 위그냉이 간행한《메스 시 연대기》(1838). Jähns, 《Kriegswesen》. 775쪽에 있다.

102 《Riformagioni di Firenze》 제23권 제5부 제2장 65쪽. a. a. O.

103 M. Guillaume, l. c. 60쪽.

104 Casiri, 《Bibl. Arab. Hisp.》 제2권 7쪽. Jähns, a. a. O.

105 전거는 Laird Clowes, 제1권 148쪽에 있다.

106 J. Frh. v. Reitzenstein, 《Das Geschützwesen und die Artillerie in den Landen Braunschweig und Hannover von 1365 bis auf die Gegenwart》 제1권(1896) 12쪽.

107 J. A. Hofmann, 《Abhandlung von dem KriegssFaate》 (1769) 72쪽에 수록되어 있다.

108 Jähns, 《Gesch. d. Kriegswiss.》 제1권(1889) 47쪽.

109 J. A. Hofmann, a. a. O. 74쪽.

110 참모본부의 전쟁사에 관한 개개의 저작집, 313쪽과 다음 쪽. Jany, 22쪽에 있다.

111 R. Schmidt, 《Die Handfeuerwaffen》(1875) 13쪽.

112 Jähns, a. a. O. 제1권 723쪽.

113 J. A. Hofman, 《Kriegsstaat》 69쪽.

114 Jähns, a. a. O.

115 M. Thierbach, 《Die geschitl. Entwicklung der Handfeuerwaffen》 (1888) 21쪽.

116 Becker, 《Aus der Jugendzeit der stehenden Heere》(1877) 15쪽에 인용되어 있다.

117 A. v. Crousaz, 《Die Organisation des brandenburgischen und preußischen Heeres von 1640 bis 1865》 제1권(1865) 22쪽과 다음 쪽.

118 Boutaric, 《Inst. mil.》(1863) 422쪽.

119 Jähns, 《Kriegswissenschaft》 제2권 1236쪽.

120 Boutaric, 《Inst. mil.》 360쪽 이하.

121 M. Guillaume, 《Hist. de l'organisation mil. sous les ducs de Bourgogne》(1847) 78쪽, 102~103쪽.

122 Levasseur, 《Ind. de la Fr.》 제2권 29쪽.

123 M. Thierbach, 《Die geschichtl. Entw. der Handfeuerwaffen》(1888) 19쪽, 20쪽.

124 H. A. Dillon, 〈Arms and Armour at Westminster, the Tower and Greenwich〉(1547), 《Archeologia》 제51권 시리즈 2, 제1권(1888).

125 바젤 도서관 소장(75b호). 이것은 《슈몰러 연감》 제21호 132쪽에 있는 지베킹H. Sieveking이 보고한 것이다.

126 "신설된 무기고"는 "신설된 기사의 넓은 방"의 일부를 이룬다(1704).

127 M. Thierbach, a. a. O.

128 G. Droysen, 〈Beitr. zur Gesch. des Militärwesens in Deutschland während der Epoche des Dreißigjährigen Krieges〉, 《Zeitschrift für Kulturgeschichte》 제4호(1875) 404쪽 이하.

129 Jany, 《Anfänge d. alten Armee》 45쪽.

130 다음에 수록되어 있다. 《Geschichte der Bekleidung usw.》 제2권 277쪽.

131 Jany, a. a. O. 51쪽.

132 베를린 왕립 도서관 소장(317호). 《Geschichte der Bekleidung usw》 제2권 203쪽에 수록되어 있다.

133 《Geschichte der Bekleidung usw.》 제2권 276쪽.

134 Franç. 16691; 102호. Ch. de la Roncière, 《Hist. de la marine franç.》 제2권 493쪽에 수록되어 있다.

135 Liebe, 《Der Soldat》 21쪽.

136 Jähns, 《Gesch. d. Kriegswiss.》 제1권 662쪽.

137 L. Mention, 《L'armée de l'ancien régime》(1900) 172쪽 이하.

138 Jähns, a, a, O. 제2권 1619쪽.

139 J. Frhr. v. Reitzenstein, a, a, O. 제2권(1897) 222쪽.

140 v. Stadlinger, 《Gesch. d. württemberg. Kriegswes.》 제1권(1856). Jähns, 《Gesch. d. Kriegswes.》 제1권 749쪽에 인용되어 있다.

141 Jähns, 《Kriegswiss.》 제1권 749쪽.

142 〈Wallenstein an Questenberg〉, W. E. 제1권 71쪽. Loewe, 《Organisation und Verwaltung der Wallensteinschen Heere》 (1895) 93쪽에 있다.

143 Sully, 《Oec, roy.》 제3권 제8장. Boutaric, 360쪽과 다음 쪽에 있다.

144 Duro, 《L'Armada inv.》 문서 109. 다음에 있다. Laird Clowes, 제1권 560쪽.

145 다음에 있는 공식 자료에 따른다. E. Sue, 《Hist. de la marine franç.》 제4권 (1836) 170쪽.

146 Laird Clowes, 제1권 409쪽; 제2권 267쪽에 있는 전거를 보라.

147 Laird Clowes, 제1권 412쪽에 있는 페피시온 문고의 기록.

148 다음에 있는 국가 기록 문서 제375권의 30쪽과 제387권의 87쪽. Oppenheim, 262쪽.

149 이 전체적인 수요 발생과 여기에서 기인하는 조달 행위에 대한 상세한 기술은 Oppenheim, 360쪽 이하를 보라.

150 C. F. Duro, 《Armada española》 제1권 330쪽과 331쪽.

151 Beck, 《Gesch. des Eisens》 제2권(1893~95) 994쪽 이하에 있는 목록을 보라.

152 Thun, 《Industrie am Niederrhein》 제2권(1879) 12쪽.

153 Heinr. Anschütz, 《Die Gewehr-Fabrik in Suhl》(1811)("공장Fabrik"이라는 의미는 여기에서 "리용식 공장"이라는 의미로 사용되고 있다).

154 국방부의 기록 문서집. 《Geschichte der Bekleidung usw.》 제2권 187쪽에 수록되어 있다.

155 《Gesch. der Bekleidung 》 제2권 276쪽에 수록되어 있다.

156 H. A. Dillon, 《Acheologia》 제51권 219쪽 이하.

157 H. A. Dillon, l. c. 250쪽.

158 J. H. B. Bergius. 《Neues Policey-und Cameral-Magazin》 제3권(1777) 75쪽 이하.

159 E. Sue, 《Hist. de la marine franç.》 제4권(1836), 420쪽에 나오는 해군에 대한 세뉴레이 후작의 견해.

160 Jähns, 《Gesch. der Kriegswiss.》 제2권 1236쪽 (전거가 없음).

161 리에주의 무기 공업 역사에 대한 가장 좋은 저작은 지금까지 알퐁스 폴랭의

특수 연구(《Recherches historiques sur l'épreuve des armes à feu au pays de Liège》, 1891)이다. 이 논문에 기초해서 A. 스바이네는 (간단한) 역사적 개관을 행하고 있다. 〈Die Heimarbeit in der Gewehrindustrie von Lüttich usw.〉, 《Jahrbücher f. N.-Ö.》 제3호 제12권; 그리고 Maur. Ansiaux, 《L'industrie armurière lègeoise》(1899).

162 M. Tugan-Baranowski, 《Gesch. der russ. Fabrik》(1900) 14쪽.

163 D. José Arantegui, 《Apuntos historicos sobre la artilleria espaňola en la primera mitad del siglo XVI》(1891). C. F. Duro, 《Armada espaňola》 제1권 331쪽에 인용되어 있다.

164 Cambden, 《Britannia》(1590년 편) 227쪽.

165 Anderson, 제2권, 220쪽의 발췌문에 나오는 한 저작에 따른다.

166 Rymer, 《Foed.》 제19권 89쪽. 다음에 있다. Anderson, 제2권 337쪽.

167 M. Oppenheim, 《Roy. Navy》 159쪽.

168 David Hume, 《History of Eng.》 제6권(1782) 181쪽.

169 전거는 Beck, 《Gesch. d. Eis.》 제2권 786쪽 이하에 있다.

170 Beck, 《Gesch. d. ,Eis.》 제3권 606쪽과 다음 쪽.

171 전거는 Ch. de la Roncière, 《Hist. de la mar. franç.》 제4권(1910) 618쪽에 있다.

172 Clément, 《Corr. de Colbert》 제2권 50쪽과 415쪽. G. Martin, 《La grande industrie sous Louis XIV》에 인용되어 있다.

173 G. Martin, l. c. 184쪽 이하.

174 R. José Arantegui, 《Artilleria espaňola》(1891). C. F. Duro, 《Armada Espaňola》 제1권 329쪽에 있다.

175 《Das neu eröffnete Arsenal》(1710) 112쪽.

176 국가 기록 문서 제21권, 56쪽. Oppenheim, 《Roy. Navy》 159쪽에 있다.

177 전거는 Oppenheim, l. c. 97쪽에 있다.

178 Oppenheim, l. c. 108쪽.

179 Cunningham, 《The Growth of eng. Ind. and Commerce》 제2권 60쪽 이하.

180 G. Prato, 《Il costo della guerra》(1907) 313~314쪽.

181 Rogers, 《Hist. of Agric. and Prices》 제4권 488쪽.

182 F. Dobel, 〈Über den Bergbau und Handel des Jacob und Anton Fugger usw.〉《Zeitschr. des Hist. Ver. f. Schwaben usw.》 제9호 207쪽.

183 문서. 597쪽. 다음에 있다. H. Simonsfeld, 《Der Fondaco dei Tedeschi in Ven.》 제1권 324쪽.

184 1667년 5월 11일자 왕의 칙령. 다음에 수록되어 있다. Sue, 《Histoire de la mar. franç.》 제1권 281쪽 이하.

185 R. Ehrenberg, 《Zeitalt. d. Fugger》 제1권 396쪽 이하.

186 R. Ehrenberg, a, a, O. 제1권 122쪽.

187 F. Dobel, 〈Der Fuggersche Bergbau und Handel in Ungarn〉, 《Zeitschr. d. Hist. Ver. für Schwaben usw.》 제6호 34쪽 이하.

188 R. Ehrenberg, a, a, O. 제1권 234쪽.

189 F. Dobel, a, a, O.

190 R. Ehrenberg, a, a, O. 제1권 234쪽.

191 G. Martin, 《Louis XIV》 184쪽 이하.

192 George Randall Lewis, 《The Stannaries》(1908) 제7장과 부록 J.

193 Harry Scrivenor. 《History of the Iron Trade》 신판(1854) 57. Juraschek, 《Handwörterbuch der Staatswiss.》 3판. 여기에서는 "철"이 겨우 7,000톤으로 되어 있다. 이것이 어떤 근거에 따른 것인지는 나는 모르겠다. 스크라이브너가 전하는 숫자들이 일반적으로 받아들여지고 있다.

194 Lardner, 《Cabinet Cyclopaedia》 제1권 제4장.

195 Beck, 제3권 166쪽.

196 Beck, 《Gesch. d. Eis.》 제2권 749쪽.

197 A. Haßlacher, 《Die Industriegebiete a. d. Saar.》(1879).

198 M. Meyer, 《Beiträge zur genaueren Kenntnis des Eisenhüttenwesen in Schweden》(1829).

199 상세한 서술은 G. Jars, 《Metallurgische Reisen》 제1권(1777) 167쪽 이하에 있다.

200 Beck, 제3권 380쪽.

201 Beck, 제2권 991쪽.

202 G. Martin, l. c. 184쪽 이하.

203 〈Réglement du roi qui conserve à M. Colbert … le détail et le soin qu'il avait pour la marine etc.〉(1667년 5월 11일자). 다음에 있다. E. Sue, 제1권 282쪽.

204 Oppenheim, 《Roy. Navy》 159쪽.

205 Rogers, 《Hist. of Agric. and Prices〉 제5권 73쪽, 479쪽도 참조하라.

206 David Bremner, 《The Industries of Scotland》(1869) 40쪽.

207 D. Bremner, l. c. 46쪽 이하.

208 Max Sering, 《Geschichte der preußisch-deutschen Eisenzölle》(1882) 269쪽에 수록되어 있다.

209 Beck, 제3권 748쪽.

210 Beck, 제3권 601쪽 이하.

제4장 군대의 식량 조달

211 H. Delbrück, 《Gesch. d. Kriegskunst》 제3권 608쪽과 다음 쪽.

212 M. Guillaume, 《Orgni. mil.》 134쪽과 140쪽.

213 발렌슈타인 군대의 급양에 대해서는 (둘 모두 아주 정확하지는 않지만) 다음 연구들이 보고하고 있다:

J. Heilmann, 《Kriegswesen zur Zeit des Dreißigjährigen Krieges》(1850); V. Loewe, 《Die Organisation und Verwaltung der Wallensteinischen Heere》(1895). Fr. Foerster, 《Lebensbeschreibung Wallensteins》(1834). (이 책에는 중요한 자료가 들어 있다)를 참조하라.

214 프랑스 군사 위원회의 역사적 발전에 대한 가장 상세한 기술은—내가 아는 한—다음에 들어 있다: De Chennevières, 《Détails militaires》 제1권(1750) 92쪽 이하. 물론 다니엘, 부타릭 등의 저작들도 이 문제를 다룬다.

215 K. G. Weise, 《Über das Feld-Kriegs-Kommissariat der Königl. preuß. Armee》(1794).

216 H. Delbrück, 《Gesch. d. Kriegskunst》 제3권 608쪽과 다음 쪽.

217 Boutaric, 《Inst. milit.》 277~280쪽.

218 G. Droysen, 〈Beiträge zur Geschichte des Militärwesens Deutschland während der Epoche des Dreißigjährigen Krieges〉, 《Zeitschrift für Kulturgeschichte》 제4호(1875) 623쪽 이하

219 Boutaric, 277쪽 이하.

220 Boutaric, 311쪽. 대영 박물관 소장 11542번의 자료에 따른다.

221 Jany, 《Die Anf. d. alten Armee》 58쪽.

222 E. K. H. Frh. v. Richthofen, 〈Der Haushalt der Kriegsheere〉 《Handbibliothek für Offiziere》 제5권(1839) 433쪽 이하에 수록되어 있다.

223 Flemming, 《Der Teutsche Soldat》 252~260쪽.

224 Boutaric, 384쪽.

225 《Acta Borussica》, 〈Getreidehandel politik〉 제2권 272쪽.

226 《Acta Bor.》, l. c. 제2권. 87쪽 이하.

227 Ed. Heyck, 《Genua und seine Marine》 158쪽, 160쪽, 169쪽.

228 〈Principes de Mr. Colbert sur la marine〉. 이것은 Sue, l. c. 제1권, 317쪽에 수록되어 있다.

229 《Close Rolls》 71쪽과 15쪽. 《John》 158쪽. Laird Clowes, 제1권, 119쪽에서 인용.

230 《Close Rolls》 48쪽.

231 Ed. Heyck, 《Genua und seine Marine》 117쪽.

232 《State Paper》(1545년 8월 20일 자). Oppenheim, 《Roy. Navy》 82쪽에 있다.

233 Duro, 《L'Armada inv.》 문서 109호.

234 국가 기록 문서 제30호 10쪽. Oppenheim, 325쪽.

235 J. C. De Jonge, 《Geschied. van het nederl. Zeew.》 제3권(1837) 도표1.

236 E. Heyck, 《Genua und seine Marine》 65쪽 이하.

237 《Ann. Jan.》 제183권 35쪽; 제112권 3쪽; 제124권 30쪽. Heyck, 129쪽에 인용되어 있다.

238 국가 기록 문서 제112호 19쪽. Oppenheim, 134쪽에 있다.

239 Oppenheim, 56쪽에서 전하고 있다.

240 Oppenheim, 74쪽.

241 C. W. Hennert, 《Beiträge Zur brandenb. Kriegsgesch. unter Friedrich Ⅲ》(1790) 15쪽.

242 《Acta Bor.》 l. c. 제2권 285쪽.

243 《Acta Bor.》 l. c. 제2권 285쪽.

244 《Acta Bor.》 l. c. 제2권 278쪽.

245 Dupré d'Aulnay, 《Traité général etc.》 제1권 165쪽.

246 다음에 있는 노데Naudés의 개관에 따른다. 《Acta Bor.》 제2권 295~296쪽.

247 편지들은 F. Foerster, 《Lebensbeschreibung Wallensteins》(1834)에 수록되어 있다.

248 《Acta Bor.》 제2권 358쪽 이하

249 《Acta Bor.》 제2권 284쪽, 285쪽, 287쪽.

250 Davidsohn, 《Forschungen zur florent. Wirtsch.-Gesch.》 제3권.

251 O. Pringsheim, 《Beitr. z. wirtsch. Entw. der Verkehr. Niederlande》(1890) 18쪽.

252 다음을 보면 적어도 이 말은 이렇게 해석할 수 있다. Ricard, 《Le négoce d'Amsterdam》(1723) 6쪽.

253 Stow, 《Beschreibung Londons》 (1598); 《Acta Bor.》 제1권 91쪽, 92쪽에 인용되어 있다.

254 Defoe, 《Compl. Engl. Tradesman》 제5판(1745). 제2권 260쪽 이하.

255 G. Afanassiev, 《Le commerce des céréales en France au ⅩⅧ》 (1894) 제1장~제6장.

256 《Acta Bor.》 제1권 45쪽, 47쪽; 제2권 151쪽.

257 《Acta Bor.》 제1권 432쪽.

258 1630년 요스트 윌렘존 니케르케의 전단에 따른다. 《Acta Bor.》 제1권 432쪽.

259 《Acta Bor.》 제1권 432쪽

260 G. Prato, 《Il costo della guerra etc.》 297쪽. 이 저작은 다른 많은 점에서와 같이 여기에서도 전쟁의 신Mars과 재물의 관계에 대해서 매우 풍부한 성과

를 제공하고 있다.

261 《Acta Bor.》 제2권 289쪽.

262 Tr. Geering, 《Handel und Industrie der Stadt Basel》 (1886) 542쪽.

263 J. Charnock, 《Mar. Arch.》 제2판 216~217쪽.

264 이 계약은 다음에 수록되어 있다. Rymer, 《Foedera》 제17호 441쪽 이하. 비슷한 것은 바로 (1636년에 또) 볼 수 있다. 20호 103쪽. 앤더슨의 저서에는 1622년과 1636년의 발췌문이 있다.

265 전거는 Laird Clowes, 제2권 104쪽, 231쪽에 있다.

266 Xav. Andouin, 《Hist. de l'admin. de la guerre》 제2권(1811) 46쪽 이하.

267 1761년부터 1770년까지 육군 당국이 국왕에게 제출한 계산서에 따른다. Choiseul, 《Mém.》 제1판 114쪽 이하, Boutaric, 438쪽에 있다.

268 Alice Law, 〈The english "nouveaux riches" in the XIV. cent.〉, 《Transaction of the R. Hist. Soc.》 New Ser. 제9호(1895) 67쪽.

269 H. Hall, 《Society in the Elisabethean Age》 (1901) 126쪽.

270 Defoe, 《Complete Tradesman》(1727) 307쪽 이하.

271 《Enthüllung》(1799) 427쪽.

272 Luc Wolf, 《The First English Jew》. 이것은 다음에서 해당 부분을 재인쇄한 것이다. 《Transactions of the Jew, Hist. Soc. of England》 제2권. Alb. M. Hyamson, 《A Hist. of the Jews in E.》(1908) 171~173쪽을 참조하라.

273 Hyamson, l. c. 269쪽. J. Picciotto, 《Sketches of Anglo-Jewish History》(1875) 58쪽 이하.

274 Th. L. Lau, 《Einrichtung der Intraden und Einkünfte der Souveräne usw.》 (1719) 258쪽.

275 Liebe, 《Das Judentum》(1903) 75쪽에 언급되어 있다.

276 《Jewish Encyclopedia》에 있는 "은행업" 항목.

277 1733년 3월 24일자 메스의 유대인 회고. Bloch, l. c. 35쪽의 발췌문에 수록되어 있다.

278 Bloch, l. c. 23쪽에 언급되어 있다.

279 Bloch, l. c. 24쪽에 있는 위임장에서 발췌하였다.

280 그라디스Gradis 가에 대해서는 다음과 같은 언급들이 있다. Théoph. Malvezin, 《Les juifs à Bordeaux》(1875) 241쪽 이하. 그리고 그래츠H. Grätz가 만든 잡지 제24호(1875)와 제25호(1876)에 있는 《Die Familie Gradis》가 있다. 둘 모두 좋은 전거에 기초한 기술로 서로 독립적으로 쓰여졌다.

281 M. Capefigue, 《Banquiers, fournisseurs etc.》(1856) 68쪽. 214쪽. 그 외 다수.

282 Bondy, 《Zur Geschichte der Juden in Böhmen》 제1권 388쪽.

283 나는 이 세 개의 경우 모두를 다음의 저작에서 얻었다. G. Liebe, 《Das Judentum》(1903) 43쪽과 다음 쪽, 70쪽. 그런데 이 저작은 그 전거를 제시하지 않고 있다.

284 König, 《Annalen der Juden in den preußischen Staaten, besonders in der Mark Brandenburg》(1790) 93~94쪽.

285 〈Bekleidung u. Ausrütung des Reg. Erbpr. Gustav zu Pferde, Halberstadt 7. Juli 1719〉. 다음에 재수록되어 있다. 《Gesch. d. Bekleidung usw.》 제2권 357쪽.

286 1777년 6월 28일자의 답서. 다음에 재수록되어 있다. Alphonse Levy, 《Die Juden in Sachsen》(1900) 74쪽; S. Haenle, 《Gesch. d. Juden im ehemal. Fürstentum Ansbach》(1867) 70쪽.

287 《Obsevations-Punkte》(1739) 제2권 108쪽. Becker, 《Aus der Jugendzeit》(1877) 36쪽에 인용되어 있다.

288 《Gesichte Philanders von Sittewaldt》. 이것은 고발서 비슷하다. Hanss Wilh. 《Moscherosch von Wilstätt》(1677) 779쪽.

289 F. Von Mensi, 《Die Finanzen Österreichs von 1701~1740》(1890) 132쪽 이하.

290 예를 들면, 빈 궁정 사무국의 1762년 5월 12일자 진정서를 보라. 이것은 다음에 있다. Wolf, 《Geschichte d. Juden in Wien》 70쪽. 또한 《Komitatsarchiv Irntrak》 제12권 3336호(모라비아 편)가 있다. 라이즈만Jos. Reizmann의 보고에 따르고 있다; 《Verproviantierung der Festungen Raab, Ofen und Komorn durch Breslauer Juden》(1716): Wolf, a. a. O. 61쪽.

291 Herb. Friedenwald, 《Jews mentioned in the Journal of the Continental Congress》(Publ. of the Amer. Jew. Hist. Soc. 제1호 65~89쪽).

292 18세기 군용 빵 제조에 대한 기술이 다음에 있다. 《Handbibl. für Offiz.》 제5권(1839) 555쪽 이하.

293 G. Prato, 《Il costo della guerra etc.》(1907) 292쪽 이하.

제5장 군대의 피복

294 M. Guillaume, op. cit. 140쪽.

295 M. Oppenheim, op. cit. 138쪽, 139쪽.

296 W. Laird Clowes, op. cit. 제2권 20쪽.

297 다음에 있는 1655년 12월 11일자의 국가 기록, 국가 기록 134호의 64쪽, 1656년 9월의 국가 기록. Oppenheim, 329쪽.

298 L. Mention, 《L'armée de l'anc. rég.》(1900) 36쪽.

299 다음에 손으로 쓴 전거가 있다. F. Grose, 《Military Antiquities resp. a History of the English Army》 제1권(1812), 310쪽 이하; Fortescue, 《History of the British Army》 제1권 283쪽 이하.

300 L. Mention, op. cit., 255쪽.

301 《Geschichte der Bekleidung usw. der Kgl. Preuß. Armee》 제2부. 〈Die Kürassier-und Dragonerregimenter〉 (C. 클링 편)(1906) 3~4쪽.

302 Jany, 《Anfänge d. alten Armee》 33쪽.

303 Frh. v. Richthofen, 〈Der Haushalt der Kriegsheere〉, 《Handbibliothek für Offiere》 제5권(1839) 628쪽 이하.

304 다음에 수록되어 있다. 《Gesch. d. Bekleidung usw.》 제2권 212쪽과 다음 쪽.

305 F. Grose, 《Military Antiquities usw.》 제1권 310쪽 이하.

306 Hub. Hall, 《Soc. in the Elizabeth Age》 제4판(1901) 127쪽.

307 L. Mention, op. cit., 255쪽 이하.

308 L. Mention, op. cit., 261쪽

309 Frh. v. Richthofen, 《Der Haushalt der Kriegsheere》 a. a. O.

310 J. Heilmann, 《Das Kriegswesen der Kaiserlichen und Schwedischen zur Zeit

des Dreißigjährigen Krieges》(1850) 18쪽.

311 〈Historisches Portefeuille von Hausen〉 제4권(1785) 680쪽. 《Gesch. d. Bekl.》 제2권 213쪽에 수록되어 있다.

312 《Gesch. d. Bekl.》 제2권 4쪽. 같은 책의 부록 41, 42, 43.

313 Priebatsch, 《Pol. Korr. des Kurf. Albrecht Achilles》 제2권 266쪽. Jany, 《Anfänge d. alten Armee》 15쪽에 인용되어 있다.

314 F. W. Fortescue, 《Hist. of the Brit. Army》 제1권(1899) 111쪽. 다음을 참조하라. 135쪽.

315 Ch. de la Rononcière, 《Hist. de la mar. franç.》 제2권(1900) 459쪽.

316 J. Frhr. v. Reitzenstein, 《Das Geschützwesen usw.》 제1권(1896) 153쪽.

317 Jany, 《Anfänge d. alten Armee》 45쪽과 다음 쪽.

318 Th. Muhsfeldt, 〈Einiges über die Hamburger Stadtsoldaten〉. 이것은 Rich, Knötel, 《Mitteilungen zur Gesch. der milit. Tracht》(1896) 제8호에 있다.

319 Lünig, 《Theatr. cerem. hist. pol.》 제1권(1719) 89쪽과 다음 쪽. 《Gesch. der Bekl.》 제2권 216쪽에 인용되어 있다.

320 Liebe, 《Der Soldat》 301쪽.

321 〈Mém. pour servir à l'histoire de la maison de Brandenbourg 1767〉(Frédéric Ⅱ). 《Gesch. d. Bekl.》 제2권 201쪽에 수록되어 있다.

322 Liebe, a. a. O.

323 《Gesch. d. Bekl.》 제2권 부록 65.

324 Xav. Andouin, 《Hist. de l'admin. de la guerre》 제3권(1811) 52쪽 이하. De Chennevières, 《Détails militaires》 제2권(1750) 116쪽 이하. Boutaric, 《Inst. mil.》 359쪽, 425쪽.

325 Fortescue, op. cit. 제1권 213쪽.

326 Laird Clowes, op. cit. 제3권 20쪽.

327 König, 《Alte und neue Denkwürdigkeiten der kgl. preußischen Armee》(1787) 24쪽. 《Gesch. d. Bekl.》 제2권 211쪽에 인용되어 있다.

328 Jany, 《Anfänge d. alten Armee》 45쪽과 다음 쪽.

329 《Gesch. d. Bekl.》 제2권 3쪽.

330 A. v. Crousaz, 《Die Organisation des brandenb. u. preuß. Heeres von 1640-1665》 제1권(1865) 11쪽 이하.

331 부르그스도르프 대위가 슈바르첸베르크의 백작에게 보낸 편지, 베를린, 1620년 10월 16일자. 베를린 국립 기록 보관소. 이것은 《Gesch. d. Bekl.》 제2권 40쪽 부록 16쪽에 수록되어 있다.

332 《Gesch. d. Bekl.》 제2권 부록 159쪽에 수록되어 있다.

333 C. W. Hennert, 《Beitr. zur brandenb. Kriegsgesch. unter Churfürst Friedr. Ⅲ》(1790) 12쪽. Frhr. v. Richthofen, 《Haushalt》 495쪽에 수록되어 있다.

334 A. Crousaz, a. a. O. 45쪽.

335 G. Prato, 《Il Costo della Guerra》(1907) 302쪽.

336 F. Grose, 《Mil. Ant.》 제1권 315쪽.

337 von Schmoller, 《Umrisse》 514쪽.

338 《Oeuvres》 제1권 234쪽. 《Umrisse》 522쪽에 인용되어 있다.

339 Cunningham, 《Growth》 제2권 969쪽.

340 베를린의 러시아 상사에 관한 모든 것은 다음에 있는 슈몰러의 같은 제목의 논문에 따른다. 《preuß. Gesch. und Landeskunde》 제20권. 이 논문은 《Umrissen》 457~529쪽에 재수록되어 있다.

341 Mirabeau, 《De la Monarchie prussienne》 제4권(1787) 제2장, 123쪽.

342 James, 《Hist. of the Worsted Manuf. in Engl.》(1857) 287쪽.

343 E. Levasseur, 《Hist. des classes ouvrières et de l'industrie en France》 제2권(1900) 324쪽, 331쪽, 381쪽 이하.

344 G. Martin, 《Louis XV》 119쪽, 120쪽.

345 Arthur Young, 《Pol. Arithm》 91쪽. G. von Gülich, 《Geschichtl. Darstellung des Handels usw.》 제1권(1830) 126쪽을 참조하라.

346 H. Hall, 《Society in the Elisabethan Age》 126쪽.

347 발렌슈타인이 아셔스레벤의 지방 장관 탁시스에게 보낸 편지. 1626년 5월 13일. 《Handbibl. f. Off.》 제5권 439쪽 이하에 수록되어 있다.

348 발렌슈타인이 탁시스에게 보낸 편지. 1627년 8월 6일. Heilmann, op. cit. 부록4에 수록되어 있다.

349 Meinardus, 《Prot. et Rel》 제3권 567쪽. 《Gesch. d. Bekl.》 제2권 211쪽에 인용되어 있다.

350 《Gesch. d. Bekl.》 제2권 205쪽과 다음 쪽에 수록되어 있다.

351 v. Schmoller, 《Umrisse》 468쪽, 484쪽.

352 대영 박물관의 할레이언 콜렉션은 1693년의 캐스틀턴 경과 "의류 상인" 프랜시스 몰리노 간의 계약서를 포함하고 있다. F. Grose, 《Mil. Ant.》 제1권 315쪽에 수록되어 있다.

353 v. Schmoller, 《Umrisse》 463쪽 이하.

354 베를린에 있는 "창고"에 대한 정확한 기술은 Bergius, 《Neues Policey-und Cam.》 제6호(1780) 161쪽 이하에 있다.

355 v. Schmoller, 《Umrisse》 463쪽 이하.

356 M. Tugan-Baranowski, 《Die russische Fabrik》(독일어판, 1900) 14쪽.

357 H. Hall, 《Society in the Elisabethan Age》 124쪽.

358 1655년 12월 11일자의 기록에 따른다. Oppenheim, 329쪽.

359 《Allgemeine Schatzkunde der Kauffmannschaft usw.》 제2판(1747) 12쪽, 13쪽, 14쪽.

360 《A General Description of all Trades》(1747) 51쪽. 다음에 있는 문서에 따른다. G. Martin, 《Louis XV.》 228쪽.

제6장 조선

361 〈해군에 대한 콜베르 씨의 원칙에 대한 각서〉에서. 이 장에서 종종 전거로 인용되는 이 각서는 모르파 백작이 장관으로 있는 해군부가 해군부 문서들에 근거해서 작성한 것이다. 이 문서들은 당시에 해군 기록 보관서에 완전히 보존되어 있었다. 이 각서는 E. Sue, 《Histoire de la Marine》(1835), 287쪽 이하에 수록되어 있다.

362 오펜하임은 처음의 다섯 개 평가를 동시대의 전거에 따라 전하고 있다: 마지막 숫자는 동인도 회사의 "계산서"에서 끄집어 낸 것으로 앤더슨의 저서

에서 볼 수 있다.

363 Dav. Bremner, 《The industries of Scotland》(1869) 60쪽.

364 E. Sue, 《Hist. de la mar. franç.》 제1권 344쪽에서 전하고 있다.

365 내가 이 숫자를 차용한 앤더슨(《Origins of Commerce》 제3권 299쪽)은 전거로서 "어떤 상인 저자"를 제시하고 있다. 그 자신은 이 추산이 너무 낮다고 여긴다. 그러나 그의 반대 이유는 별로 중요하지 않다.

366 Postlethwayt, 《Dict. of Comm.》 중의 〈미들섹스Middlesex〉 항목. 제2권(1758) 256쪽.

367 Postlethwayt, 《Dict. of Comm.》 제2권 335쪽.

368 이 숫자는 세관의 일반 기록에 따라 "꽤 정확하게 계산되어" 있다. Postlethwayt, l. c. 제2권 256쪽.

369 Anderson, 《Orig. of Comm.》 제4권 659쪽 이하.

370 E. Baasch, 〈Hamburgs Seeschiffahrt und Warenhandel vom Ende des 16. bis zur Mitte des 17. Jahrhunderts〉 《Zeitschrift des Vereins für Hamburg. Gesch.》 제9호(1874) 295쪽 이하.

371 Anderson, 제2권 211쪽에 인용되어 있다.

372 이미 언급한 각서에 따른다. 이 각서를 앤더슨은 《상업의 기원》 제2권 443쪽에서 인용하고 있다.

373 G. C. Klerk de Reus, 《Geschichtlicher Überblick der Niederländisch-ostindischen Kompagnie》(1894) 116쪽 이하.

374 P. Kaeppelin, 《La Compagnie des Indes Orientales》(1908) 10쪽, 12쪽, 137쪽.

375 이름이 거론된 리스트에 따른다. Anderson, 제3권 324쪽.

376 Postlethwayt, 《Dict. Art. Navigation》

377 Joh. Beckmann, 《Beyträge zur Oekonomie》 제3권(1780) 439쪽과 다음 쪽.

378 다음에 수록되어 있는 〈회사의 승낙 §4〉를 보라. Joh. Beckmann, 《Beyträge zur Oekon》 제6권(1782) 416쪽 이하.

379 스페인 무적함대의 패배에 관한 국가 문서. Laird Clowes, 《The Royal Navy》 제1권 588~597쪽에 있다.

380 해군부 회계국의 한 리스트에서. Laird Clowes, 《The Royal Navy》 제2권 7

쪽에 있다.

381 댕프레빌 씨의 1666년 7월 27일자 회고에 첨부되어 있다. Sue, 제1권 347쪽에 수록되어 있다.

382 영국 해군 상태에 대한 피피스의 회고에 있는 목록에 따른다. Laird Clowes, 제2권 244쪽 이하.

383 D. Bremner, 《The industries of Scotland》 (1869) 55쪽에 인용되어 있다.

384 1522년 7월 17일자 〈Exch. War. for Issues〉. 다음에 있다. Oppenheim, 85쪽.

385 Ed. Heyck, 《Genua und seine Marine》 115쪽.

386 이것과 앞의 숫자는 다음에 있는 국가 기록 문서와 파이프 오피스 어카운트에 따른다. Oppenheim, 65쪽, 110쪽.

387 Charnock, 《Mar. Arch.》 제2권 462쪽.

388 마글리아베키아나 문고에 있는 원고. 이것은 얄A. Jal에 의해 《Arch. nav.》(제2권, 1840)에 발표되고 전문가 입장에서 논의 되었다.

389 안드레아스 리프Andreas Ryff의 여행기(74호) 원고는 바젤 대학교 도서관에 소장되어 있다. 이 여행기는 《슈몰러 연감》 제21호 132쪽에서 지베킹Siebeking에 의해 부분적으로 알려졌다.

390 Close Rolls 10 H. Ⅲ 2, 50쪽. 다음에 있다. Laird Clowes, 제1권 120~121쪽.

391 Close Rolls 10 H. Ⅲ m. 16쪽, 17쪽. 25쪽, l. c.

392 Oppenheim, 68쪽 이하.

393 J. Charnock, 《Mar. Arch.》 제2권 96쪽 이하에 수록되어 있다.

394 Laird Clowes, 제1권 405쪽.

395 Oppenheim, 97쪽.

396 J. Charnock, l. c. 140쪽 이하에 수록되어 있다.

397 Oppenheim, 119쪽 .

398 툴롱 군항 해군 감독관 댕프르빌의 회고. 1666년 7월 27일 자. Sue, 제1권 346쪽 이하에 수록되어 있다.

399 Ch. de la Roncière, 《Hist. de la mar. franç.》 제4권 616쪽.

400 Oppenheim, 339~340쪽.

401 《Principes de M. Colbert sur la marine》, l. c. 297쪽.

402 〈Cecil Mss. Cal. 846호〉. Oppenheim, 128쪽에 있다.

403 Oppenheim, 208쪽.

404 Krünitz, 《Enz.》 해군 함대 항목. 제50권 366쪽.

405 Krünitz, a. a. O.

406 국가 기록 문서 287호, 73쪽 그리고 Off. Dec. Acc. 1703~1777. Oppenheim, 260쪽; Laird Clowes, 제2권 6쪽.

407 Charnock, 《Mar. Arch.》 제3권 126쪽.

408 A. Jal, 《Arch. nav.》 제2권 6쪽 이하.

409 Oppenheim, 53쪽.

410 P. J. Marperger. 《Das Neueröffnete Manufakturenhaus》(1704) 142쪽.

411 1618년의 보고: 《Mar. arch.》 제2권 256쪽.

412 Charnock, 제2권 213쪽 이하.

413 Charnock, 제2권 185쪽 .

414 Charnock, 제2권 191쪽.

415 Oppenheim, 257쪽.

416 Krünitz, 50쪽, 354쪽 이하.

417 Krünitz, 50쪽, 366쪽, 367쪽.

418 Oppenheim, 97쪽.

419 《Principes de M. Colbert》 l. c. 208쪽.

420 《Principes de M. Colbert》 l. c. 294쪽.

421 《Principes de M. Colbert》 l. c. 301쪽.

422 E. Sue, 《Hist. de la mar. franç.》 제4권 170쪽.

423 Charnock, 제2권 168쪽.

424 해군의 상태를 조사하기 위해 임명된 위원들의 보고에서(1618). Charnock, 제2권 218쪽에 수록되어 있다.

425 나는 러시아 상사에 관한 모든 보고를 다음 책에서 차용하였다. Will. Rob. Scott, 《The Constitution and finance of English, Scottish and Irish Joint-Stock Compagnies to 1720》 제2권 〈Companies for foreign trade colonization and mining〉(1910). 나는 이 기회를 이용해서 이 뛰어나고 자료

가 아주 풍부한 저작에 대해 주의를 환기시키겠다. 이 저작은 지금까지 제2권과 제3권이 나왔다.

426 댕프르빌의 회고, l. c. 348쪽 이하; 《Principes de M. Colbert》 335쪽 이하.

427 《General Description of all Trades》(1745) 180쪽, 181쪽.

428 1729년의 공식적인 "공장 및 제조소 목록"에 따른다. M. v. Tugan-Baranowski, 《Die russische Fabrik》(독일어판, 1900) 14쪽에 있다.

옮긴이의 말

이 책은 독일의 경제학자이자 사회학자인 베르너 좀바르트Werner Sombart(1863~1941)의 《근대 자본주의의 발전사에 대한 연구Studien zur Entwicklungsgeschichte des modernen Kapitalismus》 제2권 《전쟁과 자본주의Krieg und Kapitalismus》(München und Leipzig, Duncker & Humblot, 1913)를 번역한 것이다(제1권은 《사치와 자본주의Luxus und Kapitalismus》이다).

좀바르트는 에름스레벤에서 부유한 정치인의 아들로 태어났으며, 피사, 베를린, 로마의 여러 대학교에서 법학과 경제학을 공부하였다. 1888년에는 역사학파 경제학의 거두 구스타프 폰 슈몰러의 지도하에 베를린 대학교에서 박사 학위를 받았다. 그 후 브레멘 상공회의소의 고문으로 활동하다가 1890년에 브레슬라우 대학교 교수가 되었다. 1904년부터는 막스 베버(1864~1920)와 함께 《사회 과학 및 사회 정책 잡지》를 공동 편집하였으며, 1906년에는 베를린 상과 대학의 정교수가 되었다. 1909년에는 독일 사회학회의 창설에 참여하였다. 1917년에는 스승 아돌프 바그너의 뒤를 이어 베를린 대학교의 경제학 교수가 되었다. 1931년에 퇴직했지만 강의는 1940년까지 계속하였다. 이 시기에는 좀바르트가 막스 베버보다 더 유명하였다.

좀바르트는 학문 활동을 시작할 때 자신이 "확신에 찬 마르크스주의자"라고 고백할 정도로 마르크스주의에 호의적이었지만(프리드리히 엥겔스는 그가 독일 내에서는 마르크스의《자본》을 이해한 유일한 교수라고 말하였다), 나중에는 마르크스가 중요한 많은 점에서 오류를 저질렀다고 인정하면서 점점 더 반反마르크스주의 입장을 취했으며, 마침내는 나치즘을 지지했다는 평이 있을 정도로 민족주의로 기울었다.

좀바르트는 필생의 대작이라고 말할 수 있는《근대 자본주의Der modernen Kapitalismus》(제1, 2권, 1902. 제3권, 1927)를 비롯해《왜 미국에는 사회주의가 없는가Warum gibt es in den Vereinigten Staaten keinen Sozialismus?》(1906),《유대인과 경제 생활Die Juden und das Wirtschaftsleben》(1911),《부르주아Der Bourgeois》(1913) 등의 많은 저작을 남겼다.

막스 베버와 마찬가지로 좀바르트 역시 근대 자본주의의 발생 원인, 발전 과정 및 미래의 전망을 사회과학의 중요한 연구 과제로 인식하였다. 그렇지만 근대 자본주의의 발생 원인을 탐구할 때 베버는 종교 개혁이라는 사건, 특히 칼뱅주의 교리가 신자들의 경제 행위에 미친 영향을 하나의 중요한 요소로 제시한 반면에, 좀바르트는 그와는 상당히 다른 설명을 선택하였다. 베버는 금욕 관점에서 이 문제를 다루었지만, 좀바르트는 한편으로는 사치 관점에서 또 한편으로는 전쟁 관점에서 접근하였다. 첫 번째 관점에 따르면, 사치란 남녀 간의 사랑과 관계있는 감각적인 소비 행위인데, 이 육욕적인 과시 소비가 하나의 사회 풍조로서 서유럽 국가들에 널리 퍼져 자본주의라는 경제 체제를 낳았다. 이것이《사치와 자본주의》의 기본 내용이다. 두 번째 관점은 전쟁도 근대 자본주의의 발생에 기여했다고 말하는 것이다.

좀 더 정확하게 말하면, 좀바르트는 전쟁이 근대 자본주의의 발전을 억제하기도 했지만 촉진시키기도 했다고 보았다. 전쟁은 분명히 물질문화를 파괴했으며("도시는 약탈당한다. 시골 마을과 밭은 황폐해진다. 모든 집이 불탄다. 가축들은 들판에서 이리저리 돌아다닌다. 못자리는 마구 짓밟혀 망가진다. 살아남은 주민들은 굶어 죽는다"(이 책 12쪽)), 자본 축적을 방해해 자본주의가 생겨날 수 있는 싹도 짓밟았다(자본주의의 "이 맹아는 자본이 될 수 있는 재산 속에 숨겨져 있었는데, 이러한 재산은 중세 초부터 도처에 있는 수많은 원천에서 계속 흘러나왔다. 전쟁은 이러한 재산이 자본으로 바뀌는 것을 수백 년에 걸쳐서 무수히 방해하였다. 왜냐하면, 전쟁은 그 재산을 자신의 목적에 이용했기 때문이다"(이 책 17쪽)).

그러나 다른 한편에서 전쟁은 상비군의 창설과 군사 수요를 통해 재산 형성자로서, 성향(정신) 형성자로서, 시장 형상자로서 자본주의 경제 체제의 발전에 기여하였다. 좀바르트는 많은 자료를 동원해 이러한 주장을 논증하였다. 그렇지만 이때 그는 전쟁과 자본주의 간의 일반론을 제시하지는 않았다. 즉 전쟁이 세계 어디에서나 자본주의의 발전을 견인했다는 것은 아니다. 전쟁이 자본주의 발전에 미친 긍정적인 영향은 유럽의 16세기에서 18세기까지의 시기, 즉 자본주의의 형성 단계에 한정되어야 한다고 그는 조심스럽게 주장하였다: "나의 서술이 다루는 시대는 근대 군대의 발생부터 18세기 말경까지의 시기이다. 이 시기는 근대 자본주의 발전에서 결정적인 기간으로, 이때 자본주의는 목표와 방향을 얻었다. 말하자면 이 시기는 자본주의의 성숙기이다. 나는 이 초기 자본주의 시대에 대해서만 군국주의의 탁월한 의의를 주장하였다. 나중에는 수많은 다른 요소들이 섞인다. 다시 말하면 나중에는 다른 수많은 추진력이 군국주의의 이해 관계보다 더 강력하지는 않더라도 그것만큼은 강력하게 경제 생활의 진행을 결정한다."(이 책 28쪽).

따라서 그가 "전쟁이 없었다면 자본주의는 결코 없었을 것이다"(이 책 22쪽)라고 말했다고 해서, 이를 전쟁이 유럽뿐만 아니라 세계 모든 곳에서 자본주의 발전의 담당자였음을 좀바르트가 주장했다는 식으로 해석해서는 안 될 것이다. 그는 군국주의의 이해 관계가 서양의 고도 자본주의 시대 초까지만 지배적인 영향력을 행사했다고 분명하게 진술했기 때문이다.

《사치와 자본주의》는 영역판이 1967년에 나왔지만, 그것의 짝인 《전쟁과 자본주의》는 아직까지도 영어로 번역되지 않았다(스페인어, 이탈리아어, 일어로는 번역되어 있다). 이는 《전쟁과 자본주의》의 진가가 《사치와 자본주의》만큼 충분히 인정받지 못한 데서 비롯된 것이 아닌가 하는 생각이 든다. 좀바르트의 학문 세계가 재조명되고 있는 오늘날 이제라도 한편으로는 정확하게, 또 한편으로는 진지하게 《전쟁과 자본주의》를 읽을 필요가 있다. 그래야만 이 책이 지닌 잠재적인 학문적 가치를 발견하게 될 것이며, 더 나아가서는 이 《전쟁과 자본주의》를 근대 자본주의의 발전사에 대한 주목할 만한 연구서로서 뿐만아니라 전쟁 사회학의 고전으로도 재평가하게 될 것이라고 나는 생각한다.

2019년 9월

이상률

옮긴이 **이상률**

고려대학교 문과대학 사회학과와 같은 대학원을 졸업하고, 프랑스 니스대학교에서 수학했다. 현재는 번역가로 활동 중이다. 주요 번역서로는 클로드 프레데릭 바스티아의《국가는 거대한 허구다》, 가브리엘 타르드의《모방의 법칙》,《여론과 군중》, 표트르 크로포트킨의《빵의 쟁취》, 막스 베버의《관료제》,《사회학의 기초개념》,《직업으로서의 학문》,《직업으로서의 정치》,《도교와 유교》, 베르너 좀바르트의《사치와 자본주의》, 칼 뢰비트의《베버와 마르크스》, 데이비드 리스먼의《고독한 군중》, 세르주 모스코비치의《군중의 시대》, 그랜트 매크래켄의《문화와 소비》등이 있다.

전쟁과 자본주의

1판 1쇄 발행 2019년 10월 15일

지은이 베르너 좀바르트 | 옮긴이 이상률
펴낸곳 (주)문예출판사 | 펴낸이 전준배
출판등록 1966. 12. 2. 제1-134호
주소 03992 서울시 마포구 월드컵북로 6길 30
전화 393-5681 | 팩스 393-5685
홈페이지 www.moonye.com | 블로그 blog.naver.com/imoonye
페이스북 www.facebook.com/moonyepublishing | 이메일 info@moonye.com

ISBN 978-89-310-2081-6 03300

◦ 이 도서의 국립중앙도서관 출판시도서목록(CIP)은 서지정보유통지원시스템(http://seoji.nl.go.kr)과 국가자료공동목록시스템(http://www.nl.go.kr/kolisnet)에서 이용하실 수 있습니다. (CIP제어번호 CIP2019037956)